公務員
採用試験
対策シリーズ

和歌山県の
公務員採用試験
（教養試験）

和歌山県の
警察官A

2025

公務員試験研究会　編　　協同出版

まえがき

　公務員は，国や地方の行政諸機関に勤務し，営利を目的とせず，国民や住民などの幸せのため，政策・諸事務を円滑に実施・進行して，社会の土台作りを行うことを職務としています。昨今では，少子高齢化の進行や公務のDX化，国際競争力の低下などの社会情勢の変化に伴って，行政の果たす役割はますます多岐にわたり，重要さを増しています。行政改革が常に論議されているのは，どのような情勢においても安心した生活が送れるよう，公務員に対して国民や市民が，期待を寄せているからでしょう。

　公務員になるためには，基本的には公務員採用試験に合格しなければなりません。公務員採用試験は，公務に携わる広い範囲の職種に就きたい人に対して課される選抜競争試験です。毎年多数の人が受験をして公務員を目指しているため，合格を勝ち取るのは容易ではありません。そんな公務員という狭き門を突破するためには，まずは自分の適性・素養を確かめると同時に，試験内容を十分に研究して対策を講じておく必要があります。

　本書ではその必要性に応え，公務員採用試験に関する基本情報や受験自治体情報はもちろん，「教養試験」，「論作文試験」，「面接試験」について，最近の出題傾向を分析した上で，ポイント，問題と解説，対応方法などを掲載しています。これによって短期間に効率よく学習効果が現れ，自信をもって試験に臨むことができると確信しております。なお，本書に掲載の試験概要や自治体情報は，令和5（2023）年に実施された採用試験のものです。最新の試験概要に関しましては，各自治体HPなどをよくご確認ください。

　公務員を目指す方々が本書を十分活用され，公務員採用試験の合格を勝ち取っていただくことが，私たちにとって最上の喜びです。

公務員試験研究会

和歌山県の公務員採用試験対策シリーズ

和歌山県の警察官Ａ

◆ 目 次 ◆

第1部

試験の概要

- 公務員試験とは
- [参考資料]
  試験情報と自治体情報

公務員試験とは

◆ 公務員とはどんな職業か

　一口でいえば，公務員とは，国家機関や地方公共団体に勤務する職員である。

　わが国の憲法では第15条で，「公務員を選定し，及びこれを罷免することは，国民固有の権利である」としたうえで，さらに「すべて公務員は，全体の奉仕者であつて，一部の奉仕者ではない」と定めている。

　また，その職務および人事管理などについては「国家公務員法」および「地方公務員法」という公務員に関する総合法規により，詳細に規定されている。たとえば「この法律は，……職員がその職務の遂行に当り，最大の能率を発揮し得るように，民主的な方法で，選択され，且つ，指導さるべきことを定め，以て国民に対し，公務の民主的且つ能率的な運営を保障することを目的とする」（「国家公務員法」第1条）と述べられ，その職務や人事管理についてはっきりと規定されているのである。すなわち，公務は民主的な方法で選択され，また国民に対しては，民主的・能率的な公務の運営が義務づけられているといえよう。

　現在の公務員の基本的性格を知るにあたって，戦前の公務員に触れておこう。戦前，すなわち明治憲法の時代には，公務員は「官吏」または「公吏」などと呼ばれ，「天皇の使用人，天皇の奉仕者」ということになっていた。したがって，官吏の立場は庶民の上に位置しており，封建時代の"お役人"とほとんど変わらない性格を帯びていた。つまり，民主主義に根ざしたものではなく，天皇を中心とした戦前の支配体制のなかで，その具体的な担い手になっていたといえるだろう。

　戦後，制度が一新されて「官吏」は「公務員」と名を変え，その基本的性格もすっかり変化した。つまり，公務員の「公」の意味が「天皇」から「国民」に変わり，国民によって選定された全体の奉仕者という立場が明確にされたのである。

　なお，公務員という職業は，その職務遂行にあたって国民に大きな影響をおよぼすものであるから，労働権・政治行為などの制限や，私企業からの隔離などの諸制限が加えられていることも知っておく必要がある。

◆ 公務員の種類と職務

（1） 公務員の種類

　本書は，和歌山県の警察官Ａをめざす人のための参考書だが，ここでは公務員の種類の全体像をごく簡単に紹介しておこう。一般に公務員は国家公務員と地方公務員に大別でき，さらに一般職と特別職とに分けられる。

① 国家公務員と地方公務員

　国家公務員とは，国家公務員法の適用を受け（＝一般職），国家機関である各省庁やその出先機関などに勤務し，国家から給与を受ける職員をさす。たとえば，各省庁の地方事務局などに勤務する者も，勤務地が地方であっても国家公務員である。

　一方，地方公務員は，地方公務員法の適用を受け（＝一般職），各地方公共団体に勤務し，各地方公共団体から給与を受ける職員である。具体的には，都道府県や市町村の職員などを指している。

② 一般職と特別職

　国家公務員と地方公務員は，それぞれ一般職と特別職に分けられる。人事院または各地方公共団体の人事委員会（またはそれに準ずるところ）を通じて採用されるのが一般職である。

　特別職とは，国家公務員なら内閣総理大臣や国務大臣・国会職員などであり，地方公務員なら知事や収入役などである。それぞれ特別職は国家公務員法および地方公務員法に列記され，その特別職に属さないすべての職を一般職としている。

③ 上級職，中級職，初級職

　採用試験の区分であると同時に，採用後の職務内容や給与等の区分でもある。採用試験はこの区分に合わせて実施される。地域によっては，その名称も異なる。

（2） 地方公務員の対象となる職務

　地方公務員試験に合格して採用されると，各地方の職員として，事務および調査・研究または技術的業務などに従事することになる。

　公務員採用にあたって公開平等に試験を実施し，成績の良い者から順に採用することを徹底していて，民間企業の採用によくみられる「指定校制」などの“制限”は原則としてない。もちろん，出身地・思想・信条などによる差

別もない。これは公務員採用試験全般にわたって原則的に貫かれている大きな特徴といえよう。

◆「教養試験」の目的と内容

(1)「教養試験」の目的

　教養試験は，国家公務員，地方公務員の，高校卒程度から大学卒程度までのあらゆる採用試験で，職種を問わず必ず行われている。教養試験は，単なる学科試験とは異なり，今後ますます多様化・複雑化していく公務員の業務を遂行していくのに必要な一般的知識と，これまでの学校生活や社会生活の中で自然に修得された知識，専門分野における知識などが幅広く身についているかどうか，そして，それらの知識をうまく消化し，社会生活に役立てる素質・知的能力をもっているかどうかを測定しようとするものである。

　このことについては，公務員試験の受験案内には，「公務員として必要な一般的知識および知能」と記されている。このため，教養試験の分野は，大きく一般知識と一般知能の2つの分野に分けられる。

　一般知識の分野は，政治，法律，経済，社会，国際関係，労働，時事問題などの社会科学と，日本史，世界史，地理，思想，文学・芸術などの人文科学，物理，化学，生物，地学，数学などの自然科学の3つの分野からなっている。

　一般知識の分野の特徴は，出題科目数が非常に多いことや，出題範囲がとても広いことなどであるが，内容としては高校で学習する程度の問題が出題されているので，高校の教科書を丹念に読んでおくことが必要である。

　一般知能の分野は，文章理解，数的推理，判断推理，資料解釈の4つの分野からなっている。

　一般知能の分野の問題は，身につけた知識をうまく消化し，どれだけ使いこなせるかをみるために出題されているため，応用力や判断力などが試されている。そのため，知能検査に近い問題となっている。

　したがって，一般知識の分野の問題は，問題を解くのに必要な基本的な知識が身についていなければ，どんなに頭をひねっても解くことはできないが，一般知能の分野の問題は，問題文を丁寧に読んでいき，じっくり考えるようにすれば，だれにでも解くことができるような問題になっている。

(2) 「一般知識分野」の内容

一般知識分野は，さらに大きく3分野に分けて出題される。

社会科学分野	われわれの社会環境，生活環境に密着した分野で，政治，経済，社会，労働，国際，時事などに分かれる。学校で学んだこと，日々の新聞などから知ることができる内容等が中心で，特に専門的な知識というべきものはほぼ必要がない。
人文科学分野	歴史・地理・文化・思想・国語など，人間の文化的側面，内容的要素に関する知識を問うもので，専門的知識よりも幅広いバランスのとれた知識が必要である。
自然科学分野	数学・物理・化学・生物・地学などを通じて，科学的で合理的な側面を調べるための試験で，出題傾向的には，前二者よりもさらに基本的な問題が多い。

以上が「一般知識分野」のあらましである。これらすべてについて偏りのない実力を要求されるのだから大変だが，見方を変えれば，一般人としての常識を問われているのであり，これまでの生活で身につけてきた知識を再確認しておけば，決して理解・解答ができないということはない問題ばかりである。

(3) 「一般知能分野」の内容

一般知能分野は，さらに大きく4分野に分けて出題される。

文章理解	言語や文章についての理解力を調べることを目的にしている。現代文や古文，漢文，また英語などから出題され，それぞれの読解力や構成力，鑑賞力などが試される。
判断推理	論理的判断力，共通性の推理力，抽象的判断力，平面・空間把握力などを調べるもので，多くの出題形式があるが，実際には例年ほぼ一定の形式で出題される。
数的推理	統計図表や研究資料を正確に把握，解読・整理する能力をみる問題である。
資料解釈	グラフや統計表を正しく読みとる能力があるかどうかを調べる問題で，かなり複雑な表などが出題されるが，設問の内容そのものはそれほど複雑ではない。

　一般知能試験は，落ち着いてよく考えれば，だいたいは解ける問題である点が，知識の有無によって左右される一般知識試験と異なる。

　教養試験は，原則として5肢択一式，つまり5つの選択肢のなかから正解を1つ選ぶというスタイルをとっている。難しい問題もやさしい問題も合わせて，1問正解はすべて1点という採点である。5肢択一式出題形式は，採点時に主観的要素が全く入らず，能率的に正確な採点ができ，多数の受験者を扱うことができるために採用されている。

◆ 「適性試験」「人物試験」の目的と内容

(1) 「適性試験」の目的と内容

　適性試験は一般知能試験と類似しているが，一般知能試験がその名のとおり，公務員として，あるいは社会人としてふさわしい知能の持ち主であるかどうかをみるのに対し，適性試験では実際の職務を遂行する能力・適性があるかどうかをみるものである。

　出題される問題の内容そのものはきわめて簡単なものだが，問題の数が多い。これまでの例では，時間が15分，問題数が120問。3つのパターンが10題ずつ交互にあらわれるスパイラル方式である。したがって，短時間に，できるだけ多くの問題を正確に解答していくことが要求される。

　内容的には，分類・照合・計算・置換・空間把握などがあり，単独ではなくこれらの検査が組み合わさった形式の問題が出ることも多い。

(2) 「人物試験」の目的と内容

　いわゆる面接試験である。個別面接，集団面接などを通じて受験生の人柄，つまり集団の一員として行動できるか，職務に意欲をもっているか，自分の考えを要領よくまとめて簡潔に表現できるか，などを評価・判定しようとするものである。

　質問の内容は，受験生それぞれによって異なってくるが，おおよそ次のようなものである。

> ① 公務員を志望する動機や理由などについて
> ② 家族や家庭のこと，幼いときの思い出などについて
> ③ クラブ活動など学校生活や友人などについて
> ④ 自分の長所や短所，趣味や特技などについて
> ⑤ 時事問題や最近の風俗などについての感想や意見

　あくまでも人物試験であるから，応答の内容そのものより，態度や話し方，表現能力などに評価の重点が置かれている。

◆「論作文試験」の目的と内容

(1)「論作文試験」の目的

　「文は人なり」という言葉があるが，その人の人柄や知識・教養，考えなどを知るには，その人の文章を見るのが最良の方法だといわれている。その意味で論作文試験は，第1に「文章による人物試験」だということができよう。

　また公務員は，採用後に，さまざまな文章に接したり作成したりする機会が多い。したがって，文章の構成力や表現力，基本的な用字・用語の知識は欠かせないものだ。しかし，教養試験や適性試験は，国家・地方公務員とも，おおむね択一式で行われ解答はコンピュータ処理されるので，これらの試験では受験生のその能力・知識を見ることができない。そこで論作文試験が課せられるわけで，これが第2の目的といえよう。

(2)「論作文試験」の内容

　公務員採用試験における論作文試験では，一般的に課題が与えられる。つまり論作文のテーマである。これを決められた字数と時間内にまとめる。国家・地方公務員の別によって多少の違いがあるが，おおよそ1,000〜1,200字，60〜90分というのが普通だ。

　公務員採用試験の場合，テーマは身近なものから出される。これまでの例では，次のようなものだ。

① 自分自身について	「自分を語る」「自分自身のPR」「私の生きがい」「私にとって大切なもの」
② 学校生活・友人について	「学校生活をかえりみて」「高校時代で楽しかったこと」「私の親友」「私の恩師」
③ 自分の趣味など	「写真の魅力」「本の魅力」「私と音楽」「私と絵画」「私の好きな歌」
④ 時事問題や社会風俗	「自然の保護について」「交通問題を考える」「現代の若者」
⑤ 随想，その他	「夢」「夏の1日」「秋の1日」「私の好きな季節」「若さについて」「私と旅」

　以上は一例で，地方公務員の場合など，実に多様なテーマが出されている。ただ，最近の一般的な傾向として，どういう切り口でもできるようなテーマ，たとえば「山」「海」などという出題のしかたが多くなっているようだ。この題で，紀行文を書いても，人生論を展開しても，遭難事故を時事問題風に扱ってもよいというわけである。一見，やさしいようだが，実際には逆で，それだけテーマのこなし方が難しくなっているともいえよう。

　次に，試験情報と自治体情報を見てみよう。

和歌山県の試験情報

令和5年度　第1回和歌山県警察官Ａ　採用試験案内

和 歌 山 県 警 察 本 部
〒640-8588　和歌山市小松原通一丁目1番地1
ＴＥＬ073(423)0110(内線2626)
ＦＡＸ073(423)0560
和 歌 山 県 人 事 委 員 会
〒640-8585　和歌山市小松原通一丁目1番地
ＴＥＬ073(441)3763(直通)
ＦＡＸ073(433)4085

和歌山県警察
シンボルマスコット
《きしゅう君》

○　主な変更点
・　体力試験の種目を一部変更（時間往復走→反復横跳び）しました。
・　写真票を廃止し、顔写真データを電子申請サービス上で登録する方法に変更しました。
　　　　　　　　　申込みはこちら→→

＜注意＞
電子申請により申し込むことができない場合は、警察本部まで連絡してください。
申込み方法等に関しては、4，5ページをよくご確認ください。

○ **第1次試験日時**　　**令和5年5月14日（日）午前8時30分**
　　　　　　　　　　試験会場は、午前8時に開場します。
　　　　　　　　　　（午前8時より前に来場しないでください。）

○ **第1次試験場所**　　**和歌山会場　　県立和歌山北高等学校**
　　　　　　　　　　田 辺 会 場　　県立神島高等学校

○ **受 付 期 間**　　**令和5年3月1日（水）午前10時～4月14日（金）午後4時まで**

1　**試験区分、採用予定人員、職務内容及び採用予定時期**

試験区分		採用予定人員	職務内容	採用予定時期
警察官Ａ	男　　性	22人程度	個人の生命、身体及び財産の保護、犯罪の予防、鎮圧及び捜査、被疑者の逮捕、交通の取締りその他公共の安全と秩序の維持	卒業見込者は令和6年4月以降 既卒者は令和5年10月以降
	女　　性	5人程度		

2　受験資格

試験区分		学歴・資格等	年齢及び性別
警察官A	男　性	ア　学校教育法による大学（短期大学を除く。）を卒業した人又は令和6年3月末日までに卒業見込みの人	平成3年（1991年）4月2日以降に生まれた男性
	女　性	イ　和歌山県人事委員会がアに該当する人と同等の資格があると認める人	平成3年（1991年）4月2日以降に生まれた女性

※　**次のいずれかに該当する人は受験できません。**（②～④は、地方公務員法第16条に規定する人）
　①　日本国籍を有しない人
　②　禁錮以上の刑に処せられ、その執行を終わるまで又はその執行を受けることがなくなるまでの人
　③　和歌山県の職員として懲戒免職の処分を受け、当該処分の日から2年を経過しない人
　④　日本国憲法施行の日以後において、日本国憲法又はその下に成立した政府を暴力で破壊することを主張する政党その他の団体を結成し、又はこれに加入した人
※　受験資格について、ご不明な点がある場合は、和歌山県警察本部警務課採用係へ問い合わせてください。

3　試験の日時、試験地及び合格発表

	日時	試験地	合格発表	
			時期	方法
第1次試験	令和5年5月14日（日）午前8時30分	和歌山市田辺市	令和5年5月23日（火）午後3時	和歌山県警察のホームページに掲載します。（通知は行いません。）
第2次試験	合計2日(1)令和5年6月5日（月）又は6月6日（火）のうち、和歌山県警察本部が指定する1日(2)令和5年6月7日（水）	和歌山市	令和5年6月19日（月）午後3時	
第3次試験	令和5年7月6日（木）又は7月7日（金）のうち、和歌山県人事委員会が指定する1日	和歌山市	令和5年7月20日（木）午後3時	和歌山県のホームページに掲載するとともに合格者に通知します。

※　試験の日時及び合格発表日は、変更する場合があります。
※　第1次試験会場は、7ページに記載している「試験会場案内図」を御覧ください。
※　合格発表の掲載先は、和歌山県警察のホームページ（https://www.police.pref.wakayama.lg.jp/「新着情報」）又は和歌山県のホームページ（https://www.pref.wakayama.lg.jp/「新着情報」）です。

4　試験の種目及び内容
(1)　第1次試験

試　験　種　目	配点	内　　　　　容
教　養　試　験（択一式2時間）	500点	警察官として必要な一般的知識及び能力についての筆記試験（50問）〈出題分野〉　社会科学、人文科学、自然科学、文章理解、判断推理、数的推理、資料解釈
適　性　検　査		職務遂行上必要な適性についての検査　※検査結果は、第2次試験及び第3次試験における面接試験の参考資料とします。
資　格　加　点		別記1（3ページ）に掲げる対象となる資格等を有する方又は当該対象となる資格等に合格した方の第1次試験の得点に加点します。

※　教養試験の内容は、大学卒業程度で行います。

14

(2) 第2次試験

試験種目	配点	内　　　　　容
面接試験	600点	人物、能力、性格等についての個別面接
体力試験	200点	職務遂行上必要な体力についての試験（立幅跳び、腕立伏臥腕屈伸、反復横跳び、往復持久走）　別記2参照（4ページ）
論文試験（1時間30分）	※200点	一定のテーマによる識見、表現力、判断力等についての記述試験（1,200字程度）［令和4年度第1回警察官A採用試験の論文テーマは、『警察官として管内住民からの信頼を得るために、公私両面において必要なことは何か、その理由とともにあなたの考えを述べなさい。』でした。］
身体検査		職務遂行上必要な身体的条件を有するかどうかについての別記3（4ページ）基準による検査
身体精密検査		職務遂行上必要な健康度を有するかどうかについての別記3（4ページ）基準による検査（胸部疾患・伝染性疾患・心臓疾患等の有無、聴力・色覚等を判定するため、レントゲン検査・血液検査・尿検査等を行います。）

※　論文試験の採点は、第3次試験で行います。

(3) 第3次試験

試験種目	配点	内　　　　　容
面接試験	1,200点	人物、能力、性格等についての個別面接

※　第3次試験の配点は、第2次試験で実施する論文試験の配点（200点）と合わせて1,400点となります。
　　第1次試験、第2次試験及び第3次試験の合格者は、各試験種目の総合得点順に決定します。
　　ただし、各試験種目（第1次試験の適性検査を除く。）には合格基準があり、一つでも基準に達しないものがある場合には、総合得点が高くても不合格となります。
　　また、資格加点については、教養試験の合格基準を満たさない者には加点しません。

【別記1】資格加点の対象等

	対象となる資格		加点点数
柔道及び剣道	・3段以上		50点
	・2段		40点
	・初段		30点
語学（英語）	・実用英語技能検定1級	・TOEIC　900点以上	50点
	・TOEFL（iBT）　101点以上	・TOEFL（PBT）　607点以上	
	・TOEFL（CBT）　253点以上	・国際連合公用語英語検定試験A級以上	
	・実用英語技能検定準1級	・TOEIC　700点以上900点未満	40点
	・TOEFL（iBT）　76点以上101点未満	・TOEFL（PBT）　540点以上607点未満	
	・TOEFL（CBT）　207点以上253点未満	・国際連合公用語英語検定試験B級	
	・実用英語技能検定2級	・TOEIC　500点以上700点未満	30点
	・TOEFL（iBT）　52点以上76点未満	・TOEFL（PBT）　470点以上540点未満	
	・TOEFL（CBT）　150点以上207点未満	・国際連合公用語英語検定試験C級	
情報処理	・ITストラテジスト試験	・システムアーキテクト試験	50点
	・プロジェクトマネージャ試験	・ネットワークスペシャリスト試験	
	・データベーススペシャリスト試験	・エンベデッドシステムスペシャリスト試験	
	・ITサービスマネージャ試験	・システム監査技術者試験	
	・応用情報技術者試験	・情報セキュリティスペシャリスト試験	
	・情報処理安全確保支援士試験	・システムアナリスト試験	
	・アプリケーションエンジニア試験	・ソフトウェア開発技術者試験	
	・テクニカルエンジニア(ネットワーク)試験	・テクニカルエンジニア(データベース)試験	
	・テクニカルエンジニア(システム管理)試験	・テクニカルエンジニア(エンベデッドシステム)試験	
	・テクニカルエンジニア(情報セキュリティ)試験	・情報セキュリティアドミニストレータ試験	
	・上級システムアドミニストレータ試験		
	・基本情報技術者試験	・情報セキュリティマネジメント試験	40点
	・ITパスポート試験	・初級システムアドミニストレータ試験	30点
財務	・日商簿記検定1級		50点
	・日商簿記検定2級		30点

※ 柔道の段位については公益財団法人講道館から、剣道の段位については公益財団法人全日本剣道連盟（令和2年9月15日までの間においては一般財団法人全日本剣道連盟）から授与されたものに限り、情報処理については平成13年度以降に実施されたものに限ります。

【別記2】体力試験の実施回数等の目安

	立ち幅跳び （2回実施）	腕立伏臥腕屈伸 （おおむね2秒に1回）	反復横跳び （20秒間）	往復持久走 （20m間隔を合図音に合わせて走る）
男性	195cm	20回	36回	32回
女性	143cm	11回	32回	19回

※ 合格基準ではありません。体力試験の基準点は、各種目の合計得点で判定します。

【別記3】身体検査及び身体精密検査の基準

検 査 項 目	合 格 基 準
視　　　　力	裸眼視力が両眼とも0.6以上又は矯正視力が両眼とも1.0以上であること
色　　　　覚	職務遂行に支障がないこと
そ　の　他 （胸部疾患、伝染性疾患、心臓疾患等の有無及び聴力等）	職務遂行に支障がないこと

※ 上記検査項目のうち、視力については合格基準を下回る場合に、色覚及びその他については、いずれか一つでも職務遂行に支障があると認められる場合には不合格となります。なお、別記3基準について不明な点がある場合は、和歌山県警察本部警務課採用係へ問い合わせてください。

5　申込手続及び注意事項

電子申請サービスにより申し込んでください。（ダウンロードしたファイルを印刷する必要がありますのでプリンターが必要です。）和歌山県警察のホームページの「採用情報」欄にある「試験情報」を選択し、「令和5年度第1回和歌山県警察官A採用試験」の電子申請サービスを選択して画面上の指示に従って申し込んでください。

電子申請サービスの「和歌山県」を選択し、キーワード検索で「第1回和歌山県警察官」と入力してください。

受付期間	**令和5年3月1日（水）午前10時〜令和5年4月14日（金）午後4時まで** ※受付期間中に正常に受信したものに限り受け付けます。 ※申込者側の機器の停止や通信障害などによるトラブルについては、一切責任を負いかねますので、余裕を持って申込手続を行ってください。

6　受験の際の注意事項

⑴　試験当日は、各自で昼食を準備してください。（試験会場では購入できません。）

⑵　試験時間中、スマートフォン、携帯電話、ＰＨＳ、スマートウォッチ等の通信機器の電源はお切りいただき一切の使用を禁止します。

⑶　第1次試験の終了予定時刻は、午後3時30分頃を予定しています。

⑷　**試験の延期等の確認方法**

台風・大雨・地震などの非常時又は新型コロナウイルスの感染状況等により、試験日程等を変更することがあります。

その場合は、試験当日の午前7時までに変更の有無を決定します。決定した内容については、和歌山県警察のホームページの「新着情報」欄（https://www.police.pref.wakayama.lg.jp）及び「採用情報」欄にある「試験情報」（https://www.police.pref.wakayama.lg.jp/recruit/shiken/index.html）に掲載する予定です。

※　試験会場及び付近には駐車場がありません。

迷惑駐車を発見した時は受験できない場合があります。

会場周辺での渋滞や事故につながりますので、自家用車での送迎は控えてください。

7 合格から採用まで

⑴ この試験の最終合格者は、それぞれの試験区分ごとに作成する和歌山県人事委員会の採用候補者名簿に登載され、警察本部長からの請求により人事委員会が提示し、その中から採用者が決定されます。

警察本部長からの請求は、欠員の状態に応じて行われるため、採用候補者名簿に登載された人でも採用されない場合があります。また、警察官に必要な適格性を欠くことが明らかとなったときにおいても、採用されない場合があります。（採用候補者名簿の有効期間は、当該名簿が確定した日から原則１年間です。）

大学卒業見込みで受験した人は、令和６年３月末日までに卒業できない場合、採用資格を失います。

なお、採用時期は、卒業見込み者については令和６年４月以降、既卒者については令和５年10月以降の予定です。

⑵ 採用者は、和歌山県巡査に任命され、６か月間警察学校に入校（全寮制）し、卒業後県内の各警察署に配属されます。

8 給与等

⑴ 給 与

採用時の給料月額は、おおむね222,600円（令和４年４月１日現在、地域手当率５％を加算した金額）で、経歴に応じて一定の額（公務員の経歴は10割換算額、民間企業の正規職員の経歴は８割換算額等）が加算されます。

このほか、警察職員の給与に関する条例等の定めに従い、扶養手当、住居手当、通勤手当、期末手当、勤勉手当等が支給されます。

⑵ 住 宅

警察学校入校期間中は全寮制です。また、各警察署には職員住宅があります。

9 昇進

所定の年限を勤務すると、昇任試験に合格することにより昇任することができます。

10 試験問題の例題

試験問題の例題については、和歌山県人事委員会のホームページ「職員採用情報」の「試験問題の例題・（論）作文の課題」(https://www.pref.wakayama.lg.jp/prefg/210100/reidaitop.html)に掲載しています。

11 試験結果の情報提供

この試験の結果について、「和歌山県電子申請サービス」により、以下のとおり情報提供を受けることができます。

受験票発行の手続きと同様に、「通知書発行のお知らせ」のメールに記載された方法に従って、試験結果をダウンロードしてください。

ご不明な点につきましては、第１次試験及び第２次試験の試験結果については和歌山県警察本部警務課採用係に、第３次試験の試験結果については、和歌山県人事委員会事務局にお問い合わせください。

試験の種類	対象者	内容	情報提供の実施機関	期間
第１次試験	第１次試験不合格者	試験種目別の得点、合格基準に達していない試験種目並びに第１次試験の総合得点及び総合順位	和 歌 山 県 警 察 本 部	
第２次試験	第２次試験不合格者	試験種目別の得点、合格基準に達していない試験種目、第１次試験の総合得点及び総合順位並びに第１次試験及び第２次試験を合わせた総合得点及び総合順位		合格発表の日の翌日午後３時から１か月間
第３次試験	第３次試験受験者	試験種目別の得点、合格基準に達していない試験種目、第１次試験の総合得点及び総合順位、第１次試験及び第２次試験を合わせた総合得点及び総合順位並びに第１次試験から第３次試験までを合わせた総合得点及び総合順位	和 歌 山 県 人事委員会事務局	

| 令和5年度 | 第2回和歌山県警察官A
和歌山県警察官B | 採用試験案内 |

和 歌 山 県 警 察 本 部
〒640-8588　和歌山市小松原通一丁目1番地1
　　　　　ＴＥＬ073(423)0110(内線2626)
　　　　　ＦＡＸ073(423)0560
和 歌 山 県 人 事 委 員 会
〒640-8585　和歌山市小松原通一丁目1番地
　　　　　ＴＥＬ073(441)3763(直通)
　　　　　ＦＡＸ073(433)4085

和歌山県警察
シンボルマスコット
《きしゅう君》

○　主な変更点
　・　体力試験の種目を一部変更（時間往復走→反復横跳び）
　　しました。
　・　写真票を廃止し、顔写真データを電子申請サービス上
　　で登録する方法に変更しました。
　　　　　　　　　　　　　　　　　　申込みはこちら→→

＜注意＞
電子申請により申し込むことができない場合は、警察本部まで連絡してください。
申込み方法等に関しては、4〜6ページをよくご確認ください。

○ 第1次試験日時　**令和5年9月17日（日）午前8時30分**
　　　　　　　　　試験会場は、午前8時に開場します。
　　　　　　　　　（午前8時より前に来場しないでください。）

○ 第1次試験場所　**和歌山会場　県立和歌山北高等学校**
　　　　　　　　　田 辺 会 場　県立神島高等学校

○ 受 付 期 間　令和5年7月3日(月)午前10時〜8月18日(金)午後4時まで
1　試験区分、採用予定人員、職務内容及び採用予定時期

試験区分		採用予定人員	職務内容	採用予定時期
警察官A	男　性	5人程度	個人の生命、身体及び財産の保護、犯罪の予防、鎮圧及び捜査、被疑者の逮捕、交通の取締りその他公共の安全と秩序の維持	令和6年4月以降
	女　性	3人程度		
警察官B	男　性	21人程度	上記警察官A男性又は女性の職務内容と同じ。	
	女　性	5人程度		

2 受験資格

試験区分			学歴・資格等	年齢及び性別
警察官A	男 性		ア 学校教育法による大学（短期大学を除く。）を卒業した人又は令和6年3月末日までに卒業見込みの人	平成3年(1991年)4月2日以降に生まれた男性
	女 性		イ 和歌山県人事委員会がアに該当する人と同等の資格があると認める人	平成3年(1991年)4月2日以降に生まれた女性
警察官B	男 性		上記警察官A男性の受験資格に該当しない人	平成3年(1991年)4月2日から平成18年(2006年)4月1日までに生まれた男性
	女 性		上記警察官A女性の受験資格に該当しない人	平成3年(1991年)4月2日から平成18年(2006年)4月1日までに生まれた女性

※ 次のいずれかに該当する人は受験できません。（②～④は、地方公務員法第16条に規定する人）
① 日本国籍を有しない人
② 禁錮以上の刑に処せられ、その執行を終わるまで又はその執行を受けることがなくなるまでの人
③ 和歌山県の職員として懲戒免職の処分を受け、当該処分の日から2年を経過しない人
④ 日本国憲法施行の日以後において、日本国憲法又はその下に成立した政府を暴力で破壊することを主張する政党その他の団体を結成し、又はこれに加入した人

※ 受験資格について、ご不明な点がある場合は、和歌山県警察本部警務課採用係へ問い合わせてください。

3 試験の日時、試験地及び合格発表

	日時	試験地	合格発表	
			時期	方法
第1次試験	令和5年9月17日（日）午前8時30分	和歌山市田辺市	令和5年10月2日(月)午後3時	和歌山県警察のホームページに掲載します。（通知は行いません。）
第2次試験	合計2日(1)令和5年10月16日（月）(2)令和5年10月17日（火）から同月19日（木）までのうち、和歌山県警察本部が指定する1日	和歌山市	令和5年11月6日(月)午後3時	
第3次試験	令和5年11月14日（火）又は同月15日（水）のうち、和歌山県人事委員会が指定する1日	和歌山市	令和5年11月28日(火)午後3時	和歌山県のホームページに掲載するとともに合格者に通知します。

※ 試験の日時及び合格発表日は、変更する場合があります。
※ 第1次試験会場は、8ページに記載している「試験会場案内図」を御覧ください。
※ 合格発表の掲載先は、和歌山県警察のホームページ（https://www.police.pref.wakayama.lg.jp/「新着情報」）又は和歌山県のホームページ(https://www.pref.wakayama.lg.jp/「新着情報」)です。

4 試験の種目及び内容

(1) 第1次試験

試 験 種 目	配 点	内 容
教 養 試 験 (択一式2時間)	500点	警察官として必要な一般的知識及び能力についての筆記試験（50問） 〈出題分野〉 社会科学、人文科学、自然科学、文章理解、判断推理、数的推理、資料解釈
適 性 検 査		職務遂行上必要な適性についての検査 ※検査結果は、第2次試験及び第3次試験における面接試験の参考資料とします。
資 格 加 点		別記1（4ページ）に掲げる対象となる資格等を有する人又は当該対象となる資格等に合格した人の第1次試験の得点に加点します。

※ 教養試験の内容は、警察官Aは大学卒業程度、警察官Bは高等学校卒業程度で行います。

(2) 第2次試験

試 験 種 目	配 点	内 容
面 接 試 験	600点	人物、能力、性格等についての個別面接
体 力 試 験	200点	職務遂行上必要な体力についての試験(立幅跳び、腕立伏臥腕屈伸、反復横跳び、往復持久走)　別記2参照（4ページ）
論 文 試 験 (1時間30分) 〔警察官A〕	※200点	一定のテーマによる識見、表現力、判断力等についての記述試験 （1,200字程度） 〔令和4年度第2回警察官A採用試験の論文テーマは、『あなたが思い描いている警察組織の一員としての働き方を、県民や警察官との関係性に触れつつ、述べなさい。』でした。〕
作 文 試 験 (1時間) 〔警察官B〕	※200点	文章による表現力、課題に対する理解力等についての記述試験 （800字程度） 〔令和4年度警察官B採用試験の作文テーマは、『公務員は不祥事を起こさないよう厳に慎まなければならないが、あなたが警察官になった時、不祥事を起こさないため、どのような心構えと行動をとるか、述べなさい。』でした。〕
身 体 検 査		職務遂行上必要な身体的条件を有するかどうかについての別記3（4ページ）基準による検査
身体精密検査		職務遂行上必要な健康度を有するかどうかについての別記3（4ページ）基準による検査 （胸部疾患・伝染性疾患・心臓疾患等の有無、聴力・色覚等を判定するため、レントゲン検査・血液検査・尿検査等を行います。）

※ 論作文試験の採点は、第3次試験で行います。

(3) 第3次試験

試 験 種 目	配 点	内 容
面 接 試 験	1,200点	人物、能力、性格等についての個別面接

※ 第3次試験の配点は、第2次試験で実施する論作文試験の配点（200点）と合わせて1,400点となります。

　第1次試験、第2次試験及び第3次試験の合格者は、各試験種目の総合得点順に決定します。

　ただし、各試験種目（第1次試験の適性検査を除く。）には合格基準があり、一つでも基準に達しないものがある場合には、総合得点が高くても不合格となります。

　また、資格加点については、教養試験の合格基準を満たさない人には加点しません。

【別記1】資格加点の対象等

	対象となる資格		加点点数
柔道及び剣道	・3段以上		50点
	・2段		40点
	・初段		30点
語学（英語）	・実用英語技能検定1級	・TOEIC　900点以上	50点
	・TOEFL（iBT）　101点以上	・TOEFL（PBT）　607点以上	
	・TOEFL（CBT）　253点以上	・国際連合公用語英語検定試験A級以上	
	・実用英語技能検定準1級	・TOEIC　700点以上900点未満	40点
	・TOEFL（iBT）　76点以上101点未満	・TOEFL（PBT）　540点以上607点未満	
	・TOEFL（CBT）　207点以上253点未満	・国際連合公用語英語検定試験B級	
	・実用英語技能検定2級	・TOEIC　500点以上700点未満	30点
	・TOEFL（iBT）　52点以上76点未満	・TOEFL（PBT）　470点以上540点未満	
	・TOEFL（CBT）　150点以上207点未満	・国際連合公用語英語検定試験C級	
情報処理	・ITストラテジスト試験	・システムアーキテクト試験	50点
	・プロジェクトマネージャ試験	・ネットワークスペシャリスト試験	
	・データベーススペシャリスト試験	・エンベデッドシステムスペシャリスト試験	
	・ITサービスマネージャ試験	・システム監査技術者試験	
	・応用情報技術者試験	・情報セキュリティスペシャリスト試験	
	・情報処理安全確保支援士試験	・システムアナリスト試験	
	・アプリケーションエンジニア試験	・ソフトウェア開発技術者試験	
	・テクニカルエンジニア(ネットワーク)試験	・テクニカルエンジニア(データベース)試験	
	・テクニカルエンジニア(システム管理)試験	・テクニカルエンジニア(エンベデッドシステム)試験	
	・テクニカルエンジニア(情報セキュリティ)試験	・情報セキュリティアドミニストレータ試験	
	・上級システムアドミニストレータ試験		
	・基本情報技術者試験	・情報セキュリティマネジメント試験	40点
	・ITパスポート試験	・初級システムアドミニストレータ試験	30点
財務	・日商簿記検定1級		50点
	・日商簿記検定2級		30点

※　柔道の段位については公益財団法人講道館から、剣道の段位については公益財団法人全日本剣道連盟（令和2年9月15日までの間においては一般財団法人全日本剣道連盟）から授与されたものに限り、情報処理については平成13年度以降に実施されたものに限ります。

【別記2】体力試験の実施回数等の目安

	立ち幅跳び（2回実施）	腕立伏臥腕屈伸（おおむね2秒に1回）	反復横跳び（20秒間）	往復持久走（20m間隔を合図音に合わせて走る）
男性	195cm	20回	36回	32回
女性	143cm	11回	32回	19回

※　合格基準ではありません。体力試験の基準点は、各種目の合計得点で判定します。

【別記3】身体検査及び身体精密検査の基準

検査項目	合格基準
視力	裸眼視力が両眼とも0.6以上又は矯正視力が両眼とも1.0以上であること
色覚	職務遂行に支障がないこと
その他（胸部疾患、伝染性疾患、心臓疾患等の有無及び聴力等）	職務遂行に支障がないこと

※　上記検査項目のうち、視力については合格基準を下回る場合に、色覚及びその他については、いずれか一つでも職務遂行に支障があると認められる場合には不合格となります。なお、別記3基準について不明な点がある場合は、和歌山県警察本部警務課採用係へ問い合わせてください。

5 申込手続及び注意事項

電子申請サービスにより申し込んでください。（ダウンロードしたファイルを印刷する必要がありますのでプリンターが必要です。）和歌山県警察のホームページの「採用情報」欄にある「試験情報」を選択し、「令和5年度第2回和歌山県警察官A、警察官B採用試験」の電子申請サービスを選択して画面上の指示に従って申し込んでください。

電子申請サービスの「和歌山県」を選択し、キーワード検索で「第2回和歌山県警察官」と入力してください。

受付期間	**令和5年7月3日（月）午前10時～令和5年8月18日（金）午後4時まで**
	※受付期間中に正常に受信したものに限り受け付けます。
	※申込者側の機器の停止や通信障害などによるトラブルについては、一切責任を負いかねますので、余裕を持って申込手続を行ってください。

6 受験の際の注意事項

(1) 試験当日は、各自で昼食を準備してください。（試験会場では購入できません。）
(2) 試験時間中、スマートフォン、携帯電話、PHS、スマートウォッチ等の通信機器の電源はお切りいただき一切の使用を禁止します。
(3) 第1次試験の終了予定時刻は、午後3時30分頃を予定しています。
(4) **試験の延期等の確認方法**
　　台風・大雨・地震などの非常時は、試験日程等を変更することがあります。
　　その場合は、試験当日の午前7時までに変更の有無を決定します。決定した内容については、和歌山県警察のホームページの「新着情報」欄（https://www.police.pref.wakayama.lg.jp）及び「採用情報」欄にある「試験情報」（https://www.police.pref.wakayama.lg.jp/recruit/shiken/index.html）に掲載する予定です。
　※　試験会場及び付近には駐車場がありません。
　　　迷惑駐車を発見した時は受験できない場合があります。
　　　会場周辺での渋滞や事故につながりますので、自家用車での送迎は控えてください。

7 合格から採用まで

(1) この試験の最終合格者は、それぞれの試験区分ごとに作成する和歌山県人事委員会の採用候補者名簿に登載され、警察本部長からの請求により人事委員会が提示し、その中から採用者が決定されます。
　　警察本部長からの請求は、欠員の状態に応じて行われるため、採用候補者名簿に登載された人でも採用されない場合があります。また、警察官に必要な適格性を欠くことが明らかとなったときにおいても、採用されない場合があります。（採用候補者名簿の有効期間は、当該名簿が確定した日から原則1年間です。）
　　警察官Aの試験区分で受験した人のうち、大学卒業見込みで受験した人は、令和6年3月末日までに卒業できない場合、採用資格を失います。
　　なお、採用時期は、卒業見込みの人については令和6年4月以降の予定です。
(2) 採用者は、和歌山県巡査に任命され、警察官A区分は6カ月間、警察官B区分は10カ月間警察学校に入校（全寮制）し、卒業後、県内の各警察署に配属されます。

8 給与等

(1) 給　　与
　　採用時の給料等の月額は、おおむね以下のとおり（令和5年4月1日現在）です。ただし、民間企業等の職歴、警察官Aで採用された人は大学卒業を超える学歴、警察官Bで採用された人は高等学校卒業を超える学歴その他の経歴に応じて次の表の給料等の月額より多い額となります。

試験区分	給料等の月額（地域手当を含む。）
警察官A（大学卒）	222,600円　※1
警察官B（高校卒程度）	190,155円　※2

　　※1：大学卒業の学歴を有する人で、和歌山市を勤務地とする場合の額
　　※2：高等学校卒業程度の学歴を有する人で、和歌山市を勤務地とする場合の額
　　このほか、警察職員の給与に関する条例等の定めに従い、扶養手当、住居手当、通勤手当、期末手当、勤勉手当等が支給されます。
(2) 住　　宅
　　警察学校入校期間中は全寮制です。また、各警察署には職員住宅があります。

9 **昇進**

　　所定の年限を勤務すると、昇任試験に合格することにより昇任することができます。

10 **試験問題の例題**

　　試験問題の例題については、和歌山県人事委員会のホームページ「職員採用情報」の「試験問題の例題・（論）作文の課題」(https://www.pref.wakayama.lg.jp/prefg/210100/reidaitop.html)に掲載しています。

11 **試験結果の情報提供**

　　この試験の結果について、「和歌山県電子申請サービス」により、以下のとおり情報提供を受けることができます。

　　受験票発行の手続きと同様に、「通知書発行のお知らせ」のメールに記載された方法に従って、試験結果をダウンロードしてください。

　　ご不明な点につきましては、第1次試験及び第2次試験の試験結果については和歌山県警察本部警務課採用係に、第3次試験の試験結果については、和歌山県人事委員会事務局にお問い合わせください。

試験の種類	対象者	内容	情報提供の実施機関	期間
第1次試験	第1次試験不合格者	試験種目別の得点、合格基準に達していない試験種目並びに第1次試験の総合得点及び総合順位	和歌山県警察本部	合格発表の日の翌日午後3時から1か月間
第2次試験	第2次試験不合格者	試験種目別の得点、合格基準に達していない試験種目、第1次試験の総合得点及び総合順位並びに第1次試験及び第2次試験を合わせた総合得点及び総合順位		
第3次試験	第3次試験受験者	試験種目別の得点、合格基準に達していない試験種目、第1次試験の総合得点及び総合順位、第1次試験及び第2次試験を合わせた総合得点及び総合順位並びに第1次試験から第3次試験までを合わせた総合得点及び総合順位	和歌山県人事委員会事務局	

令和4年度第1回和歌山県警察官A採用試験の実施結果

試験区分	申込者数	第1次受験者(A)	第1次合格者	第2次受験者	第2次合格者	第3次受験者	最終合格者(B)	競争倍率(A)/(B)
警察官A男性	113人	95人	87人	71人	50人	50人	27人	3.5倍
警察官A女性	29人	22人	18人	14人	12人	12人	6人	3.7倍
合計	142人	117人	105人	85人	62人	62人	33人	3.5倍

令和4年度第2回和歌山県警察官A採用試験の実施結果

試験区分	申込者数	第1次受験者(A)	第1次合格者	第2次受験者	第2次合格者	第3次受験者	最終合格者(B)	競争倍率(A)/(B)
警察官A男性	42人	25人	20人	16人	10人	10人	5人	5.0倍
警察官A女性	14人	12人	10人	10人	6人	6人	5人	2.4倍
合計	56人	37人	30人	26人	16人	16人	10人	3.7倍

令和4年度和歌山県警察官B採用試験の実施結果

試験区分	申込者数	第1次受験者(A)	第1次合格者	第2次受験者	第2次合格者	第3次受験者	最終合格者(B)	競争倍率(A)/(B)
警察官B男性	128人	93人	89人	79人	60人	58人	34人	2.7倍
警察官B女性	31人	22人	22人	18人	13人	13人	10人	2.2倍
合計	159人	115人	111人	97人	73人	71人	44人	2.6倍

和歌山県の自治体情報

令和4年中　和歌山県の交通事故概況

○　件数　平成14年以降21年連続減少

年別推移

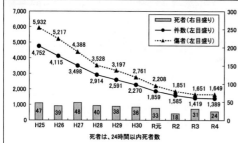

死者は、24時間以内死者数

飲酒事故（件数）第1当事者原付自転車以上

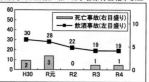

※ 飲酒基準値以下、検知不能を含む。死亡事故は内数。

ひき逃げ（件数）不申告除く

	令和4年	前年比
ひき逃げ（うち死亡）	17件（0件）	−7件（−1件）

年齢層別（死・傷者数）

		死者（人）	構成率	傷者（人）	構成率
子ども（中学生以下）	幼児	0	0%	23	1%
	小学生	0	0%	57	3%
	中学生	0	0%	33	2%
若者（24歳以下）	高校生	1	14%	57	3%
	その他	1	14%	172	10%
	25〜64歳	8	33%	1,001	61%
高齢者	65〜74歳	4	17%	167	10%
	75歳以上	10	42%	139	8%
	合　計	24	−	1,649	−

事故類型別

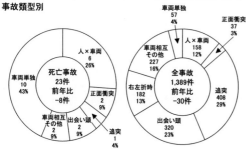

夜間事故の状況

	令和4年	発生率	令和3年	発生率
夜間の事故（件）	304	22%	356	25%
うち明け方・宵	113	8%	149	11%
うち死者数（人）	10	43%	15	48%

明け方・宵は、日の出1時間前・日の入1時間後

四輪車乗車中死者のシートベルト着用状況

	令和4年	着用率	令和3年	着用率
全　席	10人中5人	50%	9人中4人	44%
うち後席	1人中1人	100%	0人中0人	−

※ 特殊車は除く。

状態別

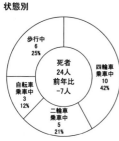

小学生以下・自転車乗車中ヘルメット着用状況

	令和4年	ヘルメット着用率	令和3年	ヘルメット着用率
幼　児	0人	−	2人	0%（0/2）
小学生	18人	11%（2/18）	15人	33%（5/15）

原因別（第1当事者）

死亡事故

順位	原因	件数	構成率
1	ハンドル操作不適	5	22%
2	前方不注意	4	17%
3	安全不確認（前方、左右）	3	13%
−	その他	11	48%
	合　計	23	−

全事故

順位	原因	件数	構成率
1	安全不確認（前方、左右）	490	35%
2	前方不注意	273	20%
3	動静不注視	200	14%
4	安全不確認（後方）	135	10%
5	ブレーキ操作不適	63	5%
6	指定場所一時不停止等	52	4%
7	信号無視	39	3%
8	ハンドル操作不適	21	2%
9	横断歩行者妨害等	17	1%
−	その他	99	7%
	合　計	1,389	−

道路形状別

		件数	構成率
交差点	交差点内	550	40%
	交差点付近	240	17%
	計	790	57%
単路	トンネル	18	1%
	橋	12	1%
	その他	65	5%
	計	403	29%
		498	36%
踏切		0	0%
駐車場等		101	7%
	合　計	1,389	−

※ 百分率（%）は小数点第1位を四捨五入した数値であり、合計は必ずしも100%とならない

令和4年中　高齢者（65歳以上）の事故

年別推移

			H30	R元	R2	R3	R4
高齢者	件数		827	714	647	586	565
		全事故比	36%	38%	41%	41%	41%
		指数	100	86	78	71	68
	死者		24	18	10	21	14
		全死者比	67%	55%	56%	68%	58%
		指数	100	75	42	88	58
	傷者		462	433	362	322	306
		全傷者比	17%	20%	20%	20%	19%
		指数	100	94	78	70	66
全事故	件数		2,270	1,859	1,585	1,419	1,389
		指数	100	82	70	63	61
	死者		36	33	18	31	24
		指数	100	92	50	86	67
	傷者		2,761	2,208	1,851	1,651	1,649
		指数	100	80	67	60	60
高齢ドライバーの事故 (件数)			677	591	538	487	482
		全事故比	30%	32%	34%	34%	35%
		指数	100	87	79	72	71
高齢者人口			307,043	308,220	308,961	309,814	310,188
		指数	100	100	101	101	101
高齢者免許保有者数			183,362	184,939	186,845	189,119	190,183
		指数	100	101	102	103	104

注　人口は各年1月1日現在（県長寿社会課資料）。免許保有者数は各年12月末現在。
　　「ドライバー」は、二輪車（原付含む）、自動車運転車。
　　死者は、24時間以内死者数。

事故類型別（第1当事者）

事故類型	高齢者		高齢者以外	
	件数	構成率	件数	構成率
追突	87	22%	321	32%
出会い頭	86	22%	234	23%
人対車	42	11%	116	12%
単独	23	6%	34	3%
その他	153	39%	293	29%
合計	391	－	998	－

原因別（第1当事者）

順位	原因	高齢者		高齢者以外	
		件数	構成率	件数	構成率
1	安全不確認（前方、左右）	140	36%	350	35%
2	前方不注意	58	15%	215	22%
3	動静不注視	53	14%	147	15%
4	安全不確認（後方）	47	12%	88	9%
5	ブレーキ操作不適	24	6%	39	4%
－	その他	69	18%	159	16%
合計		391	－	998	－

高齢者の自転車乗車中及び歩行者の死傷者数

順位は、人口1万人当たりの死傷者数の多い順
高速道路の事故を含む。

順位	市町村	死傷者	高齢者人口	人口1万人当たりの死傷者数
1	串本町	5	7,126	7.0
2	海南市	10	18,115	5.5
3	岩出市	7	12,694	5.5
4	九度山町	1	1,870	5.3
5	みなべ町	2	4,015	5.0
6	新宮市	5	10,433	4.8
7	和歌山市	52	111,457	4.7
8	橋本市	9	20,382	4.4
9	広川町	1	2,346	4.3
10	御坊市	3	7,278	4.1
11	印南町	1	2,937	3.4
12	田辺市	8	23,881	3.3
13	かつらぎ町	2	6,416	3.1
14	紀の川市	6	20,045	3.0
15	有田川町	2	8,338	2.4
16	湯浅町	1	4,177	2.4
17	白浜町	1	7,971	1.3
18	有田市	1	9,411	1.1
19	紀美野町		4,014	
19	高野町		1,278	
19	美浜町		2,564	
19	日高町		2,335	
19	由良町		2,175	
19	日高川町		3,469	
19	上富田町		4,191	
19	すさみ町		1,822	
19	那智勝浦町		6,208	
19	太地町		1,300	
19	古座川町		1,376	
19	北山村		190	
合計		117	309,814	3.8

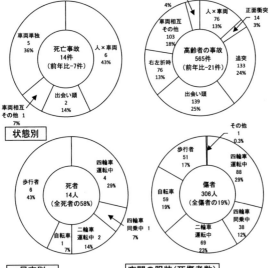

事故類型別

死亡事故 14件（前年比-7件）
車両単独 5　36%
人×車両 6　43%
出会い頭 2　14%
車両相互・その他 1　7%

高齢者の事故 565件（前年比-21件）
車両単独 24　4%
人×車両 76　13%
正面衝突 14　3%
追突 133　24%
出会い頭 139　25%
右左折時 76　13%
車両相互・その他 103　18%

状態別

死者 14人（全死者の58%）
歩行者 6　43%
四輪車運転中 4　29%
四輪車同乗中 1　7%
二輪車運転中 2　14%
自転車運転中 1　7%

傷者 306人（全傷者の19%）
歩行者 51　17%
四輪車運転中 88　29%
その他 1　0.3%
四輪車同乗中 38　12%
二輪車運転中 69　23%
自転車 59　19%

昼夜別

	死者	傷者
昼	10	260
夜	4	46
合計	14	306

夜間の服装（死傷者数）

当事者種別	歩行者	構成率	自転車	構成率
目立つ服装	6	32%	0	0%
目立たない服装	13	68%	4	100%
合計	19		4	

※ 第1・2当事者のみ

※ 百分率（%）は小数点第1位を四捨五入した数値であり、合計は必ずしも100%とならない
　 1%未満の数値は小数点第2位を四捨五入した数値

26

令和4年中　自転車の事故

※　死傷者は、自転車乗車中の人が死傷した人数

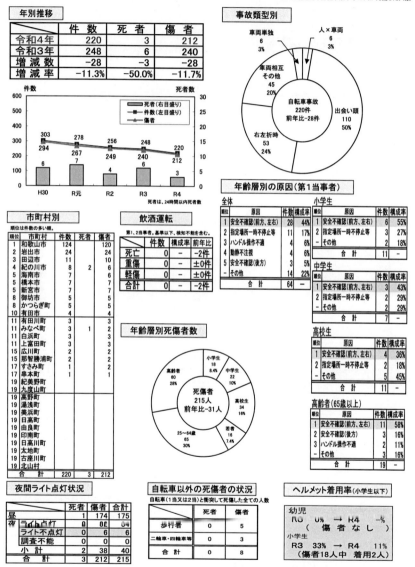

年別推移

	件　数	死　者	傷　者
令和4年	220	3	212
令和3年	248	6	240
増減数	−28	−3	−28
増減率	−11.3%	−50.0%	−11.7%

死者は、24時間以内死者数

事故類型別

車両単独　6　3%
人×車両　6　3%
車両相互その他　45　20%
自転車事故　220件　前年比-28件
出会い頭　110　50%
右左折時　53　24%

市町村別

順位は件数の多い順。

順位	市町村	件数	死者	傷者
1	和歌山市	124		120
2	岩出市	24		24
3	田辺市	11		10
4	紀の川市	8	2	6
5	海南市	6		6
5	橋本市	7		7
5	新宮市	7		7
8	御坊市	5		5
8	かつらぎ町	5		5
10	有田市	4		4
11	有田川町	3		3
11	みなべ町	3	1	2
11	白浜町	3		3
11	上富田町	3		3
15	広川町	2		2
15	那智勝浦町	2		2
17	すさみ町	1		1
17	串本町	1		1
19	紀美野町			
19	九度山町			
19	高野町			
19	湯浅町			
19	美浜町			
19	日高町			
19	由良町			
19	印南町			
19	日高川町			
19	太地町			
19	古座川町			
19	北山村			
	合　計	220	3	212

飲酒運転

第1、2当事者。基準以下、検知不能を含む。

	件数	構成率	前年比
死亡	0	−	−2件
重傷	0	−	±0件
軽傷	0	−	±0件
合計	0	−	−2件

年齢層別死傷者数

死傷者　215人　前年比-31人
小学生　18　8.4%
中学生　22　10%
高校生　34　16%
若者　16　7.4%
25～64歳　65　30%
高齢者　60　28%

年齢層別の原因（第1当事者）

全体

順位	原因	件数	構成率
1	安全不確認（前方、左右）	28	44%
2	指定場所一時不停止等	11	17%
4	ハンドル操作不適	4	6%
4	動静不注視	4	6%
4	安全不確認（後方）	3	5%
−	その他	14	22%
	合　計	64	−

小学生

順位	原因	件数	構成率
1	安全不確認（前方、左右）	6	55%
2	指定場所一時不停止等	3	27%
−	その他	2	18%
	合　計	11	−

中学生

順位	原因	件数	構成率
1	安全不確認（前方、左右）	3	43%
2	指定場所一時不停止等	2	29%
−	その他	2	29%
	合　計	7	−

高校生

順位	原因	件数	構成率
1	安全不確認（前方、左右）	4	36%
2	指定場所一時不停止等	2	18%
−	その他	5	45%
	合　計	11	−

高齢者（65歳以上）

順位	原因	件数	構成率
1	安全不確認（前方、左右）	11	58%
2	安全不確認（後方）	3	16%
3	ハンドル操作不適	2	11%
−	その他	3	16%
	合　計	19	−

夜間ライト点灯状況

		死者	傷者	合計
昼		1	174	175
夜	ライト点灯	0	32	32
	ライト不点灯	0	6	6
	調査不能	0	0	0
	小　計	2	38	40
	合　計	3	212	215

自転車以外の死傷者の状況

自転車（1当又は2当）と衝突して死傷した全ての人数

	死者	傷者
歩行者	0	5
二輪車・四輪車等	0	3
合　計	0	8

ヘルメット着用率（小学生以下）

幼児
R3　0%　→　R4　-%
（　傷者　なし　）

小学生
R3　33%　→　R4　11%
（傷者18人中　着用2人）

※　百分率（%）は小数点第1位を四捨五入した数値であり、合計は必ずしも100%とならない
1%未満の数値は小数点第2位を四捨五入した数値

和歌山県の犯罪情勢（令和4年中　確定値）

	認知件数		検挙件数		検挙率		検挙人員		うち少年	
		前年比		前年比		前年比		前年比		前年比
刑法犯	3,438	+128 (+3.9%)	2,022	-161 (-7.4%)	58.8%	-7.1	1,440	-3 (-0.2%)	149	+1 (+0.7%)
街頭犯罪	1,521	+110 (+7.8%)	678	-28 (-4.0%)	44.6%	-5.5	509	+49 (+10.7%)	58	-5 (-7.9%)
重要犯罪	40	-1 (-2.4%)	40	+1 (+2.6%)	100.0%	+4.9	35	+2 (+6.1%)	4	+4 －
侵入盗	197	-15 (-7.1%)	192	-3 (-1.5%)	97.5%	+5.5	53	-4 (-7.0%)	8	+6 (+300.0%)

注1 「街頭犯罪」は、路上強盗、暴行、傷害、恐喝、自動車盗、オートバイ盗、自転車盗、ひったくり、車上ねらい、部品ねらい、自動販売機ねらい、
　　強制わいせつ（街頭）、及び器物損壊をいう。
注2 「重要犯罪」とは、殺人、強盗、放火、強制性交等、略取・誘拐、及び強制わいせつをいう。

1．多発罪種・手口

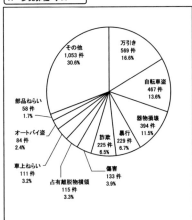

2．刑法犯認知月別状況

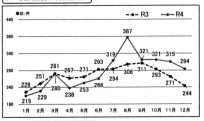

3．主な増加罪種・手口

順位	罪　種・手　口	件　　数	増加数	12月件数
1	自　転　車　盗	467 件	+92 件	67 件
2	詐　　　欺	225 件	+42 件	30 件
3	器　物　損　壊	394 件	+27 件	37 件
4	建造物等損壊	30 件	+16 件	0 件
5	傷　　　害	133 件	+21 件	5 件

4．都道府県別犯罪率ワースト順：R3.10.1人口推計（総務省統計局）

順位	都道府県	人口（単位 千人）	認知件数	犯罪率	前年順位	前年犯罪率
－	全　国	125,502	601,331	4.79	－	4.50
1	大　阪	8,806	68,807	7.81	1	7.09
2	兵　庫	5,432	33,018	6.08	2	5.49
3	埼　玉	7,340	41,983	5.72	3	5.47
4	福　岡	5,124	28,773	5.62	6	5.12
5	茨　城	2,852	15,986	5.61	4	4.98
⋮	（ 中　略 ）					
26	福　島	1,812	6,913	3.82	25	3.61
27	北 海 道	5,183	19,604	3.78	29	3.52
28	和 歌 山	914	3,438	3.76	27	3.59
29	鳥　取	549	2,017	3.67	32	3.47
30	山　梨	805	2,890	3.59	33	3.39

【参考】滋賀・・・11位（4.84）、京都・・・20位（4.13）、奈良・・・21位（3.99）

5．市町村別犯罪率ワースト10：R3.10.1人口推計（和歌山県）

順位	市町村	人口	認知件数	犯罪率	前年順位	前年犯罪率
－	総　数	913,523	3,438	※3.76	－	3.59
1	高 野 町	2,888	24	※8.31	8	3.29
2	和 歌 山 市	354,708	1,738	※4.90	2	4.82
3	九 度 山 町	3,760	17	※4.52	9	3.27
4	岩 出 市	54,113	241	※4.45	3	4.41
5	かつらぎ町	15,743	67	※4.26	4	3.88
6	日 高 町	7,672	32	※4.17	29	0.91
7	御 坊 市	23,150	94	※4.06	6	3.83
8	紀 の 川 市	58,269	220	※3.78	7	3.45
9	橋 本 市	60,122	209	※3.48	15	2.32
10	由 良 町	5,270	16	※3.04	26	1.50

※は、前年より犯罪率が増加。

「和歌山県警察ホームページ」より抜粋

第2部

教養試験
社会科学・人文科学

- 政治・経済・社会
- 歴　史
- 地　理
- 文学・芸術

社会科学　政治・経済・社会

||||||||||||||||||||||||||||　P O I N T　||||||||||||||||||||||||||||

政治：学習法としては，まず，出題傾向をしっかり把握すること。出題形式や出題内容は当然変わっていくが，数年単位で見ると類似した内容を繰り返していることが多い（後述の「狙われやすい！重要事項」参照）。そのような分野を集中的に学習すれば効果的である。学習の中心となるのは基礎・基本の問題であるが，要点がまとまっているという点で，まずは本書の問題にしっかり取り組むとよい。そしてその学習の中で問題点や疑問点が出てきた場合に，教科書・学習参考書・辞典・専門書で学習内容をさらに高めていこう。

経済：まず高等学校の「政治・経済」の教科書で，次の項目のような主要な要点をまとめてみよう。

 (1) 国内経済…金融政策・財政政策・景気変動・国民所得・GNPとGDP・三面等価の原則・国家予算・独占禁止法・公正取引委員会など

 (2) 第二次世界大戦後の国際経済の歩み…OECD・EEC→EC→EU・GATT→WTO

 (3) 国際経済機構…IMF・IBRD・IDA・UNCTAD・OPEC・OAPEC・ケネディラウンド → ウルグアイラウンド → ドーハラウンド・FTA → EPA → TPP

 最新の動向については，ニュース等で確認しておこう。

社会：社会の学習法は，問題を解くことと合わせて，新聞等を精読するに尽きる。記事をスクラップするなどして，系統的に理解を深めていくことが大切である。新聞などに掲載されている社会問題は，別の様々な問題と関連していることが多い。一つのテーマを掘り下げて理解することにより，社会で起きている時事的な問題をより横断的に結びつけてとらえることが可能となる。そのためにも，様々なメディアを通じて日々新しい情報をチェックし，政治・経済・社会・環境など，網羅的にニュースを把握しておくようにしておきたい。

狙われやすい！重要事項

☑ 国会や選挙の制度
☑ 国際的な機構や国際政治
☑ 基本的人権（各論まで）
☑ 金融政策や財政政策の制度と実情
☑ 少子高齢化や社会保障
☑ 日本経済の実情
☑ 日本と世界の国際関係
☑ 科学技術や医療などの進歩
☑ 社会的な課題

《 演 習 問 題 》

[1] 国家に関する記述として，妥当なものはどれか。

1 イェリネックは，国家の三要素として，国民，主権，外交権を挙げたが，それに明確に当てはまる初期の国家は，古代ギリシャのポリスである。

2 一元的国家論は，国家を他の社会集団よりも優位とみなす立場を示し，その代表的な論客として，パーカーやラスキが挙げられる。

3 夜警国家は，国家の役割を治安や国防などに限定することに焦点を当てた用語であり，ドイツの社会主義者ラッサールによって用いられた。

4 社会権の確立は，福祉国家の形成に大きく貢献したが，その直接的な契機になったのは，フランス革命時に起草された人権宣言であった。

5 行政国家とは，事実上，行政府が立法機関よりも優位に立つ国家であり，積極国家の反意語として用いられる概念である。

2 地方制度に関する記述として，正しいものはどれか。

1　地方自治の本旨のうち，構成員である住民の意思を尊重すべきであるとする理念は，団体自治と呼ばれる。

2　大日本帝国憲法の下における地方自治体においては，市会・町会・村会の議員が首長から指名されていたように，その運営のしくみは，上位下達的な要素が強いものであった。

3　現在の制度において，首長が議会に対する解散権を行使できる機会は，議会から不信任された際に限られている。

4　一定の要件を満たした市に対して，本来都道府県が持つ権限の一部を移す大都市制度のうち，中核市制度が廃止され，特例市制度が新設された。

5　国会において，特定の地方のみに適用される地方特別法を制定する際には，地方議会における承認が必要である。

3 政治制度に関する記述として，妥当なものはどれか。

1　議院内閣制を採用しているイギリスにおいて，首相は，下院の多数党の党首を国王が任命する制度が慣例として定着している。また，上院議員については，内閣の推薦に基づき，国王によって任命される。

2　厳格な三権分立を採用しているアメリカにおいて，大統領は，有権者による直接選挙によって選出される。大統領は，高級官吏の任命権，議会が定めた法律に対する拒否権，議会の解散権などの強力な権限を持つ。

3　フランスの大統領は，有権者による間接選挙で選ばれる。また，大統領によって任命される内閣については，下院による不信任が可能であるため，大統領と首相が属する党派が異なる状況がみられた。

4　ドイツにおいて，政治的な実権は大統領が握っており，首相の権限の多くは儀礼的なものにとどまる。ドイツの政治制度は，一般に，半大統領制と呼ばれている。

5　中国の政治体制は，全国人民代表大会に強力な権限が集中しているため，権力集中制と呼ばれる。国家主席については，18歳以上の有権者による直接選挙によって選出されるが，その数の多さから，集計に度々長い時間を要した。

4 各国の国家元首に関する記述として，妥当なものはどれか。

1 中国の国家主席は国民による直接選挙によって選出され，全国人民代表大会と共同で強力な権力を行使する。

2 イギリスの国家元首である国王は，主要な役職に就く者を任命する。首相については多数党の党首が就任し，貴族院議員については内閣の推薦に基づくなどの慣例に従っていることが多い。

3 アメリカの大統領は，国民による直接投票によって選出される一方，国民が一定以上の署名を集めてその解職を請求した場合には，国民投票が行われ，その結果によっては罷免されることがある。

4 フランスの大統領は，国家元首としての地位を持つ一方，その権限の多くは儀礼的なものにとどまり，政治全体は議院内閣制を核として機能している。

5 ドイツの大統領は，内閣の閣僚を任免するとともに，議会を解散する権限を持ち，また，重要案件を国民投票に付託することもできる。

5 日本の国会および国会議員に関する記述として，妥当なものはどれか。

1 衆議院には，予算案，条約，法律案，内閣総理大臣の指名について，先議権が認められている。

2 参議院は，衆議院の解散総選挙中に緊急事態が生じた場合，内閣の召集によって緊急集会を開くことができるが，予算措置を必要とする案件について審議することはできない。

3 国会議員は，国会の会期中，法律に定められた場合と所属する議院の許諾があった場合を除き，逮捕されない。

4 内閣総理大臣によって指名される国務大臣の3分の2以上は国会議員でなければならない。

5 衆議院の解散により総選挙が行われた後には，選挙の日から30日以内に臨時会が招集される。

6 **公職選挙法に関する記述として，妥当なものはどれか。**

1　公職選挙法の議員定数における一票の格差について，最高裁判所は，高度に政治的な問題であり，司法審査になじまないとの立場を明確にした。

2　公職選挙法には，選挙権や被選挙権を与える年齢についての条文があり，2015年の改正では，選挙権と被選挙権が2歳ずつ引き下げられた。

3　2013年に改正された公職選挙法においても，インターネットを通じて投票を呼び掛ける行為は，禁止された文書の頒布にあたり違法であるとの解釈が据え置かれた。

4　2017年には，本人以外の選挙違反を理由に当選を無効とする連座制が廃止された。

5　2018年には，参議院議員の総定数を6議席増やし，248議席とする改正案が成立した。

7 **国際連合の専門機関に関する記述として，妥当なものはどれか。**

1　国際連合の加盟国以外は，各機関を構成することはできない。

2　機関の中には，国際連盟や国際連合が成立する以前にその前身が発足し，活動していたものも含まれる。

3　各機関を構成するのは国家のみであり，政府代表以外が投票権を行使することはできない。

4　国際原子力機関は，専門機関の1つであり，原子力に関連する物質の監視などが任務とされているが，各国に査察を行う権限は与えられていない。

5　世界知的所有権機関は，特許，商標，著作権などの知的所有権の保護などを目的とする機関であり，専門機関の中で最も古い歴史を持っている。

8 **日本の国会と国会議員に関する記述として，妥当なものはどれか。**

1　日本の国会は，衆議院と参議院の2つの院で構成されるが，一定の期間内であれば，両院の議員を兼職することが認められる。

2　国会議員の一定以上の要求があった場合，内閣は特別国会の召集を決定しなければならない。

3　内閣総理大臣およびすべての国務大臣は，国会議員でなければならない。

4 参議院議員の任期は6年であるが，同院の解散があった場合，それが短縮される場合がある。

5 原則として，会期中の国会議員を逮捕する場合，所属する院の許諾が必要となる。

9 アメリカの政治に関する記述として，妥当なものはどれか。

1 大統領は，大統領選挙人による投票によって選出される。

2 連邦最高裁判所の判事は，連邦議会によって決定される。

3 連邦議会は，一院制である。

4 大統領は，連邦議会の解散権を持つ。

5 憲法の規定により，連邦最高裁判所は法律に対する違憲審査権を持つ。

10 大日本帝国憲法と日本国憲法の共通点と相違点に関する記述として，妥当なものはどれか。

1 法律の留保の有無などの違いはあるものの，いずれの憲法も，社会権に関する規定を含んでいた。

2 政治の仕組みについては，具体的な運用は大きく異なっていたものの，地方自治に関する規定がいずれの憲法にも含まれていた。

3 いずれの憲法も，改正には法律よりも厳格な要件が付されているという点で，硬性憲法に分類される。

4 大日本帝国憲法下における裁判は，国民の名において行われたため，裁判官に様々な制約が課せられていたが，日本国憲法では，司法権の独立が明確に定められている。

5 大日本帝国憲法における帝国議会は，天皇の輔弼機関と位置付けられていたが，日本国憲法における国会は，国権の最高機関であり，唯一の立法機関であるとされている。

11 基本的人権について，最高裁判所の判断に照らして正しいものはどれか。

1 法の下の平等とは，法を適用，執行する際の差別を禁止する趣旨であり，法の内容自体の平等は含まれない。

2 思想・良心の自由が定められているため，その表現を強制することは許されず，執筆や行動についての規制は一切認められない。

3 報道の自由は保障されているものの，取材の自由には限界がある。

4 何人にも，外国に移住することや，国籍を離脱して無国籍になる自由が
　認められる。
5 財産権を法律や条例によって制限することは認められない。

12 法とその運用に関する記述として，正しいものはどれか。

1 法律の条文について，文章の文字や字句の一般的な意味により解釈する
　方法を論理解釈といい，裁判などにおいて法律を適用するときに，最初
　に行われる手法である。
2 日本において，議会における成立手続を経ていない慣習に法的な効力が
　与えられることはなく，法にはその内容や適用に厳密な要件が求められ
　る。
3 日本において，過去の裁判における判例に従うことは法的な義務ではな
　く，一定の要件の下，最高裁判所が判例の変更を行うことができる。
4 日本における法令を効力の強い順から並べると，憲法，政令，法律，省
　令となるが，各地方公共団体は，法律に優先する条例を定めることがで
　きる。
5 各国間で定め，発効した条約については，各国内において法律が整備さ
　れていない場合には，例外的に条約上の権利を免れることができる。

13 日本の裁判制度に関する記述として，正しいものはどれか。

1 裁判は，原則として，控訴と上告を経て3回まで審理を受けることがで
　きる三審制が採用されている。ただし，簡易裁判所を第一審とする民事
　事件では，上告制度が無いため，これに当てはまらない。
2 裁判員制度は，有権者の中から無作為に選任された裁判員が，裁判官
　とともに裁判に参加する制度である。その対象は重大な刑事事件に限ら
　れ，民事事件については対象にならない。
3 裁判官が判決を下す場合に，当然に従うべきものとして，憲法と判例が
　挙げられる。特に最高裁判所による判例は，司法制度の安定のために，
　変更することが許されない。
4 日本国憲法の規定により，裁判官の報酬は，在任中減額することがで
　きない。なお，すべての裁判官の報酬を一律に減額することについても，
　実施されたことはない。
5 司法の独立を確保するために，裁判官には，他の公務員にはない身分保

障がある。そのため，国民審査により罷免を可とする投票が多数だった場合と，公の弾劾以外には罷免されない。

14 令和4年4月1日に施行された改正少年法に関する記述として，正しいものはどれか。

1 民法の改正により成年年齢が18歳に引き下げられたことに伴い，少年法における「少年」の定義は，18歳に満たない者に改正された。

2 18歳以上の者の事件は，地方裁判所に送られ，地方裁判所が処分を決定する。

3 家庭裁判所が，原則として検察官に送致しなければならない事件とは，故意の犯罪行為により被害者を死亡させた罪の事件であって，その罪を犯すとき16歳以上の少年に係るものに限られる。

4 18歳以上の者が犯した罪により起訴された場合には，氏名，年齢，職業，住居，容ぼう等によりその者が当該事件の本人であることを推知することができるような記事又は写真を新聞紙その他の出版物に掲載してもよい。

5 18歳以上の者は，その犯した罪により，少年院に送致されることはない。

15 日本国憲法に定められた基本的人権に関する記述として，妥当なものはどれか。

1 健康で文化的な最低限度の生活を保障することなどを定めた社会権は比較的古い歴史を持つ権利であり，大日本帝国憲法においても，法律の留保が付されていたものの，それに関する規定があった。

2 自由権は，国家による不当な干渉を排除する目的で主張されてきた権利であり，特に思想や良心の自由については，それが各自の内心にとどまる限り絶対的に保障される。

3 平等権は，不当な差別を禁止することを趣旨とする権利であるが，例外として，貴族や華族の制度を設けることが認められている。

4 参政権は，選挙等を通じて国家の意思決定に参加する権利であり，日本国憲法では，憲法改正に加えて，憲法と深い関連を持つ重要法案についての国民投票の制度が認められている。

5 日本国憲法には，国家公務員の不法行為によって損害を受けた国民は，その公務員個人に対して損害賠償を請求できる旨が定められている。

16 日本における新しい人権に関する記述として，妥当なものはどれか。

1　日本国憲法に明確な条文を持たない新しい人権の多くは，日本国憲法の制定当時に強く主張されながらも，重要性についての優先度が低いとされたものである。

2　国民が行政機関の情報の公開などを求めることなどを柱とする「知る権利」は，憲法上の規定がないものの，情報公開法の冒頭に明記された。

3　最高裁判所は，新聞紙上において意見広告の名目で特定の政党を誹謗・中傷した例について，後日，紙面において反論の機会を無償で与えなければならないとした。

4　大阪空港の騒音をめぐる訴訟において，最高裁判所は，国民の環境権の意義を強調しながらも，飛行の差し止めや将来の損害を認めなかった。

5　最高裁判所は，無断で小説のモデルにされた女性が出版の差し止めを求めた訴訟において，差し止めと慰謝料を認めた。

17 日本の司法制度に関する記述として，妥当なものはどれか。

1　司法権の独立を確保するため，前審，終審を問わず，行政機関は裁判的行為をすることはできない。

2　下級裁判所の裁判官は，裁判により，心身の故障のために職務を執ることができないと決定された場合を除いては，公の弾劾によらなければ罷免されない。

3　重大な刑事事件や民事事件の裁判では，裁判官に加え，有権者から無作為に抽出された裁判員が裁判に参加し，審理や判決に関わる。

4　民事事件について，簡易裁判所において第1審の判決が下された際，それに不服がある場合には，高等裁判所に控訴することができる。

5　裁判官の処分は，国会に設置された弾劾裁判所において罷免が決定される場合を除き，原則として行政機関によって行われる。

18 特定秘密保護法に関する記述として，妥当なものはどれか。

1　安全保障に関して，特に秘匿が必要な機密情報を「特定秘密」に指定する際，国会の同意が求められる。

2　特定秘密の対象とされているのは，外交とテロ防止の2分野である。

3　特定秘密とされた情報を漏洩した公務員には，最高で無期懲役が科せられる。

4　特定秘密の指定は原則として5年であり更新もできるが，30年を超えて
　継続する場合には内閣の承認が必要となる。

5　報道や取材の自由に配慮するため，特定秘密の不正取得の共謀や教唆な
　どについては，罰しないこととされている。

19　**日本における犯罪と刑罰に関する記述として，妥当なものはどれか。**

1　罪刑法定主義は，ある行為が犯罪とされ，刑罰が科されるためには，あ
　らかじめ成文の法が規定されることが必要となる原則を意味する。

2　慣習も一定の要件の下で効力が認められる場合があり，このことは，刑
　法についても同様である。

3　刑法の規定は，重大な犯罪であると認められる場合に限り，制定や施行
　の日より前の行為に適用することができる。

4　収監中に犯罪者が深く反省した場合に備え，裁判所は刑期を全く定めな
　い懲役刑を科すことができる。

5　人を殺傷するに至らない軽微な犯罪に関する手続については，弁護人依
　頼権を与えないことがある。

20　**日本の財政に関する記述として，妥当なものはどれか。**

1　予算が，自然災害や経済状況の変化などの要因により，変更を要する場
　合がある。そのような場合には，暫定予算が編成され，国会による承認
　を受ける。

2　日本の予算は，一般会計予算，特別会計予算，政府関係機関予算に
　よって構成されている。特別会計は，特定の歳入と歳出を結びつけるも
　のであり，その例として，東日本大震災復興特別会計が挙げられる。

3　日本の財政において大きな問題となっているのは，国債残高の増加であ
　る。特に，公共事業，貸付金，出資金の原資として用いられる特例国
　債の割合が大きい。

4　財政投融資は，経済活動や生活に不可欠な資金を調達し，運用する制
　度である。公的な信用で集められた資金は，財務省の資金運用部への預
　託が義務付けられている。

5　地方公共団体は，不足する資金を調達するために債券を発行することが
　禁じられている。そのため，国家財政からの借入が増加し，地方財政を
　圧迫することが懸念されている。

21 主要な経済指標に関する記述として，正しいものはどれか。

1　国内総生産から固定資本減耗分と間接税を控除し，補助金を加えると，国内所得が求められる。

2　国内総生産に海外からの純所得を加えると，国民総所得が求められ，現在，経済成長率を計算する際に用いられているのは，国民総所得である。

3　一般に，物価の下落が続いている状況下では，名目経済成長率が実質経済成長率を上回る。

4　国内総生産は，一国内で生産される付加価値の総計であり，その算定にあたり，農家による自家消費や持家の帰属家賃は控除される。

5　景気動向指数は，景気の先行きを示す先行指数と，景気の現状を示す一致指数によって構成されている。

22 物価変動と経済循環に関する記述として，妥当なものはどれか。

1　継続的な物価の上昇はインフレーションと呼ばれ，この下で，貨幣価値は下落するため，債務者には不利な影響を及ぼす。

2　デフレーションは，給与所得者や年金などによって定額の収入を確保できる者に対して，有利な影響を及ぼす。

3　好況が続くと，各財やサービスにおいて供給が需要を上回るために，物価が上昇しやすくなる。

4　キチンは，主として設備投資の変動により，約10年周期の景気循環が生じることを指摘した。

5　ジュグラーは，生産と販売の時差による在庫の変動が景気に大きな影響を与えることを強調し，約40ヵ月周期の景気循環が生じることを指摘した。

23 租税に関する記述として，妥当なものはどれか。

1　納税義務を負う者と実質的な負担者が異なる税は，直接税と呼ばれる。法人税，所得税などは，代表的な直接税である。

2　累進税は，所得の増加に伴い，実質的な負担率が上昇する税である。間接税の多くは，累進税としての性質を持つ。

3　課税の根拠については，いくつかの説がある。そのうち，公的なサービスに対する対価として税を払うべきであるとする説は，応能説に分類される。

4 　所得の額に関わらず，税率が一定の税は，比例税と呼ばれる。日本においては，法人税などにおいて採用されている。

5 　課税主体が国である税を国税という。保有する固定資産の時価に応じて課税される固定資産税は，国税に分類される。

24 **貯蓄率と消費性向に関する記述として，妥当なものはどれか。**

1 　所得の中で貯蓄が占める割合は，貯蓄率と呼ばれる。高度経済成長期の日本では，これが世界各国に比べて極端に低かったことが知られている。

2 　所得総額に占める消費の割合は，平均消費性向と呼ばれる。消費額が安定している下で所得が増加すると，この値は低下する。

3 　限界消費性向は，所得が1単位変化したとき，消費がどのくらい変化するかを示す指標である。ケインズは，この値が小さいほど，乗数が大きくなることを指摘した。

4 　貯蓄率と平均消費性向には，強い相関関係がある。近年の統計では，日本において貯蓄率と平均消費性向がともに上昇する事象がみられた。

5 　所得と消費に正比例の関係がある場合，限界消費性向と平均消費性向の乖離は大きくなる。特に，所得が増加するにしたがって，その差は広がる。

25 **日本の金融に関する記述として，正しいものはどれか。**

1 　日本銀行は，わが国における唯一の発券銀行であり，金を預け入れられたときに限り，日本銀行券を発行することができる。

2 　市中銀行が破綻した際，原則として，有利子預金は元本1,000万円とその利息が保護の対象となる。

3 　市中銀行が日本銀行に手持ちの資金を預け入れる際，日本銀行が市中銀行から手数料等を徴収することは法律によって禁じられている。

4 　金融ビッグバンの実施により，放漫な銀行経営を戒めるために，護送船団方式を導入した。

5 　グローバル化による外国紙幣の偽札の流入を防ぐため，外貨への両替は，銀行に対して独占的に認められている。

[26] **市場機構に関する記述として，妥当なものはどれか。**

1　売手，買手ともに多数である市場は，完全競争市場と呼ばれる。売手と買手の情報に非対称な状況が生ずることは，資源の最適な配分の条件となる。

2　外部不経済とは，売手と買手以外に損失を与える現象である。政府による介入がない場合には，価格は過大に，取引量は過小になる。

3　売手と買手以外に便益をもたらす現象が外部経済である。この場合，自由放任政策の下では，価格は過小に，取引量は過大になる。

4　市場機構は，市場における価格と取引量を調整する。技術革新によって，生産費用が減少し，生産性が増大すると，価格は低下し，取引量は増加する。

5　市場機構は，国際的な貿易においても大きな影響を及ぼす。自由貿易は，取引価格を高騰させ，取引量を減少させる恐れがあるため，世界貿易機関では，自由貿易を見直す動きが進んでいる。

[27] **経済政策に関する用語や政策の効果について，正しい記述はどれか。**

1　有効需要の原理によれば，減税と比較して，公債発行による公共投資の増額は，より大きな国民所得の増加をもたらす。

2　乗数理論によれば，増税による税収を政府支出の増額に充当すると，国民所得は政策の実施前より減少する。

3　金融政策は，財政政策と比較すると，決定のプロセスに時間を要するため，緊急の対策には適さない。

4　財政政策は，金融政策と比較すると，金利を低下させる効果が大きいため，物価を調整する目的には適さない。

5　公開市場操作は，中央銀行が金融市場において有価証券を売買する政策であるが，市場を混乱させるとの懸念から，日本を含む多くの国において禁止されている。

[28] **日本銀行に関する記述として，妥当なものはどれか。**

1　日本銀行による金融政策は，政策委員会の会合のうち，金融政策決定会合において政府代表を含む審議委員の多数決によって決定される。

2　日本銀行による国債の直接的な買い入れは法律によって禁じられており，日本銀行が保有する有価証券に国債は含まれていない。

3　インフレターゲットとは，デフレ脱却のため物価の上昇率を一定に引き上げることを目標とする政策であり，主に日本銀行が定める預金準備率

の調整を通じて行われる。

4 マイナス金利とは，民間の金融機関が日本銀行に預けている際に適用される預金金利をマイナスにすることである。

5 日本でも実施されたことがあるゼロ金利政策の下では，日本銀行が民間の金融機関に対して貸し付ける際，また，民間の金融機関が企業等に融資を行う際，金利は生じない。

29 **経済学説に関する記述として，妥当なものはどれか。**

1 アダム・スミスは，各経済主体の利己的な行動が「見えざる手」に導かれて望ましい調和をもたらすとした。

2 ケネーは，価値の源泉を「労働一般」にあるとして，農業労働の意義に重きを置く重農主義を批判した。

3 マルサスは，貧困の根本的な原因は人口の不足にあり，政府の役割として，人口を増やすための諸施策を実施することを挙げた。

4 リカードは，各国の経済にはそれぞれの発展段階があるとの立場から，関税等を活用して幼稚産業を保護し，育成すべきであるとした。

5 リストは，各国が比較優位を持つ生産物に特化して，自由貿易と国際分業を進めることが，各国の利益になるとした。

30 **市場の失敗に関する記述として，妥当なものはどれか。**

1 公共財は，財を同時に消費できる非排除性と，対価を払わない者でも財を消費できる非競合性という2つの性質を持つため，市場において取引することが困難である。

2 一方の経済主体が他の経済主体に望ましい影響を及ぼす外部経済が存在する場合，市場における均衡は，望ましい均衡よりも量が過小に，価格が過大になる。

3 公害によって社会的費用が生ずるのは外部不経済の典型的な事象であるが，政府が介入しない場合の均衡は，価格，量ともに過大になる。

4 売り手と買い手との間に情報の非対称性が存在する場合，品質の良い財のみが市場にあふれることになるが，このような事象は，レモンの原理と呼ばれる。

5 所得の増加と技術革新が同時に起こり，均衡取引量が増加する現象は，市場の失敗の典型的な例である。

31 **需要の価格弾力性に関する記述として，妥当なものはどれか。**

1　需要の価格弾力性を比較すると，ぜいたく品は小さく，必需品は大きい。

2　需要の価格弾力性が大きい財は，値下げした方が売上高を大きくすることができる。

3　需要の価格弾力性が小さい財は，価格の変化に関わらず，売上高が一定となる。

4　居酒屋において，ランチサービスが安価に提供されるのは，夜に提供される料理や酒より，ランチの価格弾力性が小さいことを表している。

5　電話料金について，昼の時間帯に高く，夜の時間帯に低く設定されているのは，昼の時間帯の方が価格弾力性は大きいからである。

32 **財政に関する記述として，妥当なものはどれか。**

1　マスグレイブにより，財政の機能として，資源配分の最適化，物価の調整，経済の安定化の3つが挙げられている。

2　間接税は納税者と負担者が異なる税であり，典型的な例として所得税が挙げられる。

3　ビルト・イン・スタビライザーの例として累進税や失業給付が挙げられるが，これらには，景気を自動的に安定に導く機能がある。

4　不況期には，景気を刺激するために消費を拡大させる必要があり，そのために効果的な財政政策は増税である。

5　一般に，裁量的な財政政策は，金融政策に比べて政策が決定されるまでの期間が短いという特徴を持つ。

33 **金融政策に関する記述として，妥当なものはどれか。**

1　中央銀行が有価証券を大量に売却すると，市場の利子率が低下し，資金量が減少する。

2　日本銀行は，法律によって，政府が発行した国債を保有することが禁じられている。

3　21世紀に入り，日本銀行による主たる金融政策の手段は，以前と異なり，法定準備率の操作に移行した。

4　中央銀行が市中銀行から預金を受け入れた際，その金利をマイナスとする政策は，21世紀に入り，欧州中央銀行において導入された例がある。

5 銀行の経営が破綻した際に預金の一定額を超えた分の払戻を停止するペイオフは，2010年の日本において発動が検討されたものの，金融秩序への影響を考慮して見送られた。

34 インフレーションに関する記述として，妥当なものはどれか。

1 インフレーションは物価の上昇が継続して続く現象であり，特に天文学的な規模で起こる物価の急騰は，クリーピング・インフレーションと呼ばれる。

2 金利が一定の下でインフレーションが進んだ場合，債権者に有利な影響を及ぼす。

3 年金や給与の水準が一定の場合，インフレーションはこれらの収入に依存する世帯に不利な影響を及ぼす。

4 一般に，好況期に物価が上昇する現象は，スタグフレーションと呼ばれる。

5 ディマンド・プル・インフレーションとは，オイル・ショック時のように，原材料価格が高騰することによってもたらされる物価上昇を指す。

35 外国為替相場に関する記述として，妥当なものはどれか。

1 固定為替相場制は，基準とするレートを設定し，そのレート以外での取引を禁ずる制度である。

2 1944年に締結されたブレトンウッズ協定において，アメリカのドルを基軸通貨とし，金と米ドルを一定の比率で交換することなどが定められた。

3 1971年，アメリカのニクソン大統領は，同国がIMFから脱退する旨を表明し，その後，世界経済は大きな混乱に陥った。

4 1976年のキングストン合意では，1973年以降，なし崩し的に変動為替相場制に移行したことへの反省から，固定為替相場制に復帰する内容が盛り込まれた。

5 1985年のプラザ合意では，各国の通貨当局が協調してドル安を是正し，外国為替相場をドル高に誘導することが決定された。

36 国際通貨体制に関する次の記述として，妥当なものはどれか。

1　ブレトンウッズ協定により，イギリスのポンドを基軸通貨とする固定為替相場制を主たる内容とした国際金融体制が成立したが，後に，基軸通貨はアメリカのドルに変更された。

2　1971年，ニクソン大統領は，それまで国際的に約束していた金とドルの交換を停止したため，世界経済は大きく混乱した。

3　スミソニアン協定により，アメリカのドルが引き上げられ，短期間ではあったものの，固定為替相場制が新しいルールの下で復活した。

4　キングストン合意により，変動為替相場制が公認されるまで，主要国は固定為替相場制を維持していた。

5　21世紀に入り，国際通貨基金は，各国の通貨当局が外国為替相場に介入することを禁ずることで合意し，協定に盛り込まれた。

37 開発途上国と経済に関する記述として，妥当なものはどれか。

1　カンボジアは，国土の約3割が農地で，その約8割が水田である。近年では縫製産業が発展し，衣類が主要な輸出品目となっている。新型コロナウイルスの感染拡大以前は，約7％の経済成長を続けていた。最大の輸出相手国，輸入相手国，援助国は，いずれも中国である。

2　パプアニューギニアは，鉱物資源が豊富で，金，石油，銅が輸出額の7割以上を占めている。近年では，液化天然ガスの生産と輸出も始まっている。最大の輸出相手国，輸入相手国，援助国は，いずれもオーストラリアである。

3　エチオピアの主要産業は農業で，トウモロコシなどの穀物，コーヒー豆，ゴマなどの栽培が盛んである。2019年までは8％を超える経済成長率を記録していたが，国民1人当たりのGNI（国民総所得）は最貧国の水準にとどまっている。2000年代以降は，ロシアからの投資が急速に膨らんでいる。

4　ザンビアは，銀の生産に依存するモノカルチャー経済である。1964年の独立以来，中国との関係が深く，中国の一帯一路政策を背景に，中国による公共事業への融資が拡大した。新型コロナウイルス流行下の2020年に，債務不履行（デフォルト）に陥り，債務の行方が注目されている。

5　ミャンマーは，2011年の民政移管によるアウン＝サン＝スー＝チー政権発足以来，外国からの投資が活発化し，2012年以降は毎年7％前後の安定した経済成長を続けている。

38 都市や居住に関する諸問題について，正しい記述はどれか。

1 都市の中心部に快適な居住環境が集中する一方，周辺部が急速に過疎化し，行政区が存亡の危機に立たされるのがインナーシティ問題である。

2 都市の様々な施設や住宅地が無秩序に広がっている現象をドーナツ化現象という。

3 所得・階層・民族などの属性によって，居住地域が独立的に分離されることをセグリゲーションという。

4 バージェスの同心円理論によれば，中心ビジネス街と近接した地域に通勤者の住宅地帯が形成される。

5 ある地域に就職し生活を営んだ者が，一定期間を過ぎた後に郷里やそこに隣接した地域に再就職する現象をIターンという。

39 日本社会の状況や諸問題とそれに対応する法整備に関する記述として，正しいものはどれか。

1 雇用者全体に占めるパートタイム労働者が増加しつつある一方，これらの労働者が労働基準法の適用から除外されているため，労働者間の差別的な待遇が問題となっている。

2 個人情報の保護に対する関心の高まりなどを背景として個人情報保護法が制定されたが，宗教団体や政治団体などは，同法に基づく義務の対象から外されている。

3 各国において，温室効果ガスの排出に応じて課税される炭素税の導入が進められたことなどを背景として，日本においても各家庭に炭素税導入の義務を課す制度が導入されている。

4 外国人による犯罪の増加を背景に，入国審査を厳格なものにすべきであるとする世論の高まりなどを受けて，簡易な手続によって船舶からの上陸を認める船舶観光上陸許可制度が廃止された。

5 少子化の進行を背景に，乳幼児に良質な教育を施すことを目的として，従来の認定子ども園を廃止し，幼稚園と保育園の厳格な分離を柱とする改革が実行された。

40 雇用と労働に関する記述として，妥当なものはどれか。

1 日本の雇用においては，非正規労働者の占める割合が増加しており，21世紀に入り，半分を超える状態が続いている。

2 終身雇用，年功序列型賃金，企業別組合は，日本の雇用慣行の特徴を示す例として挙げられることが多かったが，雇用形態の多様化などを反映して，近年ではそれらの慣行は崩れつつある。

3 労働基準法は，労働条件の最低基準を定める法律であり，最低賃金の額はこの法律の中で明文化されているため，それを引き上げる場合には法改正が必要となる。

4 労働組合法には不当労働行為が定められているが，給与から組合費を天引きすることは，これにあたるため違法である。

5 労働関係調整法には，斡旋，調停，仲裁など，労働争議を円滑に解決するための手続が定められているが，厚生労働大臣が緊急調整を決定した場合には，労使双方による争議行為が禁止される。

41 日本の高齢者に対する社会保障等の施策について，正しい記述はどれか。

1 高年齢者雇用安定法によれば，事業主は，定年の廃止，定年の延長，継続雇用のいずれかにより，希望する労働者が65歳に達するまで雇用することが義務付けられている。

2 介護保険法により，要支援，または要介護の状態であるとの認定を受ければ，本人の負担なしで介護サービスを受給できる。

3 原則として，満70歳に達した時点で，それ以前に加入していた国民健康保険等を脱退し，後期高齢者医療制度への加入が義務付けられる。

4 公的年金については，職域ごとの特殊性を制度に反映させることを目的として，民間の被用者等が加入する厚生年金と，公務員等が加入する共済年金に分割された。

5 年金の支給開始年齢は，長い間70歳からとされていたが，高齢化社会の進展に対応するために段階的に引き下げられ，65歳からとされた。

42 環境問題に関する記述として，妥当なものはどれか。

1 オゾン層の破壊については，有害な紫外線による影響などが懸念されている。バーゼル条約では，その原因となる特定フロンの全廃などが定められた。

2 パリ協定は，温室効果ガスの排出抑制についての内容を柱としている。

気候変動を一定以内に抑える目標を掲げるとともに，各国に対し，目標の提出と報告義務を課している。

3 有害な物質の国境を越えた移動は，深刻な汚染をもたらす恐れがある。モントリオール議定書は，そのような移動に厳しい制約を課している。

4 生物の多様性の確保について定めた名古屋議定書は，遺伝資源の衡平な分配についての規定を含んでいる。それによれば，遺伝資源の活用による利益は，原産国ではなく，活用した側の国が独占すべきであるとされる。

5 環境についての国際会議の先駆けとなったものは，1972年に開催された国連人間環境会議である。その会議において，「持続可能な開発」というスローガンで知られる人間環境宣言が採択された。

43 2022－2023年の日本の経済に関する記述として，妥当なものはどれか。

1 我が国の消費者物価は，輸入物価の上昇によってエネルギーや食料品を中心に上昇し，2022年11月の生鮮食品を除く消費者物価（コア）の上昇率は，欧米諸国と比較すると高くなっている。

2 我が国の経常収支は，貿易収支の赤字幅の拡大が所得収支の黒字幅の拡大を上回ること等により，2022年10月には103か月ぶりに赤字となった。

3 我が国の個人消費は，未だコロナ禍以前の水準に達していず，低迷したままである。

4 2022年以降の物価上昇下での我が国の消費性向の上昇幅は，高所得世帯のほうが低所得世帯より小さい。

5 我が国の完全失業率は，新型コロナ感染拡大により3％を超え，未だに高い水準を保ったままである。

44 世界経済の動向に関する記述として，妥当なものはどれか。

1 米国の対中貿易赤字は，2018年以降縮小傾向にある。

2 ユーロ圏の2022年第1四半期の実質GDPの水準は，すべての国でコロナショック以前（2019年第4四半期）の水準まで回復した。

3 2021年の中国の実質GDP成長率（前年比）は，政府目標の「6％以上」を達成しなかった。

4 東南アジア諸国は，エレクトロニクス関連製品や自動車部品等の生産により，世界の製造業のサプライチェーンにおいて重要な位置を占めている。

5 インドの経済規模（名目GDP）は，2021年時点で世界3位である。

45 **日本における男女共同参画に関する記述として，妥当なものはどれか。**

1　日本の最高裁判所の判例によれば，男女間の定年に関する差異について，男女の平均年齢の差などに基づく合理的な区別であるとされている。

2　男女共同参画社会基本法に基づいて策定された男女共同参画基本計画において，各分野において一定の地位を得る女性の割合に関する数値目標が示されている。

3　男女共同参画社会基本法により，採用や昇進などに関する男女差別が認められ，改善が認められない企業は，企業名が公表されるなどの措置が講じられる。

4　労働基準法によれば，男女間の給与に関する差別は，社会通念上妥当と認められる範囲において認められると規定されている。

5　育児介護休業法は女性を対象とした法律であり，扶養する子どもが一定の年齢に達するまでの間育児休業を申し出た場合，雇用主はそれを拒否できないと規定している。

46 **環境問題に関する記述として，妥当なものはどれか。**

1　名古屋議定書は，遺伝資源の利用の促進をはかる内容を柱としており，利用する側が原産国に対して利益の一部を支払うことは禁止されている。

2　ペルーの沿岸から東太平洋赤道域にかけての海域で海面温度が平年より高い状態が半年以上続く現象をラニーニャ現象といい，日本では冷夏をもたらす原因の一つとされている。

3　ラムサール条約は，湿地における植物の多様性を維持することを目的とした条約である。

4　ジオパークは，美しい地質遺産を含む自然公園であり，日本には世界ジオパークに認定された例はないものの，申請を予定した地域が複数ある。

5　水俣条約は，水銀やその化合物による健康被害や環境汚染を防ぐために締結された条約である。

47 **社会契約説に関する記述として，妥当なものはどれか。**

1　社会契約説に共通しているのは，神という絶対的な存在を前提としながら，神と人間の厳粛な契約によって社会が成り立つという点であった。

2　社会契約説における自然状態とは，森林や湖沼など自然環境からの恵みが豊かであった時代の状況を意味した。

3 ホッブズは，私有財産の形成こそが人間の不平等の起源であり，人民が直接的に一般意志を形成し，それに従うことが望ましい社会に不可欠であるとした。

4 ロックは，政府は人々から統治権を信託された存在であり，もし，政府がそれに反した際には，人々はそれに抵抗し，交代させる権利を持つとした。

5 ルソーは，万人の万人に対する戦いから脱するため，人々は自然権を個人や合議体に譲渡し，それによって平和がもたらされるとした。

48 **家族に関する記述として，妥当なものはどれか。**

1 パーソンズは，アソシエーション的な性格を持つ家族について，生殖家族と呼んだ。

2 マードックは，夫婦のみ，または夫婦と未婚の子のみによって構成される家族を核家族と呼んだ。

3 ウォーナーは，家族の機能として，「性格的結合」「経済的協同」「生殖的機能」「教育的機能」の4つを挙げた。

4 マッキーバーによれば，現代家族における社会的機能の縮小を指摘し，残されているのは，成員のパーソナリティの情緒的安定のみであるとした。

5 祖父母，親，子などの血縁によって構成されている家族は，夫婦が2組以上存在することから，複婚家族と呼ばれる。

49 **近代以降の思想に関する記述として，妥当なものはどれか。**

1 デカルトは，「考える自分」を出発点とする哲学を批判し，イドラと呼ばれる先入観を除去しながら，実験や観察によって普遍的な法則を得る手法を提唱した。

2 ベーコンによって提唱された真理の探究法は，演繹法と呼ばれる。

3 カントは，経験によって得られた素材を悟性によって整理することにより，客観的な知識が得られるとした。

4 フィヒテは，絶対精神の存在と弁証法の提唱により，独自の哲学を構築した。

5 ロックは，人間が先天的に持つ認識の優位性を説き，経験論を厳しく批判したことで知られる。

50　令和4年犯罪白書による日本の犯罪動向に関する記述として，妥当なものはどれか。

1　令和3年における刑法犯の発生率，検挙率は，いずれも前年を下回っている。

2　窃盗は，認知件数において刑法犯の7割近くを占め，平成14年以降毎年増加を続けている。

3　特殊詐欺に関係する手口である払出盗及び職権盗の認知件数は，令和3年にはいずれも前年より減少した。

4　令和3年における窃盗の認知件数の手口別構成比は，万引きの方が自転車盗よりも大きい。

5　強制性交等の検挙率は減少傾向にあり，令和3年の検挙率は約60％であった。

51　日本の医療に関する記述として，妥当なものはどれか。

1　都道府県別医師偏在指標に基づくと，2020年8月31日現在，都道府県別医師数は，最上位の東京都と最下位の岩手県及び新潟県では約3倍の開きがある。

2　女性医師の割合は年齢階級が高くなるほど低くなり，就業率は30歳代後半で最低値となるM字カーブを描く。

3　2021年の医療施設の全病床数は，前年に比べ増加している。

4　2021年の病院の感染症病床利用率は，前年に比べ低下している。

5　都道府県別にみた人口10万対病院病床数は，2021年10月1日現在，療養病床，一般病床とも東京都が最も多い。

52　令和4年警察白書に関する記述として，妥当なものはどれか。

1　令和3年中の不正アクセス禁止法違反の検挙件数は，前年より増加した。

2　令和3年中のサイバー犯罪の検挙件数は，前年より増加した。

3　令和3年中の交通事故による死者数は前年より減少したが，交通事故発生件数は増加した。

4　令和3年中の交通事故による死者数全体に占める65歳以上の割合は，約30％である。

5　自転車関連交通事故件数は増加傾向にあり，令和3年中の自転車乗用中死者数も前年より増加した。

《 解 答 ・ 解 説 》

1 3

解説 1 誤り。イェリネックが国家の三要素として挙げたのは，国民，主権，（広義の）領土である。また，ギリシャのポリスはこれに当てはまらず，ウェストファリア体制の成立がその起源であるとされている。 2 誤り。パーカーやラスキは，国家を他の社会集団と同列の集団ととらえる多元的国家論の立場である。 3 正しい。なお，夜警国家と近接する概念として，消極国家，立法国家などが挙げられる。 4 誤り。社会権が広まる契機となったのは，1919年に制定されたワイマール憲法である。 5 誤り。国家の役割が拡大し，社会政策や福祉など広範囲になったことを踏まえた概念が積極国家であり，行政国家は，その結果として行政機関が大きな役割を果たすことを指して用いられる。つまり，両者は近接する概念である。

2 3

解説 1 選択肢の説明は，住民自治に関するものである。団体自治は，国などから一定の独立を確保すべきであるとする理念である。 2 戦前の国と地方の関係については，上位下達的な要素は強かったが，市会・町会・村会の議員は住民の一部である公民による選挙で選出された。 3 正しい。内閣は衆議院を任意の時期に解散できるとする運営が定着している一方，首長が議会を解散できるのは，議会が首長に対する不信任案を可決し，それに対抗するときに限られている。 4 大都市に対して，他の市町村にはない権限を付与する制度として，規模や権限の大きい順から政令指定都市，中核市，特例市があったが，このうち特例市は廃止され，中核市に統合された。 5 国会における手続の後に地方特別法を成立させる要件は，地方議会の同意ではなく，住民投票による同意である。

3 1

解説 1 正しい。イギリスは，成文法としての憲法典を持たないため，政治の運営の多くは慣例に基づいて行われている。 2 誤り。アメリカの大統領は，有権者が大統領選挙人を選挙し，大統領選挙人が大統領を選挙するという間接選挙によって選ばれる。また，大統領は，議会の解散権を持たな

い。　3　誤り。フランスの大統領は，有権者による直接選挙で選ばれる。
4　誤り。第1文については，首相と大統領を入れ替えると正しい記述となる。
また，半大統領制は，フランスの政治体制を表すことばである。　5　誤り。
中国の国家主席は，全国人民代表大会において選出される。

4 2

解説　1　誤り。中国の国家主席は，直接選挙ではなく，全国人民代表大
会において選出される。中国の政治は，権力が全国人民代表大会に集中して
おり，権力集中制と呼ばれる。　2　正しい。イギリスの国王は，「君臨すれ
ども統治せず」という原則の下，民主主義と適合する範囲で形式的な権力を
行使している。　3　誤り。アメリカの大統領は，大統領選挙人を介す間接
選挙によって選出されている。また，アメリカには，国民が署名や投票によっ
て大統領を罷免する制度はない。　4　誤り。フランスではなく，ドイツの大
統領に関する記述である。　5　誤り。ドイツではなく，フランスの大統領に
関する記述である。

5 3

解説　1　誤り。衆議院の先議権が認められているのは予算案のみである。
2　誤り。参議院の緊急集会では，予算を含む案件を審議し，決定することが
できる。ただし，次の国会召集後10日以内に衆議院の同意を得られない場合
には，その効力を失う。　3　正しい。なお，「法律の定める場合」とは，院
外における現行犯逮捕の場合であり，国会法に定められている。　4　誤り。
「3分の2以上」を「過半数」とすると正しい記述になる。内閣総理大臣は国会
議員でなければならず，内閣総理大臣が指名する国務大臣の過半数は国会議
員でなければならない。　5　誤り。衆議院の解散・総選挙後に召集される国
会は特別会（特別国会）である。

6 5

解説　1　誤り。最高裁判所は，1票の格差について，「合憲」「違憲状態」
といった判決を下している。　2　誤り。選挙権を与える年齢については20
歳から18歳に引き下げられたが，被選挙権については従来通りとされた。
3　誤り。2013年に改正された公職選挙法により，インターネットを利用した

選挙運動が認められた。　4　誤り。連座制とは，親族，秘書，会計責任者など，本人以外の選挙違反を理由に本人の当選を無効にする制度であるが，これが廃止されたという事実はない。　5　正しい。2018年の改正では，比例代表選挙において他の候補者に優先して当選する「特定枠」を創設する内容も盛り込まれた。

7 2

解説 1　誤り。国際連合の正式な加盟国以外でも，各機関に加盟することができる。例えば，パレスチナは，国連の正式加盟国ではないが，国連教育科学文化機関（UNESCO）には正式に加盟している。　2　正しい。万国郵便連合（UPU）は，1863年に発足した国際郵便委員会および1874年に発足した一般郵便連合を前身としている。　3　誤り。国際労働機関（ILO）の総会では，加盟国の政府代表2名，使用者代表1名，労働者代表1名に投票権が与えられている。　4　誤り。国際原子力機関（IAEA）は，国連と連携協定を結んでいないため専門機関ではなく，国連の後援のもとに設立された自治機関である。また，加盟国への査察の権限が与えられているため，選択肢の内容は誤りである。　5　誤り。世界知的所有権機関（WIPO）が設立されたのは1970年であり，専門機関の中では比較的新しい。

8 5

解説 1　誤り。衆議院議員と参議院議員を兼職することはできず，例外はない。　2　誤り。「特別国会」の部分を「臨時国会」または「臨時会」とすると正しい記述になる。　3　誤り。内閣総理大臣は国会議員でなければならないが，内閣総理大臣に任命される国務大臣については，過半数が国会議員でなければならないとされている。　4　誤り。参議院に解散はない。　5　正しい。会期中の不逮捕特権の例外として，現行犯逮捕が挙げられる。

9 1

解説 1　正しい。大統領選挙人は，州ごとに選出されるが，あらかじめどの大統領候補に投票するかを明らかにしている。　2　誤り。連邦最高裁判所の判事は，大統領によって任命される。ただし，上院（元老院）の同意が必要である。　3　誤り。連邦議会は，上院（元老院）と下院（代議院）によっ

て構成さる二院制である。　4　誤り。大統領は議会に対する解散権を持たない。　5　誤り。連邦裁判所は法律に対する違憲審査権を持つが，これは憲法には明記されておらず，判例によって確立した。

10　3

解説　1　誤り。大日本帝国憲法には，社会権に関する記述はなかった。自由権は，限定的に認められていたものの，法律によって制限できる「法律の留保」が付されていた。　2　誤り。大日本帝国憲法には地方自治に関する規定がなかった。　3　正しい。法律と同様の手続きで改正できる憲法を軟性憲法，厳格な要件が付されている憲法を硬性憲法という。　4　誤り。大日本帝国憲法における裁判は，天皇の名において行われた。当時も，司法権の独立が一定認められていた。　5　誤り。大日本帝国憲法における帝国議会は，天皇の協賛機関との位置付けであった。なお，内閣は，天皇を輔弼する機関とされた。国会に関する記述は正しい。

11　3

解説　1　法の下の平等は，法・法令の適用・執行はもちろん，内容についての平等も含む。よって，不合理な差別を含む法令については，違憲とされることもある。例えば，直系尊属に対する殺人罪を犯した場合の刑罰について，死刑と無期懲役しか認めない旧刑法の規定を違憲とした判例がある。2　思想・良心の自由については，それが内心にとどまる限りにおいては，その規制や制限は一切認められない。ただし，それを執筆や行動によって示すときには，他者の人権についても考慮しなければならない。例えば，プライバシーの権利を侵害する出版について，差し止めが認められる場合もある。また，裁判等により，謝罪広告等の方法で何らかの表現を強制されることもある。　3　正しい。外務省機密漏洩事件においては，取材方法の正当性についても争われた。最高裁判所は，報道の自由や取材の自由を認める一方で，その限界についても言及した。　4　日本国憲法は，居住，移転，国籍離脱などの権利を認める一方で，無国籍になる権利を認めているわけではない。5　財産権は，正当な保障を前提として，公共の福祉のために用いることができる。つまり，法律や条例による制限は認められる。

12 3

解説 1 法律の適用の際，文字や字句の通りに解釈する手法は，文理解釈である。一方，論理解釈は，法体系全体の中の位置を加味するものである。法律の適用にあたっては，まず文理解釈を行い，複数の文理解釈が成り立つときなどに論理解釈を行うのが一般的である。 2 法の適用に関する通則法の第3条によると，「公の秩序又は善良の風俗に反しない慣習は，法令の規定により認められたもの又は法令に規定されていない事項に関するものに限り，法律と同一の効力を有する」とされており，慣習にも法的効力が認められている。 3 正しい。判例は，実質的には大きな影響力があるが，それに従う義務があるわけではない。また，最高裁判所において過去の判例を変更する判決を下す場合には，大法廷による審理と決定が必要となる。 4 日本における法について，効力が強い順から並べると，最高法規としての憲法，国会が定める法律，内閣が定める政令，各省の機関が定める省令の順になる。また，地方公共団体は，法律の範囲内で条例を定めることができる。 5 条約について，国内法の不備を以て履行の義務を免れることはできない。

13 2

解説 1 誤り。民事事件も，簡易裁判所における第一審の判決に不服な場合は地方裁判所に控訴し，その第二審の判決に不服な場合は，高等裁判所に上告することができる。 2 正しい。なお，禁止事由に当てはまったり，辞退理由が認められたりした場合などは，除外される。 3 誤り。裁判官は，最高裁判所による判例には，必ずしも従わなくてもよい。ただし，最高裁判所において判例を変更する場合には，大法廷における裁判が必要となる。 4 誤り。すべての裁判官の報酬を一律に減額することについては，この規定に反しないものとされ，実際に引き下げられた例もある。 5 誤り。分限裁判において，心身の故障により，裁判官の職務が不可能であると決定された場合には，罷免される。なお，国民審査の対象となるのは，最高裁判所の長官と他の裁判官に限られる。

14 4

解説 1 誤り。少年法において「少年」とは，20歳に満たない者をいう。ただし，18歳，19歳の者が罪を犯した場合には，「特定少年」として，17歳

以下の少年とは異なる特例を定めている。　2　誤り。少年の事件は，全件が家庭裁判所に送られ，家庭裁判所が処分を決定する。特定少年も例外ではない。　3　誤り。原則として検察官送致（逆送）の決定をしなければならない事件（原則逆送対象事件）には，「死刑又は無期若しくは短期1年以上の懲役若しくは禁錮に当たる罪の事件であって，その罪を犯すとき特定少年に係るもの」が追加された。　4　正しい。略式手続（非公開の書面審理により一定額以下の罰金・科料を科す手続）の場合を除き，特定少年が起訴された場合には，本人を推知することができるような記事や写真を掲載することができる。　5　誤り。特定少年は，保護観察所の保護観察，あるいは少年院送致の保護処分に処される場合がある。

15　2

解説 1　誤り。大日本帝国憲法に社会権に関する規定はない。社会権の歴史は他の権利に比べると比較的浅く，1919年のワイマール憲法が最初に定めた例とされる。　2　正しい。歴史的に，特定の思想や良心が反体制的であることを以て弾圧されたという反省を踏まえ，思想・良心の自由が保障されている。　3　誤り。日本国憲法第14条により，貴族や華族の制度は認められない。　4　誤り。日本国憲法には，憲法改正の是非を問う国民投票の制度はあるが，重要法案において同様の制度は定められていない。　5　誤り。日本国憲法の規定により，国家公務員の不法行為によって損害を受けた者は，公務員個人ではなく，国に対して賠償請求を行うことができるとされている。

16　5

解説 1　誤り。新しい人権の多くは，時代が下り，社会が複雑化したことなどを背景に主張されるようになったものである。　2　誤り。情報公開法に「知る権利」は明記されなかった。　3　誤り。選択肢は，いわゆる『サンケイ新聞事件』に関する記述である。新聞などのメディアにおいて批判された側が反論の機会を求める権利はアクセス権と呼ばれるが，最高裁判所はこの権利を認めなかった。　4　誤り。大阪空港の騒音に関する訴訟において最高裁判所が環境権を認めたという事実はない。また，飛行の差し止めや将来の損害に関する請求についても却下した。　5　正しい。選択肢は，いわゆる『石に泳ぐ魚』をめぐる事件についての記述である。この事件は，プライバ

シーの権利と表現の自由に関する論争を呼び，注目された。

17 2

解説 1 誤り。行政機関は終審としての裁判を行うことができないが，前審としての裁判的行為をすることはできる。例えば，海上での事故などについて開かれる海難審判や，労働争議などに関わる労働委員会の決定などがそれにあたる。なお，2008年の海難審判法の改正により，海難審判庁が廃止され，懲戒処分の業務は海難審判所，事故原因の究明については運輸安全委員会に引き継がれた。 2 正しい。選択肢の記述は，日本国憲法第78条についての記述である。なお，最高裁判所の裁判官は，国民審査において罷免を可とする票が過半数に達した場合には罷免される。 3 誤り。裁判員制度の対象となるのは重大な刑事事件のみであり，民事事件は除外される。 4 誤り。「高等裁判所」を「地方裁判所」とすると正しい記述になる。なお，刑事事件については，簡易裁判所において第1審が行われた場合，第2審は高等裁判所において行われる。 5 誤り。行政機関は裁判官の処分を行うことはできない。なお，裁判官の罷免などを決定する裁判官弾劾裁判所は，国会に設置されている。

18 4

解説 1 誤り。閣僚らが機密情報を特定秘密に指定する際，国会の同意は不要である。 2 誤り。特定秘密の対象とされているのは，外交，防衛，テロ防止，スパイ活動防止の4分野に関わる繊細な情報である。 3 誤り。特定秘密を漏洩した公務員の罰則は，最高が10年の懲役刑である。 4 正しい。なお，暗号や人的情報などを除き，指定の条件は60年とされている。 5 誤り。報道や取材の自由に配慮し，正当な取材活動は罰しないこととされているが，それ以外の共謀や教唆については，5年以下の懲役刑が科される。

19 1

解説 1 正しい。罪刑法定主義の趣旨は，犯罪や刑罰が成り立つためには，明確な法が事前に定められていなければならないとするものである。 2 誤り。ある行為について，慣習を以て犯罪の成立とすることはできない。つまり，慣習刑法は排除されている。 3 誤り。法律の施行後，遡って特定の行為を犯罪とし，刑罰を科す「遡及処罰」は禁止されている。 4 誤り。絶対的不

定期刑は禁止されている。　5　誤り。刑事手続において，いかなる場合も弁護人を依頼する権利が与えられなければならない。

20 2

解説 1　誤り。暫定予算を補正予算とすると正しい内容となる。暫定予算は，年度内に本予算が成立しない場合に編成される短期間の予算である。2　正しい。特別会計は，他に，国債整理基金特別会計などがある。　3　誤り。国債残高の割合として，特例国債（赤字国債）の割合が大きいという点は正しい。しかし，公共事業，貸付金，出資金の原資として用いられるのは，建設国債（4条国債）である。それ以外の用途に用いられる資金を調達するために発行されるのが特例国債（赤字国債）である。　4　誤り。財政投融資において，公的な資金を財務省（旧大蔵省）の資金運用部に預託する制度は，廃止されている。　5　誤り。地方公共団体も，法律の規定に基づき，地方債と呼ばれる債券を発行することができる。

21 1

解説 1　正しい。なお，国内総生産（GDP）から固定資本減耗分を差し引くと，国内純生産（NDP）が求められる。　2　誤り。経済成長率は，国民総所得（GNI）ではなく，国内総生産（GDP）が用いられている。　3　誤り。物価の下落が続くと，実質経済成長率が名目経済成長率を上回る。　4　誤り。国内総生産（GDP）には，農家による自家消費や持家の帰属家賃が含まれる。　5　誤り。景気動向指数は，先行指数，一致指数，遅行指数によって構成されている。

22 2

解説 1　誤り。インフレーションによる貨幣価値の下落は，債権者に不利である一方，債務者には有利である。　2　正しい。デフレーションによる貨幣価値の上昇は，定額の収入を確保できる者に有利な影響を及ぼす。なおこの状況は，債権者に有利である一方，債務者には不利である。　3　誤り。「供給が需要を上回る」の部分を「需要が供給を上回る」とすると正しい記述になる。　4　誤り。キチンではなく，ジュグラーについての記述である。5　誤り。ジュグラーではなく，キチンについての記述である。

23　4

解説 1　誤り。納税義務を負う者と実質的な負担者が異なる税は，直接税ではなく，間接税である。第2文については正しい。　2　誤り。第1文については正しい。第2文については，間接税は，所得が低い方が実質的な負担割合が増えるので，累進税ではなく，逆進税としての性質を持つ。　3　誤り。租税が，支払能力に応じて課税されるべきものとする説を応能説，公的なサービスに対する対価として課税されるべきものとする説を応益説という。4　正しい。比例税は，法人税や，預貯金の利子への課税などにおいて採用されている。　5　誤り。固定資産税の課税主体は市区町村であり，地方税に分類される。

24　2

解説 1　誤り。高度経済成長期の日本の貯蓄率は，諸外国に比べて高かった。　2　正しい。平均消費性向は，所得総額に占める消費の割合であるから，所得総額の増加に対して消費の増加が少ない場合，その値は小さくなる。3　誤り。ケインズの理論によれば，限界消費性向が大きいほど乗数は大きくなる。第1文については正しい。　4　誤り。貯蓄率が上昇すれば，平均消費性向は減少する。　5　誤り。所得と消費に正比例の関係がある場合，限界消費性向と平均消費性向は一致する。

25　2

解説 1　日本銀行券の発行は，有価証券などの資産の買い入れや，手形割引を通じた市中銀行への融資等を通じて行われる。金の引き受けに限定されているわけではない。　2　正しい。ペイオフが解禁されたことにより，有利子の預金の保護の対象は，元本1,000万円とその利息までとされている。3　マイナス金利が導入されると，日本銀行は，市中銀行が資金を預け入れる際，手数料等を徴収することがある。　4　金融ビッグバンとは，「自由・公正・グローバル」等の理念に基づき，金融機関の参入や利子などを自由化する一連の流れである。これにより，すべての銀行を保護と規制の下に置く護送船団方式は廃止された。　5　外貨への両替は大幅に自由化され，銀行以外においてもできるようになった。

26 4

解説　1　誤り。第1文については正しいが，第2文の情報の非対称は，市場の失敗の一種であり，資源の最適な配分を妨げる。　2　誤り。外部不経済において，適切な課税が行われないと，価格は過小に，取引量は過大になる。　3　誤り。外部経済において，適切な補助金の給付が行われないと，価格は過大に，取引量は過小になる。　4　正しい。右下がりの需要曲線と右上がりの供給曲線を前提とすると，技術革新，生産費用の減少，生産性の増大は，供給曲線を右下にシフトさせ，価格は低下し，取引量は増加する。5　誤り。自由貿易により，価格の安い製品などが輸入されると，価格が低下し，取引量は増加すると考えられる。また，世界貿易機関（WTO）については，利害対立による交渉の難航などの問題はあるものの，自由貿易を見直す動きが進んでいるとはいえない。

27 1

解説　1　正しい。公債発行による公共投資の増額は，減税よりも国民所得を増加させる効果が大きい。　2　増税による税収を財政支出に充当する政策は，国民所得を増加させる。ただし，増加の幅は，公債発行による財政支出の拡大や減税よりも小さなものになる。なお，政府支出の増加や減税が，その額の何倍もの国民所得の増加をもたらすとする理論を「乗数理論」という。　3　金融政策は，中央銀行における意思決定機関により速やかに決定される。一般に，財政政策については，政府による立案，議会による審議と承認という手続きを経るため，金融政策よりも時間がかかる。　4　拡張的な財政政策は，特に公債発行による場合には，政府が市場の資金を吸い上げてしまうため，金利の上昇をもたらす。その結果，民間の投資は減少し，国民所得増加も一部減殺される。このことをクラウディング・アウトという。なお，物価に対する影響は，財政政策より金融政策のほうが大きい。　5　公開市場操作は，日本を含む多くの国々で禁止されておらず，むしろ主要な政策として広く実施されている。

28 4

解説　1　誤り。日本銀行政策委員会の金融政策決定会合において，政府代表は議決権を持たない。　2　誤り。日本銀行による国債の直接的な買い入

れは原則的に禁じられているが，金融市場において購入することは認められており，日本銀行は国債を保有している。　3　誤り。インフレ・ターゲッティングに関する説明は正しいが，その主たる手段は買いオペなどである。預金準備率は1991年以降変更されておらず，主な手段とはいえない。　4　正しい。マイナス金利とは，民間の金融機関が日本銀行に預けている預金金利をマイナスにすることであり，預金した側が金利を負担する。日本では，2016年に実施された「マイナス金利付き量的・質的緩和」によって実施された。　5　誤り。ゼロ金利政策とは，買いオペを中心とした金融緩和により資金を潤沢に供給し，主に金融機関が企業に融資しやすくすることで経済を活性化させるための政策である。

29 1

解説　1　正しい。選択肢の文章は，アダム・スミスの経済思想の中心的な内容を示している。　2　誤り。ケネーは，重農主義の立場から農業労働を価値の源泉であるととらえるとともに，自由放任（レセ・フェール）を主張した。　3　誤り。マルサスは，『人口論』の中で人口の増加を貧困の原因ととらえ，その抑制の必要性を説いた。　4　誤り。リカードではなく，リストについての記述である。　5　誤り。リストではなく，リカードについての記述である。なお，選択肢に示された内容は，リカードの主著である『経済学及び課税の原理』に示されている。

30 2

解説　1　誤り。非排除性と非競合性についての説明が逆になっている。公共財を市場において取引することが困難であるという点は正しい。　2　正しい。選択肢に示した外部経済が存在する場合には，望ましい影響を及ぼす側の経済主体に補助金を給付することなどによって望ましい均衡がもたらされる。　3　誤り。外部不経済が存在する場合，望ましい均衡に比べると，価格は過小，量は過大になる。　4　誤り。レモンの原理とは，売り手と買い手との間に情報の非対称性が存在する場合に，品質の悪い財のみが市場にあふれることを示す原理である。　5　誤り。所得の増加と技術革新による均衡の変化は，市場機構によって説明できるため，市場の失敗ではない。

31 2

解説 1　誤り。需要の価格弾力性は，価格を上下させる変化率に対して，需要量がどれほど変化するかの比率を示したものである。ぜいたく品は，価格が変化すると需要量が大きく変化すると考えられるが，必需品の場合，価格が変化しても，需要量を大きく変えることが困難であるから，その値は小さくなる。　2　正しい。需要の価格弾力性が大きい場合，価格を一定比率低下させても，取引される量がそれ以上に大きくなるため，売上高は全体として大きくなる。　3　誤り。需要の価格弾力性が小さい場合，値上げしても取引量の変化が小さいため，売上高は全体として大きくなる。逆に値下げした場合には，売上高は小さくなる。　4　誤り。需要の価格弾力性が大きい場合には，値下げすると売上高が増える。つまり，ランチサービスが安価に提供されるのは，その価格弾力性が大きいことによると考えられる。　5　誤り。売上高を大きくするため，価格弾力性が大きい場合には価格を低く，価格弾力性が小さい場合には価格を高く設定する。つまり，昼の時間帯の方が，価格弾力性は小さいと考えられる。

32 3

解説 1　誤り。「物価の調整」を「所得の再分配」とすると正しい記述になる。物価の調整は，主に金融政策の目標とされる。　2　誤り。所得税は直接税に分類される。間接税の例として挙げられるのは，消費税，酒税，たばこ税などである。　3　正しい。ビルト・イン・スタビライザーは，自動安定化装置と訳され，その例として，累進税や失業給付が挙げられる。不況時には，累進税率が低下することによって減税に類似した効果があり，また，失業給付が増加することによって消費などを下支えする。好況期には逆の作用によって景気の過熱を抑制する。これらによって，景気変動による影響を緩和する作用を持つ。　4　誤り。増税は消費を縮小させる効果がある。消費を拡大するための政策は，減税などである。　5　誤り。金融政策は，中央銀行において迅速に決定される。一方，裁量的な財政政策は，政府による予算案の立案，議会による審議などの過程を経るため，正式な決定に至るまでの期間は長い。

33 4

解説 1 誤り。中央銀行が有価証券を売却するのは，公開市場操作のうち，売りオペレーションにあたる。この場合，資金が中央銀行に吸収されるため，市場の利子率は上昇し，資金量は減少する。 2 誤り。法律によって禁じられているのは，政府が発行した国債を直接購入することである。発行後一定期間が経過した国債を日本銀行が購入することは禁止されておらず，特に「アベノミクス」と呼ばれる政策の下，日本銀行による国債の保有は増加した。 3 誤り。法定準備率とは，市中銀行の預金総額のうち一定割合を準備金として日本銀行に預け入れる制度であるが，1991年以降，長期に渡って据え置かれた状況が続いたので，「主たる金融政策の手段」とはいえない。 4 正しい。日本では，2016年に「マイナス金利付き量的・質的金融緩和」政策が導入された。 5 誤り。日本では，2010年に初めてペイオフが発動された。なお，ペイオフとは，利子付きの預金について，元本1000万円とそれに対応する利息を超える分の払戻を停止する制度である。1000万円を超えた分については，銀行の資産や負債の状況により，その一部，あるいは全部がカットされる。

34 3

解説 1 誤り。選択肢の記述はハイパー・インフレーションについてのものである。クリーピング・インフレーションとは，緩やかに進む物価上昇を表す用語である。 2 誤り。金利が一定の下でインフレーションが進んだ場合，通貨の価値が目減りするので，返済時点での実質的な負担が減少し，債務者に有利な影響を及ぼす。 3 正しい。定額の収入に依存する世帯では，物価の上昇により，不利な影響を受ける。 4 誤り。スタグフレーションとは，不況の下で物価が上昇する現象である。スタグフレーションは，スタグネーション（不況）と物価上昇（インフレーション）を合わせた造語である。 5 誤り。ディマンド・プル・インフレーションとは需要の大幅な増加によってもたらされる物価上昇である。原材料価格の高騰による物価上昇は，コスト・プッシュ・インフレーションである。

35 2

解説 1　誤り。固定為替相場制は，基準と許容する変動幅を設定し，各国の通貨当局が外国為替の取引に介入することによって成り立つ制度である。2　正しい。ブレトンウッズ体制は，米ドルを基軸通貨とする固定相場制であり，金・ドル本位制とも呼ばれる。　3　誤り。1971年にニクソン大統領が表明したのは，金とドルの交換停止，アメリカへの輸入に対して，関税と別に10％の輸入課徴金を課すことなどである。この「ニクソン・ショック（ドル・ショック）」によって，世界経済が混乱に陥った点は正しい。　4　誤り。キングストン合意では，主要国が1973年以降，事実上変動為替相場制に移行していたことを踏まえ，それが追認された。　5　誤り。1985年に開かれた5カ国蔵相（財相）・中央銀行総裁会議では，ドル高を是正し，外国為替相場をドル安に誘導することなどが合意された。この合意は，プラザ合意と呼ばれる。なお，この5カ国（G5）とは，日本，アメリカ，イギリス，フランス，西ドイツ（当時）である。因みにドイツ統一（再統一）は1990年であった。

36 2

解説 1　誤り。1944年に締結されたブレトンウッズ協定における基軸通貨は，当初より，アメリカのドルである。　2　正しい。1971年のニクソンショックに関する記述である。ニクソン大統領は，10％の輸入課徴金なども導入した。　3　誤り。1971年のスミソニアン協定によって固定為替相場制が復活したとの記述は正しいが，その際，ドルは引き下げられた。　4　誤り。主要国は，1973年に変動為替相場制に移行し，1976年のキングストン合意によってそれが追認された。　5　誤り。国際通貨基金（IMF）により，各国の通貨当局が外国為替相場に介入することを禁じられたという事実はない。

37 2

解説 1　誤り。カンボジアの最大の輸入相手国及び援助国は中国だが，最大の輸出相手国はアメリカである。カンボジアは，アメリカに対して主に衣類，旅行用品，靴，自転車，農産品などを輸出している。　2　正しい。パプアニューギニアは，第一次世界大戦後，オーストラリアの委任統治領となった。1975年の独立後も，オーストラリアとの関係を重視しているが，近年は中国からの投資が急激に膨らみ，中国に対して多額の債務を抱えている。

3　誤り。エチオピアは，2000年代以降，中国から多額の投資を受けており，エチオピアの首都アディスアベバにあるアフリカ連合の本部も，中国の支援によって建てられた。　4　誤り。ザンビアは，銅の生産に依存するモノカルチャー経済である。エチオピア同様，中国からの投資が拡大し，2020年にはデフォルトに陥った。　5　誤り。2011年に，民政移管によりミャンマーに発足したのは，テイン＝セイン政権である。アウン＝サン＝スー＝チーは，2016年に発足したティン＝チョー政権時に，国家顧問に就任した。民政移管後は，日本を含む外国からの投資が進んだが，2021年の軍事クーデター後は，海外からの投資にブレーキがかかり，中国との関係を深めつつある。

38 3

解説　1　インナーシティ問題は，大都市において，都心部の居住環境が悪化し，夜間人口が減ることにより，行政の運営に悪影響を及ぼすことにより発生する。　2　選択肢の文章はスプロール現象についてのものである。また，ドーナツ化現象とは，都心部の人口の減少と周辺部の人口の増加によってもたらされる。　3　正しい。欧米諸国では，外国人や移民が特定の地域に集中する傾向にある。なお，セグリゲーションとは，住み分けという意味である。　4　同心円理論によれば，中心ビジネス街に近接した地域には遷移地域が形成される。スラム街などはその典型である。　5　選択肢の文章はUターンについてのものである。Iターンとは，都市部から農村などに移動することをいう。

39 2

解説　1　労働基準法はパートタイム労働者にも適用される。また，短時間労働者であることを根拠とした差別を禁止する条文を盛り込んだパートタイム労働法も制定されている。　2　正しい。政治団体・宗教団体・報道機関・著述業・学術研究を目的とする個人情報の収集については，個人情報保護法に基づく義務に関する条文の適用対象から除外されている。　3　諸外国における炭素税にあたる「地球温暖化対策のための税」については，2012年から段階的に施行されているが，納税義務を負うのは，各家庭ではなく事業者である。　4　2015年より，法務大臣が指定するクルーズ船の外国人乗客を対象として，簡易な手続で上陸を認める「船舶観光上陸許可」制度が新設

された。　　5　保育園と幼稚園の機能を一体化した認定子ども園の設置が推進されており，廃止されたという事実はない。

40 2

解説 ＼ 1　誤り。非正規労働者の割合が増加傾向にあることについては正しいが，半分を超える状態が続いたという事実はない。なお，全体として3分の1は超えている。　　2　正しい。雇用形態や賃金形態は急速に多様化している。　　3　誤り。最低賃金は，最低賃金法の規定に基づいて都道府県ごとに決定される。　　4　誤り。会社による労働組合への経費援助は不当労働行為となるが，組合費の給与からの天引きは禁止されていない。　　5　誤り。厚生労働大臣を総理大臣とすると正しい記述になる。

41 1

解説 ＼ 1　正しい。2013年に施行された改正後の高年齢者雇用安定法についての記述である。なお，さらに改正された2021年4月施行の高齢者雇用安定法では，70歳までの就業確保措置が努力義務となった。　　2　要支援1～2，要介護1～5の認定を受ければ，1割の負担でサービスを受給できる。なお，高所得者の一部については，負担割合が2割に引き上げられた。　　3　後期高齢者医療制度（長寿医療制度）の対象は70歳ではなく，75歳以上の者である。　　4　公務員等が加入する共済年金は，厚生年金に統合された。　　5　1994年から，従来60歳からとされていた年金支給開始年齢が段階的に65歳に引き上げられた。

42 2

解説 ＼ 1　誤り。選択肢の文章は，モントリオール議定書についての説明である。　　2　正しい。パリ協定は，2015年12月に採択され，2016年11月に発効した。　　3　選択肢の文章は，バーゼル条約についての説明である。　　4　誤り。生物多様性条約と名古屋議定書によれば，遺伝資源の活用による利益の一部は，原産国にも配分されるべきであるとされている。　　5　誤り。人間環境会議におけるスローガンは，「かけがえのない地球」であり，「持続可能な開発」は，1992年に開催された地球サミットにおいて合意されたリオ宣言の一節である。

43 2

解説 1 誤り。我が国の消費者物価は，輸入物価の上昇によってエネルギーや食料品を中心に上昇しているが，2022年11月の生鮮食品を除く消費者物価（コア）の上昇率は3.7％と，欧米諸国と比較すると低い水準である。
2 正しい。我が国の経常収支は，2019年には19.3兆円の黒字だったが，貿易収支の赤字幅の拡大が所得収支の黒字幅の拡大を上回ること等により，2022年10月には103か月ぶりに赤字となった。 3 誤り。我が国の個人消費は，2022年4－6月期にコロナ禍前水準を回復した。 4 誤り。2022年以降の物価上昇下での消費性向の上昇幅は，低所得世帯のほうが小さい。
5 誤り。我が国の完全失業率は，新型コロナ感染拡大後のピークでは3％を超える水準まで上昇したが，2022年10月には2％台半ばまで低下している。

44 3

解説 1 誤り。米国の対中貿易は，2018年から2020年にかけて赤字幅が縮小傾向にあったが，2021年には赤字額が再び増加した。 2 誤り。ユーロ圏の主要国では，フランスのみがコロナショック以前の水準まで回復した。ドイツ，スペイン，イタリアは，コロナショック以前の水準を下回っている。
3 誤り。中国の2021年の実質GDP成長率は8.1％で，政府目標を達成した。
4 正しい。2021年において，米国は集積回路の50％以上を東南アジア諸国から輸入し，日本は自動車部品（点火用配線セット）の80％以上を東南アジア諸国から輸入している。 5 誤り。インドの経済規模（名目GDP）は，2021年時点で世界6位である。インド与党は，2030年までに世界3位となることを目指している。

45 2

解説 1 誤り。最高裁判所は，男女間の定年に差を設けることについて違法であるとの判決を下している。 2 正しい。男女共同参画基本計画には，数値目標が示されている。 3 誤り。男女雇用機会均等法についての記述である。 4 誤り。労働基準法では，性別などを根拠として労働条件に差を設けることを禁じている。 5 誤り。育児介護休業法は，男女を対象にしている。他の記述については正しい。

46 5

解説 1 誤り。名古屋議定書によれば，遺伝資源を利用する側が原産国に利益の一部を支払うことが求められている。 2 誤り。選択肢の文は，ラニーニャ現象ではなく，エルニーニョ現象についての記述である。ラニーニャ現象は，選択肢に示した地域の海水温が平年より低い状態が続く現象であり，夏の猛暑などをもたらす。 3 誤り。ラムサール条約は，湿地における動植物，特に鳥類の環境保全を目的とした条約である。 4 誤り。ジオパークについての記述は正しいが，伊豆半島や洞爺湖有珠山などの9地域はすでに世界ジオパークに認定されている。 5 正しい。新たな水銀鉱山の開発と水銀の輸出入は厳しく規制されることになった。

47 4

解説 1 誤り。社会契約説は，人間相互の契約を社会の源泉ととらえるため，「神と人間の厳粛な契約」という内容は誤りである。 2 誤り。社会契約説における自然状態とは，「契約」が結ばれ，社会が成立する以前の人々の状況を意味した。 3 誤り。選択肢の文は，ホッブズではなく，ルソーの思想を示している。なお，一般意志（一般意思）は，ルソーの思想における重要語句である。 4 正しい。ロックの主張する抵抗権に関する記述である。 5 誤り。ルソーではなく，ホッブズの思想に関する文章である。

48 2

解説 1 誤り。「パーソンズ」を「ウォーナー」とすると正しい記述になる。 2 正しい。マードックは，核家族が普遍的な形態であることを指摘した。この立場は，「核家族普遍説」と呼ばれる。 3 誤り。「ウォーナー」を「マードック」とすると正しい記述になる。 4 誤り。選択肢に示したような視点から，現代家族における社会的機能の縮小を指摘したのはパーソンズであり，また，残された機能は，「子どもの社会化」と「成員のパーソナリティの情緒的安定」のみであるとした。 5 誤り。祖父母，親，子などの血縁によって構成されている家族は，直系家族である。複婚家族とは，夫婦の一方を中心に，横の結合がみられる家族である。

49 3

解説 1 誤り。デカルトの哲学は，「考える自分」を出発点とするものである。また，イドラと呼ばれる先入観を除去しながら，実験や観察によって普遍的な法則を得る手法を提唱したのはベーコンである。 2 誤り。「演繹法」を「帰納法」とすると正しい記述になる。「帰納法」は選択肢1の解説に示したような真理の探究法である。一方，「演繹法」は，前提から必然性をもとに段階的に結論に至る思考方法である。 3 正しい。カントは，経験論と合理論を統合し，選択肢に示したような認識論を提唱した。 4 誤り。「フィヒテ」を「ヘーゲル」とすると正しい記述になる。フィヒテは，「絶対我」による対象の認識などを提唱した。 5 誤り。ロックは，生まれながらの人間を「白紙（タブラ・ラサ）」ととらえ，生得観念を否定した。

50 3

解説 1 誤り。令和3年の刑法犯の発生率は前年比－34.3％だが，検挙率は前年比＋1.1％で上回っている。 2 誤り。令和3年における窃盗は，認知件数において刑法犯の7割近くを占めるが，平成14年をピークに15年からは減少を続けている。 3 正しい。令和3年の払出盗の認知件数は前年比－6.0％，職権盗は前年比－21.5％で，いずれも減少した。 4 誤り。令和3年の窃盗の認知件数の手口別構成比は，万引きが22.6％，自転車盗が27.9％で，自転車盗の方が大きい。 5 誤り。強制性交等の検挙率は，平成27年以降はいずれの年も90％台で推移しており，令和3年は95.8％であった。

51 2

解説 1 誤り。都道府県別医師数は，2020年8月31日現在，最上位の東京都と最下位の岩手県及び新潟県の開きは約2倍である。 2 正しい。女性医師の就業率は，おおむね30代後半で最低値の76％まで下がるM字カーブを描いている。 3 誤り。2021年の医療施設の全病床数は1,583,783床で，前年に比べ9,850床減少している。 4 誤り。2021年の病院の感染症病床利用率は，2020年の114.7％から2倍以上の343.8％に跳ね上がっている。 5 誤り。都道府県別にみた人口10万対病院病床数は，2021年10月1日現在，療養病床，一般病床とも高知県が最も多い。

52　2

解説　1　誤り。令和3年中の不正アクセス禁止法違反の検挙件数は，前年より180件（29.6％）減少した。　2　正しい。令和3年中のサイバー犯罪の検挙件数は，前年より2,334件（23.6％）増加し，過去最多を記録した。　3　誤り。令和3年中の交通事故死者数は前年比7.2％減少し，交通事故発生件数も前年比1.3％減少した。　4　誤り。令和3年中の交通事故による死者数全体に占める65歳以上の割合は57.7％である。　5　誤り。自転車関連交通事故件数は減少傾向にあり，令和3年中の自転車乗用中死者数も前年より58人（13.8％）減少した。

社会科学　　歴史

日本史：日本史の対策としては以下の3点が挙げられる。

　まず，高校時代に使用した日本史の教科書を何度も読み返すことが必要となってくる。その際，各時代の特色や歴史の流れを大まかにつかむようにする。その上で，枝葉にあたる部分へと学習を進めていってもらいたい。なぜなら，時代の特色や時代の流れを理解することで，それぞれの歴史事象における，重要性の軽重を判断できるようになるからである。闇雲に全てを暗記しようと思っても，なかなか思うようにはいかないのが実情であろう。

　次に，テーマ別に整理し直すという学習をすすめる。高校時代の教科書はある時代について政治・社会・文化などを一通り記述した後に，次の時代に移るという構成になっている。そこで各時代のあるテーマだけを順にみてその流れを整理することで，分野別にみた歴史の変化をとらえやすくなる。そうすることで，分野別に焦点化した歴史理解が可能となろう。

　最後に，出題形式からみて，空欄補充や記述問題にきちんと答えられるようになってもらいたい。空欄補充問題や記述問題に答えられるようになっていれば，選択問題に答えることが容易となる。難易度の高い問題形式に慣れていくためにも，まずは土台となる基礎用語の理解が不可欠となってくる。

世界史：世界の歴史の流れを理解し，歴史的な考え方を身につけることが「世界史」を学習する上で最も重要となってくる。しかし，広範囲にわたる個々ばらばらの細かい歴史的事項を学習するだけでは，「世界史」が理解できたとは言えない。それぞれの歴史的事項が，どのような背景や原因で起こり，どのような結果や影響を与え，また他地域との結びつきはどうだったのかなど，世界の歴史の大まかな流れと全体のメカニズムについて理解するよう努めたい。そうすることが，世界史の試験対策となる。

　特に，日本と世界の結びつきについては，各々の時代背景を比較しながら理解することが必要である。また，近現代が重視されるのは，現代の社会の形成に直接的に影響を与えているからである。その観点から考えると，近現代の出来事を理解するとともにその影響についても考察し，現在の社会といかなるかかわりを持つのか，把握することも必要となってこよう。

☞ **狙われやすい! 重要事項** ………………………………………………

☑ 江戸時代の幕藩体制～現代までの日本の変遷
☑ 産業革命
☑ 市民革命
☑ 第一次世界大戦～現代までの世界の変遷
☑ 中国王朝の変遷

《 演 習 問 題 》

1 **日本を訪れた外国人に関する記述として，妥当なものはどれか。**

1　唐の高僧である鑑真は日本に仏教の戒律を伝えるために招かれ，東大寺に戒壇を開くなど日本に密教の教義を伝え，南都六宗の発展に寄与した。

2　ザビエルはイエズス会の宣教師として種子島に来日し，山口の大内氏や豊後の大友氏の保護を受けながらカトリックの拡大に尽力した。

3　シドッチはイエズス会の宣教師として屋久島に潜入し，捕縛されたが，新井白石に審問された後，帰国を許された。

4　シーボルトはオランダ商館医として来日し，高野長英や小関三英らに西洋医学などを教授し，洋学発展に貢献したが，後に追放された。

5　プチャーチンはロシア海軍提督として1853年に浦賀に来航，翌年日露和親条約を締結し，日露間の国交の樹立に貢献した。

2 **戦後の日本の動向に関する記述として，妥当なものはどれか。**

1　吉田内閣が，復興金融金庫による過剰融資を背景とした復金インフレを収束させるために「経済安定9原則」に基づく施策を実施したことを転換点として，日本経済は安定恐慌と呼ばれる局面に入った。

2　日本の独立後も，国際連合への加盟はソビエト連邦による反対により妨げられていたが，日ソ共同宣言の中に国連加盟への支持が盛り込まれたため，80番目の加盟国となることが認められた。

3　講和問題への見解の相違から分裂していた保守系の政党が，保守合同によって自由民主党を結党し，それに対抗する形で，日本社会党が再統一されたことにより，55年体制が成立した。

4 日本が台湾との国交を樹立する際に日中平和友好条約が破棄されたことにより, 台湾重視の外交方針が確立された。

5 唯一の被爆国として, 日本は, 核兵器の廃絶を一貫して主張し, 核兵器を「つくらず・持たず・使わず」という非核三原則を表明した。

3 古墳時代から鎌倉時代に関する記述として, 妥当なものはどれか。

1 律令制度が成立する以前, 氏姓制度などによって政治を行ったのが大和政権であった。大王と中央の豪族からなるこの政権は, 4世紀末には, 国土を統一した。

2 農民が逃亡することによる口分田の荒廃を防ぐために, 期限を設けた上で, 墾田の私有を認める三世一身法を制定した。この法の効果は絶大であり, 口分田の生産力は長期にわたって増大した。

3 藤原道長と藤原頼道の時代は, 摂関政治の最盛期であった。彼らは, 上皇による院政が衰えたことに乗じて, 政治的な勢力を急伸させた。

4 史上初めて武家による政権を樹立したのは, 平清盛であった。彼は, 朝廷から位を与えられることを拒み, 当時の朝廷や他の武士団の勢力を敵視した。

5 鎌倉幕府が成立した際, 朝廷側の動向を注視していた源頼朝は, 幕府の直轄地に六波羅探題を置いた。その後, 承久の乱が起こると, 幕府はそれを朝廷の付近に移転した。

4 江戸時代の産業や経済に関する記述として, 妥当なものはどれか。

1 江戸幕府の下, 各藩において流通する貨幣に対する統制が進み, 19世紀後半には, その種類は100種を下回った。

2 江戸, 京都, 大坂の三都では, 金・銀・銭の交換, 預金, 貸付, 手形の発行などを行う両替商が, 当時の経済において大きな役割を果たした。

3 享保の頃になると, 千歯扱が考案され, 脱穀の能率が飛躍的に上昇する一方, 手作業による脱穀によって生計を立てていた者には大きな打撃を与えた。

4 米に加え, それ以外の商品作物の生産も, 幕府や諸藩において重視されたが, 特に建築に用いられた樫は, 四木の1つとして珍重された。

5 飛脚は, 小貨物や書簡の流通のために用いられる一方, 金銀の流通において使うことは禁止され, 伝馬役がこれを担った。

5 明治新政府の発足以降に起こった出来事に関する次の記述のうち，正しいものはどれか。

1 藩閥政治では倒幕の中心にあった薩摩，長州の出身者のみが政府の実権を独占し，1876年には廃刀令による全国の統治を完成させた。

2 1873年に徴兵告諭と全国徴兵の詔に基づいた徴兵令が発令されたが，生血をとられると勘違いしたことなどから，これに反抗した農民たちによる血税一揆が起こった。

3 永小作の特権の剥奪や高すぎる地租に反発した農民たちによる地租改正反対一揆により，1877年にもともとの地租であった3％から繰り下げ，地価の1.5％を金で納めさせた。

4 国家の資本主義化をはかるために，政府が機械の輸入や，富岡製糸場をつくるなどした一連の近代化は文明開化と呼ばれた。

5 1877年に起こった西南戦争は，西郷隆盛率いる士族たちによる武力反乱であり，政府によって制圧された後も度々武力反乱が起こった。

6 昭和史に関する記述として，妥当なものはどれか。

1 世界恐慌は，日本経済にも深刻な影響を及ぼした。当時の大蔵大臣であった井上準之助は，外国為替相場を安定させるために，金の輸出を禁止した。

2 柳条湖事件を契機とした一連の動きの中で建国されたのが満州国であった。同国は，リットン調査団の派遣を拒んだため，国際連盟における勧告決議は行われなかった。

3 軍部の台頭は，日本における経済政策にも大きな影響を及ぼした。五・一五事件では，当時の大蔵大臣であった高橋是清が暗殺された。

4 第二次世界大戦の終結の際，日本はGHQ（連合国軍総司令部）に対して，指導部の体制を保障する条件付きの降伏を行った。その後，GHQは，施政権を直接行使する直接統治を行った。

5 戦後，サンフランシスコ平和条約の締結によって，日本は独立を回復した。ただし，この条約の締結と同時に国際連合への加盟を果たすという目標は達成されなかった。

7 次のA～Eは大正時代のできごとについての記述である。これらを古い順に並べたものとして，正しいものはどれか。

A 吉野作造が雑誌『中央公論』に代表作となった評論「憲政の本義を説いて其有終の美を済すの途を論ず」を発表，大正デモクラシーの代表的論客となった。

B 「平民宰相」とよばれた原敬が内閣総理大臣となり，初の本格的な政党内閣が成立したが，のちに，原首相は東京駅頭で右翼青年に暗殺された。

C ジャーナリズムが発達して，新聞は発行部数を伸ばし，東京，名古屋，大阪ではラジオ放送が始まった。

D ドイツのシーメンス社が行った日本海軍高官への贈賄事件であるシーメンス事件が発覚し，山本権兵衛内閣が総辞職した。

E 富山県の漁村の主婦たちが米価の高騰を阻止しようと運動を起こし，この運動は全国に広がり，各地で暴動が起こる大規模な米騒動に発展した。

1 A－D－B－E－C
2 A－E－D－C－B
3 D－A－E－B－C
4 D－B－A－C－E
5 E－D－B－C－A

8 ルネサンスに関する記述として，妥当なものはどれか。

1 ルネサンスは，文芸復興と呼ばれる。ルネサンスは，12世紀にフランスの諸都市から始まった文化運動であり，古代ギリシャ・ローマの文化を復興することを目指していた。

2 ルネサンス期には，科学技術も大きく発展した。火薬，活版印刷，羅針盤が発明され，後の社会に大きな影響を与えた。

3 マキァヴェリは，君主のあり方についての著作を残した。特に，混乱期の君主には，キリスト教道徳に基づく厳格な統治が求められるとした。

4 エラスムスは，当時の社会を批判する『愚神礼賛』を著した。その内容は，当時の教会に対する深い信頼を表現するものであった。

5 ピコ・デラ・ミランドラやエラスムスの思想に共通しているのは，人間の自由意志の否定である。彼らは，人間の救済は神によって予定されているとした。

9 日本の教育制度に関する記述として，妥当なものはどれか。

1　明治維新後の日本において，教育や学芸関係の諸施策を統括したのは，1871年に発足した文部省である。内閣制度の開始に伴い，初代文部大臣に就任したのは，西周であった。

2　日本の教育制度が近代化される契機となったのは，1872年に公布された学制である。その際にモデルにされたのは，ドイツにおいて成立していた学制であった。

3　近代的な学校の校舎を整備するにあたり，日本と西洋の様式をどのように扱うかが議論を呼んだ。1876年に落成した開智小学校は，和洋折衷式であった。

4　幕末期の日本には，幕府直轄の教育機関がいくつかあったが，明治維新により廃止された。開成所はその一つであり，1868年には民間の教育機関として再出発した。

5　近代化を進める上で，特に重視されたのは，工業技術であった。1886年には，東京大学から工部大学校が分離し，高度な専門教育を施す役割を担った。

10 第一次世界大戦前後に関する記述として，正しいものはどれか。

1　1890年に新航路政策を掲げて親政を始めたドイツ皇帝ヴィルヘルム2世が，独ソ不可侵条約の更新を拒否したことを契機にロシアがフランスに接近し，露仏同盟が成立した。

2　大戦中のイギリスは，アラブの協力を得るため，バルフォア宣言を発して，戦後のアラブをトルコから独立させることを約束とした。

3　1908年セルビアがパン＝ゲルマン主義の下で治めようとしていたボスニアとヘルツェゴヴィナを，トルコの革命に乗じて，オーストラリアが併合したため，両国の関係は悪化した。

4　ドイツの3B政策とは，バグダード鉄道の敷設により，ベルリンからビザンティウムを経てバグダードを結び付けようとした中東政策のことである。

5　モンタギュー宣言とは，フランスがインドシナの協力を得るために，戦争への協力を条件に同国の戦後の自治を約束したものである。

11 **絶対王政に関する記述として，妥当なものはどれか。**

1 スペイン＝ハプスブルクのフェリペ二世はレパントの海戦やアルマダ戦争に勝利し，ヨーロッパの覇権を獲得した。

2 フランス＝ブルボン朝のルイ十四世は三部会を招集した後，ナントの王令を発布し，国民の信仰の自由を保障した。

3 イギリス＝テューダー朝のヘンリ八世は首長法を発布し，修道院解散を行って，イギリス国教会の基礎を築いた。

4 ロシア＝ロマノフ朝のピョートル一世はシベリアから極東に進出した結果，清と衝突しロシア有利のネルチンスク条約を締結させた。

5 プロイセン＝ホーエンツォレルン家のフリードリヒ大王は市民の力を利用する『下からの近代化』を目指す啓蒙専制君主であった。

12 **世界各国で起こった市民革命に関する記述として，正しいものはどれか。**

1 イギリスでは1628年『権利の章典』が可決され，国王は議会の承認無く不法な逮捕や課税ができなくなった。

2 自由・平等や基本的人権の原則などを掲げたフランス革命の波は海を渡りアメリカ独立革命にも影響を及ぼした。

3 18世紀末アメリカではラ＝ファイエットが『コモン＝センス』で植民地が独立することなどの正当性などを文章で訴えた。

4 18世紀末のフランスではテルミドールの反動後，総裁政府が成立し，これにより立法議会は解散した。

5 ナポレオンはブリュメール18日のクーデターを起こし統領政府を樹立，フランス革命を終結させた。

13 19世紀の歴史に関する記述として，妥当なものはどれか。

1　ナポレオン1世の即位と彼の対外政策は，フランス国内にとどまらず，当時の世界に大きな影響を与えた。即位の際には，国民投票の結果を無視し，一方的に第一共和政の終結を宣言した。

2　スペイン反乱は，当時の国王が主導したイベリア半島における一連の運動であった。その発端は，イギリスがイベリア半島を侵攻し，スペインを支配下に置こうとする動きであった。

3　ウィーン会議によって成立したウィーン体制は，近代国民国家の形成に大きな影響を与えた。この会議では，大国の勢力均衡が否定され，対等な地位を持つ国家が，国際社会の主体として認められるようになった。

4　南米では，ボリバルの援助により，コロンビアが独立した。1819年に，正式にスペインから独立する際には，当時密接な関係にあったベネズエラが分離された。

5　イギリスがアメリカ合衆国の通商を海上封鎖によって妨害したことにより，米英戦争が勃発した。両国の関係悪化が進んだ間，アメリカ合衆国において工業が発展し，経済的な自立が進んだ。

14 歴史上の諸人物に関する記述として，妥当なものはどれか。

1　パクス・ロマーナということばに表れているように，ローマ帝国は大きな繁栄を謳歌した。その体制の基礎を築いた初代皇帝は，トラヤヌス帝であった。

2　教皇グレゴリウス7世は，聖地エルサレムの奪還のために，十字軍と呼ばれる世界遠征を主導した。しかし，イスラム世界による激しい抵抗を受け，一度も実現することはなかった。

3　ジャンヌ・ダルクは，神の声に導かれて百年戦争に参戦した。その活躍により，陥落寸前だったフランスの拠点オルレアンが解放され，フランス国王シャルル7世が即位した。

4　フビライ・ハンは，西遼，西夏，ホラズム朝などを征服し，モンゴル帝国の基礎を築いた。特に，全遊牧民を軍団に分け，自分の部下を長とする軍事・行政組織を建設した。

5　康熙帝，雍正帝，乾隆帝は，明の最盛期を築いた。その体制は，満州族が漢民族を支配することによって成り立っていたが，科挙の制度により，漢民族も登用された。

15 **第二次世界大戦後の世界の動向に関する記述として，妥当なものはどれか。**

1. 国連がイギリスによる委任統治終了後のパレスチナ地域全体をアラブ国家とする旨を決定したことを受け，ユダヤ人側がイスラエル建国を宣言したことを発端として，第一次中東戦争が勃発した。

2. 朝鮮半島において1950年に勃発した朝鮮戦争の休戦協定を締結した際に，アメリカが占領していた南部には大韓民国が，中国が占領していた北部には朝鮮民主主義人民共和国が成立した。

3. 1962年，ソビエト連邦がキューバにミサイルを配備したことに対して，アメリカ側が基地の撤去を要求しつつ海上封鎖の措置を講じたことなどにより，両者の緊張が極度に高まった。

4. ソビエト連邦の強い影響下にあったブルガリアは，ドイツとの戦いに自力で勝利したことをきっかけとして，ソ連と距離を置き，独自の社会主義路線を歩むことを表明した。

5. イギリスは，1982年のフォークランド紛争においてアルゼンチン側に敗北し，さらに，戦費の膨張が財政状態を悪化させたため，その打開策として欧州通貨制度の確立を強力に推進した。

16 **アメリカの独立宣言に関する記述として，正しいものはどれか。**

1. 独立戦争では，フランスの自由主義貴族のロベスピエールやポーランドの愛国者コシューシコらが，義勇兵として独立軍に加わり戦った。

2. イギリス出身のジャーナリストであるトマス＝モアは『コモン＝センス』の著者として知られており，この小冊子は独立に向けての世論を盛り上げることに貢献した。

3. 1776年に植民地側は，フィラデルフィアでトマス＝ジェファーソンらが起草した独立宣言を発表し，レキシントンの戦いに敗れたイギリスは，ウィーン条約によってアメリカの独立を承認した。

4. ロシアのエカチェリーナ2世は，アメリカを支援してイギリスに宣戦し，またフランスが提唱した武装中立同盟にヨーロッパが参加したため，イギリスは国際的に孤立する結果となった。

5. 1765年の印紙法に対して，植民地の人々は「代表なくして課税なし」などと唱えて抵抗し，その翌年に印紙税を定めた印紙法が撤回された。

17 **明代の中国に関する記述として，妥当なものはどれか。**

1　元末期の紅巾の乱で台頭した朱元璋が南京で即位し，光武帝として明を建国した。

2　明の太祖は科挙制度を整備し，皇帝独裁体制の下で官僚による文治政治を行った。

3　永楽帝は，鄭和をインド洋方面に派遣し，諸国からの朝貢を促すなどして，東アジアからインド洋にわたって広い朝貢世界を築き上げた。

4　明では海禁令をたびたび出して倭寇を取り締まり，日本人の明への渡航を禁じた。

5　李自成の乱により南京が占領され，明王朝最後の皇帝が自殺して，明は滅亡した。

《　解 答 ・ 解 説　》

1 　4

解説　1　鑑真は南都六宗で主導的な役割を果たしたことは正しい。しかし，その教義の中には密教はない。むしろ密教は次の世代の空海や最澄，円仁や円珍により本格的に導入された。　2　キリスト教の伝来と鉄砲の伝来はよく混同される。鉄砲が伝来した地は種子島，キリスト教が伝来した地は薩摩半島である。　3　シドッチの密入国や新井白石の審問は正しいが，「帰国」は許されず，「牢死」している。　4　正しい。シーボルトと鳴滝塾，蛮社の獄の関係は重要である。　5　プチャーチンが来日した地は長崎である。ペリーの浦賀来航と関連させつつ押さえておきたい。

2 　2

解説　1　復金インフレ収束等を主たる目的とした「経済安定9原則」はアメリカ側から示された。ドッジ・ラインの実施により復興金融金庫は廃止され，インフレは収束したが，日本経済は安定恐慌と呼ばれる状況に陥った。

2　正しい。日ソ共同宣言は，1956年に鳩山内閣によって合意された。

3　講和問題への見解の違いから分裂していたのは，日本社会党である。1955年に日本社会党が再統一された後，これに対抗する形で，保守合同により自由民主党が結党された。これによって，55年体制が成立した。　4　1978年

に日中平和友好条約が締結された際，それまで台湾政府との間で結んでいた，日華条約（日台条約）は破棄された。　5　非核三原則は，核兵器に対する日本の立場を内外に示したものであり，「持たず」「作らず」「持ち込ませず」という3つの内容を含んでいる。

3 1

解説　1　正しい。律令制度が成立以前に大きな力を誇ったのが大和政権であった。　2　誤り。収公期限が迫ると，対象となった田は荒廃した。そのため，墾田の永久の私有を認める墾田永年私財法が制定された。　3　誤り。摂関政治に続いて，1086年より白河上皇によって始められたのが院政である。　4　誤り。平清盛は，保元の乱，平治の乱を経て太政大臣となった。　5　誤り。六波羅探題が置かれたのは，承久の乱の後である。

4 2

解説　1　誤り。19世紀後半には，1700種を超える藩札が流通していた。　2　正しい。両替商は，当時の貨幣経済や金融の発達において重要な役割を担っていた。　3　誤り。千歯扱が考案されたのは，元禄の頃である。　4　誤り。四木とは，商品作物の中でも，桑，漆，茶，楮を指す。　5　誤り。飛脚は，金銀も送り届けた。伝馬役とは，公的な貨客輸送を行うための課役である。

5 2

解説　1　藩閥政治は，薩摩，長州，土佐，肥前出身者が政府の実権を握ったものである。　2　正しい。1873年に北条県（現・岡山県）の徴兵反対一揆には数万人が参加したといわれている。　3　1877年に新政府は地租として，地価の2.5％を納めさせた。　4　文明開化とは，太陽暦の採用，七曜日制などを始めとした西洋文化・文物の移植や生活様式の変化をいう。　5　西南戦争以降，武力反乱はおこなわれず，言論による反抗へと変わっていった。

6 5

解説　1　誤り。「金の輸出を禁止した」という部分を「金の輸出を解禁した」とすると正しい文になる。　2　誤り。リットン調査団による調査を経て，

国際連盟総会において，満州国の建国取消が勧告され，そのことを受け日本は国際連盟を脱退した。　3　誤り。選択肢の文章は，二・二六事件についてのものである。五・一五事件では，犬養毅首相が暗殺された。　4　誤り。日本は，ポツダム宣言を受諾することにより，無条件降伏をした。また，GHQによる統治は，間接統治であった。　5　正しい。日本が国連に加盟したのは，1956年の日ソ共同宣言により，ソビエト連邦による支持を受けた後である。

7　3

解説　A　1916年。「民本主義」を説いた評論で，政治運営の目的は一般民衆の利益と幸福にあり，政策決定は民意に基づくとした。　B　1921年。原敬は華族ではなく，衆議院に議席をもつ初めての首相だったことから「平民宰相」とよばれた。立憲政友会総裁である原内閣の成立は1918年で，陸軍・海軍・外務大臣を除く全閣僚が立憲政友会の党員。　C　1925年。新聞は第一次世界大戦や関東大震災などの報道を通じて発行部数を伸ばし，有力紙は1日100万部前後に達した。ラジオはニュースの速報に威力を発揮した。D　1914年。1月に発覚し，議会で厳しく追及され，内閣は3月に総辞職した。　E　1918年。夏のできごとで，米騒動は約50日間に渡った。よって，正答は3である。

8　2

解説　1　誤り。ルネサンスが始まったのは，14世紀のイタリアの諸都市であった。　2　正しい。火薬，活版印刷，羅針盤は，三大発明と呼ばれる。3　誤り。マキァヴェリは，キリスト教道徳に厳格であるだけでは国を守ることはできないとし，ときにはキツネのような狡猾さと，ライオンのような勇猛さが必要であるとした。　4　誤り。エラスムスは，当時の教会の腐敗ぶりを厳しく批判した。　5　誤り。ピコ・デラ・ミランドラやエラスムスは，人間の自由意志を尊重した。人間の救済は神によって予定されているとしたのは，宗教改革で知られるカルヴァンらである。

⑨ 3

解説 1 誤り。初代文部大臣は森有礼である。なお，西周は，哲学用語の翻訳などで知られる。 2 誤り。当時，日本においてモデルにされたのはフランスの学制であった。 3 正しい。開智小学校は，開智学校とも呼ばれる。後に教育記念館として保存されることになった。 4 誤り。幕府の開成所は，文部省管轄の開成学校となった。 5 誤り。工部大学校は，1886年に東京大学に吸収された。

⑩ 4

解説 1 ヴィルヘルム2世が更新を拒否したのは独露再保障条約である。独ソ不可侵条約は，第二次世界大戦直前にナチス＝ドイツとソ連の間で結ばれた条約のことである。 2 イギリスがアラブに対し戦争協力を条件に，戦後のトルコからの独立を約束したのはフサイン＝マクマホン協定である。バルフォア宣言とは，ユダヤ人の財政援助を期待したイギリス政府がユダヤ人国家建設への好意的な対応を約した宣言である。 3 ボスニアとヘルツェゴヴィナは，セルビアがパン＝スラヴ主義の下で治めようとした地域のことである。 4 正しい。また，イギリスの3C政策とは，アフリカ縦断鉄道によって，カイロ，ケープタウン，カルカッタを結ぼうとする政策のことである。 5 モンタギュー宣言とは，戦争への協力を条件に，イギリスがインドに戦後の自治を約束した宣言である。

⑪ 3

解説 1 フェリペ二世はレパントの海戦には勝利したが，アルマダ戦争ではイギリスのエリザベス一世に敗北した。 2 初めて三部会を招集したのはカペー朝のフィリップ四世であり，それを停止したのはブルボン朝のルイ十三世とその宰相リシュリュー。ナントの王令の発布はブルボン朝のアンリ四世によるもので，ルイ十四世はナントの王令を停止した。 3 正しい。修道院解散で土地を没収し王室財政の改善を図った。 4 ピョートル一世がネルチンスク条約を締結したことは正しい。ヨーロッパの国とアジアの国の間で結ばれた条約としては初めての対等な条約であった。 5 プロイセンやオーストリア，ロシアの東欧の国家は啓蒙専制君主であったことは正しい。啓蒙専制君主制とは，「上からの近代化」を図った君主のことである。

12 5

解説 1　『権利の章典』ではなく「権利の請願」。国王の専制に対し議会が「権利の請願」を可決したが，国王はこれを無視し議会を解散，国王と議会の対立は激しくなった。　2　アメリカ独立革命がフランス革命に影響を及ぼした。アメリカ独立革命（アメリカ独立戦争）は1775〜83年，フランス革命は1789〜99年。　3　ラ＝ファイエットではなくトマス＝ペイン。『コモン＝センス』は「常識」とも訳され，ペインは平易な文章で独立の正当性・共和政樹立の必要性を説き，独立の気運を高めた。　4　立法議会ではなく国民公会。1792年9月21日に成立した国民公会ではロベスピエールらが恐怖政治を展開した。　5　正しい。ブリュメール18日のクーデターで不安定な総裁政府を倒した。これ以後，ナポレオンが独裁を強行したナポレオン時代となった。

13 5

解説 1　誤り。ナポレオン1世は，国民投票によって圧倒的な支持を受け，即位した。　2　誤り。スペイン反乱は，ナポレオンによるイベリア半島への侵攻に対する民衆の抵抗運動に端を発した。イギリスは，この動きを支持し，反乱軍を援助した。　3　誤り。選択肢の記述は，17世紀のウェストファリア会議，ウェストファリア体制についてのものである。ウィーン会議，ウィーン体制の下では，フランス革命以前の大国による勢力均衡の秩序の回復がはかられた。　4　誤り。スペインからコロンビアが独立し，大コロンビア共和国が成立する際，ベネズエラが併合された。　5　正しい。なお，ナポレオン戦争の終結時に講和が成立した。

14 3

解説 1　誤り。ローマの初代皇帝は，アウグストゥスである。　2　誤り。十字軍遠征は，1回目だけは一定の成果があり，エルサレム王国の建国につながった。また，グレゴリウス7世は，カノッサの屈辱で知られる教皇である。3　正しい。ジャンヌ・ダルクは，当時王太子だったシャルル7世から軍を得て，百年戦争に参戦し，オルレアンを解放した。　4　誤り。選択肢の文章は，チンギス・ハンについてのものである。フビライ・ハンは，南宋やパガン朝を征服した。　5　誤り。明ではなく，清についての記述である。

15 3

解説 ＼ 1 国連が決定したのは，イギリスの委任統治終了後のパレスチナをユダヤ人国家とアラブ人国家に分割し，エルサレムを国際管理下におくというものであった。第1次中東戦争は，1948年に，米などの支援を受けたユダヤ人がイスラエルを建国したことに対して，エジプトを中心としたアラブ諸国連合が反発したことによって勃発した。　2　大韓民国と朝鮮民主主義人民共和国は朝鮮戦争以前1948年に成立している。朝鮮戦争は1950年6月に始まり，11月には中国義勇軍が参戦した。その後，1953年7月に休戦協定が成立した。また第二次世界大戦後，朝鮮半島の北部はソ連の占領下にあった。3　正しい。キューバ危機により，アメリカとソ連の間で核戦争の危機が高まった。なお，ソビエト側がミサイル撤去を表明したことから，決定的な衝突が回避され，米ソの首脳が直接対話できるホットラインが設置された。4　ブルガリアではなく，旧ユーゴスラビアについての記述である。ユーゴスラビアは対ドイツ戦に勝利し，ソビエト連邦の意向に反する態度を取ったことに対し，ソ連などから激しく非難された。その後，労働者の自主管理などを柱とする独自の社会主義路線を歩むことになった。　5　イギリスは，1982年のフォークランド紛争でアルゼンチンに対して勝利したことを機に，保守党のサッチャー政権が新自由主義的な経済活性化の政策を進めた。同国は，欧州における通貨統合の動きには消極的であり，統合に対して中心となったのはフランスやドイツであった。

16 5

解説 ＼ 1 独立戦争に義勇兵として参加したヨーロッパ人は，フランスのラファイエットやサン＝シモン，ポーランドのコシューシコらである。　2 『コモン＝センス』の著者はトマス＝ペインである。トマス＝モアは，理想国家について描いた『ユートピア』の著者である。　3　レキシントンの戦いは独立戦争の始まりの戦いである。イギリスがアメリカの独立を承認したのは，1781年のヨークタウンの戦いに敗れた後の，1783年のパリ条約である。4　独立戦争の勃発後にアメリカを支援してイギリスに宣戦したのはフランスである。　5　正しい。印紙法とは，イギリスがアメリカ植民地に対して課した印紙税を定めた法である。

17 3

解説 　1　誤り。紅巾の乱で台頭した朱元璋は，南京で洪武帝として即位し，明を建国した。光武帝は，漢を再興した後漢王朝の初代皇帝である。
2　誤り。科挙制度は宋代に整備された。明の太祖洪武帝は，行政機構を六部として皇帝に直属させ，皇帝の独裁体制を敷いた。　3　正しい。日本では，室町幕府の足利義満が日本国王として封じられ，朝貢貿易（勘合貿易）が行われた。　4　誤り。海禁令は，民間での貿易を禁じ，民間人の海外渡航を禁じるもので，日本の海賊のみならず，密貿易を行う中国人や朝鮮人も倭寇と呼ばれた。　5　誤り。永楽帝は，靖難の役で建文帝を倒し，都を南京から北京に移して即位した。それ以来，明の都は北京であり，最後の皇帝崇禎帝は李自成の北京占領により自殺して，明は滅亡した。

社会科学　地 理

地図と地形図：地理において地図と地形図は，頻出事項の分野である。まず地図の図法は，用途と特徴を確実に把握し，地形図は，土地利用や距離などを読み取ることができるようになる必要がある。

世界の地形：地形に関する問題は，かなり多く取り上げられる。地形の特色・土地利用・その代表例は押さえておきたい。また，大地形・沈水海岸・海岸地形なども，よく理解しておくこと。試験対策としては，地形図と関連させながら，農業・工業とのかかわりを整理しておくとよい。

世界の気候：気候に関しては，ケッペンの気候区分が最頻出問題となる。次いで農業とのかかわりで，土壌や植生の問題も出題される。気候区の特徴とその位置は明確に把握しておこう。気候区とあわせて土壌・植生なども確認しておくことも大切である。

世界の地域：アメリカ合衆国は，最大の工業国・農業国であり，南米やカナダとのかかわりを問う問題も多い。また東南アジア，特にASEAN諸国での工業・鉱物資源などは広範に出題される。EU主要国に関しては，できるだけ広く深く学習しておく必要がある。資源・農業・工業・交通・貿易など総合的に見ておこう。

日本の自然：地形・気候を中心とした自然環境は頻出である。地形や山地・平野などの特徴は理解しておきたい。

日本の現状：農業・工業などに関する問題は，今日本が抱えている問題を中心に整理するとよい。農産物の自由化が進み，労働生産性の低い日本の農業は，苦しい状況に追い込まれている。工業においては，競争力を維持していく手段を選んでいかざるを得ない状況に陥っている。環境問題も大きな課題である。このような時事的な繋がりのある問題を取り上げた出題にも対処する必要がある。

👉 **狙われやすい! 重要事項**

☑地図・地形
☑土壌・環境・気候
☑人種・民族
☑人口・交通
☑アジア・オセアニア
☑ヨーロッパ
☑南北アメリカ
☑アフリカ

《 **演 習 問 題** 》

1 地形の成り立ちに関する記述として，正しいものはどれか。

1 河口の下流部に形成される三角州は，河口付近の地盤の弱い部分に海水が浸入してできる地形で，地盤がゆるく低湿地となる。

2 大陸氷河によって浸食されたＶ字谷に海水が浸入して形成された海岸のことをフィヨルドと呼ぶ。

3 河川の洪水時にあふれた流水によって形成された平地のことを扇状地という。河川は平地に出ると蛇行し，川沿いに土砂を堆積して自然堤防を生じさせる。

4 陸地を形成する石灰岩が，二酸化炭素を含んだ雨水などによって浸食されてできた地形をケスタと呼ぶ。

5 河川流域に発達した階段状の地形を河岸段丘という。河川の下方浸食が復活し，以前の谷底平野が階段状に残されて形成されたものである。

2 日本の工業に関する記述として，妥当なものはどれか。

1 日本の三大工業地帯の中で，製造品出荷額が最も大きいのは，大阪などの大消費地を抱えた阪神工業地帯である。

2 日本の工業の製造品出荷額は，鉄鋼業を中心とする金属工業が最も大きい。

3 日本の工場は，約99％が従業者数300人未満の中小規模工場である。

4 日本の工場の数は，1990年代以降増え続けている。

5 日本の半導体の国内生産額は，世界の生産額の約2割を占めている。

3 世界の海と水産業に関する記述として，妥当なものはどれか。

1 一般に，基線から12海里の海域は，経済水域と称される。ここでは，沿岸の国が，水産資源，海底資源を排他的に管理することができる。

2 漁船の母港から遠い漁場において漁を行う漁業を遠洋漁業という。日本では，1994年以降，漁獲量の全体に占める遠洋漁業による漁獲量の割合が急速に増大した。

3 暖流と寒流が接する箇所は，潮目と呼ばれる。ここでは，プランクトンや魚の生息が困難になるため，漁獲量が少なくなる傾向にある。

4 ペルー沖は，寒流のフンボルト海流が流れている。ここでは，特にアンチョビの漁獲量が多い。

5 北大西洋海流と東グリーンランド海流が接する海域は，北西大西洋漁場と呼ばれる。ここは，タラやカレイなどの漁獲量が多い好漁場として知られる。

4 風系に関する記述として，妥当なものはどれか。

1 風系は，大気の循環による風の流れを意味し，年中風向きが一定している恒常風と，諸条件によって向きが変わる風に大別される。陸風や海風は，前者の代表的な例である。

2 各地域において，特に頻度が高く，長い期間にわたって吹く風は，卓越風と呼ばれる。日本列島においては，夏の北西風，冬の南東風がこれにあたる。

3 中緯度の高圧帯から赤道付近の低圧帯に向かって吹く風は貿易風と呼ばれる。北半球では北東風，南半球では南東風が吹き，気候や植物の植生などに影響を与える。

4 貿易風の間に吹く風は，赤道西風と呼ばれる。この風は，周囲に比べると高温となりやすく，そこで生じる下降気流は，赤道付近の地域の天候の変化と深くかかわっている。

5 対流圏と成層圏の境界付近には，ジェット気流と呼ばれる高速の空気の流れがみられる。季節による風向きの変動が激しく，航空機の運航に大きな影響を与える。

5 ケッペンの気候区分に関する記述として，妥当なものはどれか。

1 無樹木気候は，自然環境において，樹木の生育そのものが極めて困難な気候であり，その要因として，低温や降水量の不足が挙げられる。

2 熱帯雨林とサバナ気候の中間的な性質を持ち，モンスーンのはたらきにより，弱い乾季が生じる気候は，ステップ気候と呼ばれる。

3 サバナ気候は，砂漠の周囲に分布し，季節が雨季と乾季に分かれ，疎木，灌木，長草が混在する草原がみられるという特徴がある。

4 温帯冬期少雨気候の特徴として，他の気候に比べて，年間を通じた降雨量の差が小さいことが挙げられる。

5 地中海性気候は，夏に降雨量が多く，高温であるという特徴があり，果樹の栽培に適している。

6 日本の地形に関する記述として，妥当なものはどれか。

1 リアス海岸は入り組んだ海岸線がその特徴であり，浅瀬が多いことから漁港には不向きであり，陸地は起伏が多く，急な傾斜の山地が海岸にまで迫ることもあり，平地が少ない。

2 海岸段丘は，海面の低下や地震による隆起により，海食台の平坦面が海面より高くなることによって形成される地形であり，鹿児島県の佐多岬などにみられる。

3 カルスト地形は火山口が大きく沈降したことにより形成される石灰岩地域特有の地形のことであり，火山灰の蓄積により地下に埋没したものを鍾乳洞という。

4 潟湖は，湾の入り口に砂嘴の一種である砂洲などが発達することによって，一部あるいは全部が外海と隔てられた水域である。

5 沿岸流によって運ばれた砂礫が，入り江の入り口から海中へ向けて細長く堤状に堆積してできた地形を三角州といい，このような地形は大分県の住吉浜や北海道の野付崎にみられる。

7 地理情報に関する記述として，妥当なものはどれか。

1 GPSとは，地理的位置を手がかりに，位置に関する情報を持ったデータ（空間データ）を総合的に管理・加工することで，視覚的に表示し，高度な分析や迅速な判断を可能にする技術である。

2 G空間情報とは，地図や衛星測位等から得られる「どこで，何が，いつ，どのような状態か」といった，位置とこれに関連づけられた情報をいう。

3 G空間情報には，地形図や都市計画図，土地利用図などの基盤となる地図データや，その上に重ねる植生や気象などの人工衛星等による観測データがあるが，固定資産や顧客リストなどのデータベースは含まない。

4 GISでは，地図データを読み込んで画面上に2次元，3次元の地図を表示することができるが，見たい場所に移動することはできない。

5 ハザードマップでは，洪水に関する位置情報が確認でき，各地方自治体は任意でハザードマップを作成し，公表することができる。

---

8 次の文は，アジア諸国に関する記述である。国名の組み合わせとして，正しいものはどれか。

A 19世紀にイギリスの植民となったものの，1950年代に独立した。多民族国家であるが，特定の人種を優遇するブミプトラ政策を実施している。

B 16世紀からスペインによる支配を受けたが，アメリカ合衆国領を経て，1945年に独立した。東南アジアにおいては珍しく，カトリック教徒の割合が多い国であり，主な作物として，バナナ，さとうきび，コメ，とうもろこしなどが挙げられる。

C 主要な輸出品目として挙げられるのは，繊維製品と織物である。国土については，その大部分が乾燥地帯に属している。

D 1970年代の末，王政から共和政に移行した。農業において大きな役割を果たしているのは，カナートという地下灌漑用水路である。

	A	B	C	D
1	インド	パキスタン	イラン	マレーシア
2	インド	イラン	フィリピン	マレーシア
3	フィリピン	イラン	パキストン	マレーシア
4	マレーシア	フィリピン	イラン	パキスタン
5	マレーシア	フィリピン	パキスタン	イラン

9 中東地域に関する記述として，妥当なものはどれか。

1 ユダヤ教徒のユダヤ人によって建国されたイスラエルでは，同国政府の意向に従い，アメリカが首都をエルサレムと宣言したことにより，摩擦が激化した。

2 国際連合は，パレスチナをオブザーバー国家として規定し，暫定的に加盟国と同等の議決権を与えた。

3 イランやイラクでは，イスラム教の宗派のうち，スンニ派が多数を占めており，両国における少数派であるシーア派との対立が様々な衝突の火種となった。

4 世界有数の産油国であるサウジアラビアは，イスラム教の聖地であるメッカが属する国であり，アメリカとの国交を拒んできた。

5 21世紀に入り，「イスラム国」を名乗る過激派組織が暗躍したが，この組織は，イスラム教アラウィ派による統治を掲げ，一時，勢力を拡大した。

10 世界の工業に関する記述として，妥当なものはどれか。

1 スペインのバルセロナからイタリア北部にかけて連なる地域には，航空機やエレクトロニクスなどの産業が集まっているため，ヨーロッパのサンベルトと呼ばれている。

2 ドイツの北西部に位置するヨーロッパ最大の工業地域であるルール工業地帯は，綿工業をはじめとした軽工業の比重が高いことで知られている。

3 ロシアの西シベリア南東部に連なるクズバスは，その立地を生かした製鉄，製紙，パルプなどの産業が盛んなことで知られている。

4 アメリカ合衆国最大の工業地域である五大湖工業地域は，自動車産業をはじめとする各種産業が急速に発達し，そのあおりで，カリフォルニアからメキシコ湾岸に至る地域の工業地域は急速に衰退した。

5 工場等の立地条件は，産業の発展にとって重要な要素となるが，航空機工業は，広大な敷地を必要とするため，土地の確保が容易な途上国において発展した。

11 世界の農業に関する記述として，妥当なものはどれか。

 1 丘陵や山地などに田畑をつくる階段耕作は，土壌の質を維持するのに有利であることから，世界各地で広く行われている。

 2 インド半島の大部分を占める高原では，その北西部に玄武岩が覆う溶岩台地が形成されているため，レグール土を基盤とする米作地帯が形成されている。

 3 当初，水利に恵まれない地域において，人工的に水を導くことによって成立する農業を灌漑農業と呼び，特に，アメリカの五大湖沿岸において盛んである。

 4 土壌の保水能力が高く，昼夜の寒暖差が小さい低地において適している作物はコーヒーであり，特にブラジルにおける生産量が多い。

 5 河川によって運ばれた土砂が平地に流れて堆積した扇状地は，水はけがよいため，果樹園などに利用されている。

12 世界の人権に関する記述として，妥当なものはどれか。

 1 南スーダンでは，2023年4月に勃発した政府軍と準軍事組織の戦闘により，国外に脱出する難民が急増している。

 2 カザフスタンでは，タリバンによる政権が復活し，反対勢力や少数民族の迫害，女性の権利の制限が行われている。

 3 中国の新疆ウイグル自治区では，ウイグル人などのイスラム系住民を多数収容施設に拘束するなどの人権侵害が国際的に問題視されている。

 4 クルド人はトルコの南岸地域に住む少数民族で，独立を求めるクルド人に対するトルコ政府の弾圧が続いている。

 5 日本では，難民申請が認められない外国人に対する強制収容が国際的に問題視され，法改正によって難民認定基準を国際的な基準に改めることとなった。

《 解 答 ・ 解 説 》

1 5

解説 1　三角州（デルタ）は，河口付近でそこまで運搬された土砂が堆積し，形成された低平地のこと。ナイル川やミシシッピ川の河口付近で見られる。　2　フィヨルドは，U字谷の下部が海面下に水没したものであり，氷河地形および海岸地形の一種である。ノルウェー，チリ南部で見られる。日本には存在しない。V字谷というのは河川の浸食によって形成されるものである。　3　この説明は氾濫原のことである。扇状地は川が山地から平坦地に流れ込むときに谷口を頂点として扇形に形成される堆積地形のこと。　4　この説明はカルスト地形のことである。スロベニアのカルスト地方に見られることから，この名称となった。日本では秋吉台などで見られる。また，ケスタとは，構造平野の一種であり，硬層と軟層の互いの層からなる丘陵上の平野で，パリ盆地が代表的である。　5　正しい。天竜川，利根川上流などで見られる。

2 3

解説 1　誤り。三大工業地帯の中で，製造品出荷額が最も大きいのは中京工業地帯である。自動車などの機械工業の製造品出荷額がその約7割を占めている。　2　誤り。2019年の製造品出荷額は，自動車をはじめとする機械工業が全体の約45％を占めていて最も大きい。　3　正しい。従業者数300人以上の大規模工場は約1％に過ぎないが，製造品出荷額では大規模工場が全体の半分以上を占めている。　4　誤り。1990年代から生産拠点を人件費の低い海外に移したため，国内の工場の数は減り続けている。　5　誤り。2019年の日本の国内の半導体生産額は，世界の生産額の約5.6％に過ぎない。

3 4

解説 1　誤り。選択肢の文章について，「基線から12海里」の部分を，「領海の外側200海里」とすると正しい文章になる。「基線から12海里」の水域は，各国の主権が及ぶ領海である。　2　誤り。1994年に200海里の経済水域が設定されて以降，遠洋漁業は衰退傾向にある。　3　誤り。潮目は，プランクトンが多く生息するため，好漁場になる。　4　正しい。この海域は，

南東太平洋漁場と呼ばれる。　5　誤り。選択肢の文章は，北東大西洋漁場についての説明である。北西大西洋漁場は，暖流のメキシコ湾流と寒流のラブラドル海流の潮目にあたる。

4 3

解説　1　誤り。陸風や海風は，昼と夜で向きを変える風であり，恒常風ではない。　2　誤り。季節による風向きの変化が逆になっている。　3　正しい。太平洋上の島々において，降雨量や植物の植生に大きな影響を与えている。　4　誤り。赤道西風は，比較的低温であるため，高温の貿易風が上昇気流をもたらす。　5　誤り。対流圏と成層圏の境界付近のジェット気流は，強い偏西風の流れである。

5 1

解説　1　正しい。樹木が生育する条件が満たされる気候が樹木気候，満たされない気候は無樹木気候である。　2　誤り。選択肢の説明は，熱帯モンスーン気候のものである。ステップ気候は，砂漠の周囲に分布し，乾燥しながらも少しの降水量があるために，短草の草原がみられる気候である。　3　誤り。サバナ気候が分布するのは，砂漠の周辺ではなく，熱帯雨林の周辺である。　4　誤り。温帯冬期少雨気候における降雨量は，夏期に多く，冬期に少ないため，両者の差は大きい。　5　誤り。地中海性気候の地域では，夏が高温で乾燥する特徴があり，果樹やオリーブの栽培が盛んである。

6 4

解説　1　リアス海岸は山地の谷が沈降し，海水が流入して形成された地形である。水深は深く出入りの多い海岸線となるため，沿岸漁業や養殖などの漁業に恵まれている。　2　海岸段丘の代表例としては四国地方の室戸岬が挙げられる。佐多岬はリアス式海岸をなしている。　3　カルスト地形は石灰岩地域の溶食地形のことである。また，地下水により溶食されてできた洞穴を鍾乳洞と呼ぶ。　4　正しい。福井県あわら市と石川県加賀市に跨る北潟湖などがこの例である。　5　沿岸流によって運ばれた砂礫が，入り江の入り口から海中へ向けて細長く堤状に堆積してできる地形は砂嘴という。また，砂嘴が枝分かれしているような地形は分岐砂嘴と呼ばれる。

7 2

解説 1　誤り。GPSとは，アメリカによって打ち上げられた人工衛星から信号を受け取り，現在位置を知ることのできる，全地球測位システムのことをいう。設問は，GIS（地理情報システム）に関する記述である。　2　正しい。G空間情報（地理空間情報）は，自動走行，ドローン物流などの基盤情報となるものである。　3　誤り。G空間情報（地理空間情報）には，道路や河川などの台帳データ，人口や農業などの統計データ，固定資産や顧客リストなどの各種データベース，GPSで観測された車両や携帯電話の位置情報など多様な種類がある。　4　誤り。GISでは，地図データを読み込んで，画面上で見たい場所までスピーディに移動したり，拡大・縮小したりすることができる。また，表示を2次元，3次元，航空写真などに切り替えることができる。　5　誤り。ハザードマップは，洪水，雨水出水，高潮，土砂災害，津波などにつき，各地方自治体に作成と公表が義務付けられている。

8 5

解説 Aは，ブミプトラ政策を採用している点から，マレーシアであることがわかる。Bは，東南アジア，カトリック教徒が多いこと，バナナ・さとうきび・コメ・とうもろこしの産地であることから，フィリピンであることがわかる。Cについては，乾燥地帯，繊維製品，織物といった内容から，パキスタンについての記述であると類推できる。Dについては，まず，第1文は，イラン革命についての記述である。また，カナートは，イランの農業において大切な役割を果たしている。以上から，正解は5である。

9 1

解説 1　正しい。アメリカのトランプ大統領は，2017年，エルサレムをイスラエルの首都と宣言した。　2　誤り。「暫定的に加盟国と同等の議決権を与えた」とする部分が誤りである。なお，国際連合は，2012年にパレスチナをオブザーバー機関からオブザーバー国家に格上げした。なお，ここでいうオブザーバーとは，国連に加盟せず議決権を有しないものの，総会などの会議に参加できる資格を意味する。　3　誤り。シーア派とスンニ派を入れ替えると正しい記述になる。　4　誤り。サウジアラビアは，1974年にアメリカへの原油の安定的な供給を約束する協定を結ぶなどしており，「アメリカとの

国交を拒んできた国」とはいえない。 　5　誤り。「イスラム国」を名乗る過激派組織は，「アラウィ派」ではなく，「スンニ派」を標榜していた。

10　1

解説　1　正しい。地中海沿岸の一部の地域に集積する先端技術産業についての正しい記述である。 　2　誤り。ルール工業地帯は，炭田とライン川の水運を背景に，鉄鋼や機械工業などが発達した。 　3　誤り。クズバスは，クズネツク炭田を基盤に成立した工業地域であり，金属，機械，化学などの重工業が発達した。なお，選択肢の文章は，アンガラ・バイカル工業地帯についての記述である。 　4　誤り。カリフォルニアからメキシコ湾岸に至る地域の工業地域はサンベルトを指すが，サンベルトの台頭によって，五大湖沿岸工業地域は停滞した。 　5　誤り。航空機工業は，大資本，高度な先端技術が不可欠であるため，先進工業国において盛んになった。

11　5

解説　1　誤り。階段耕作とは，傾斜地を階段状の田畑に変えて農作物を栽培することである。斜面のまま土地を利用するより，面積は減るが，土壌流出を防ぐことはできる。ただし，「土壌の質を維持するのに有利」であるとはいいきれない。また，日本の東北や中部地方，日本以外では地中海沿岸やフィリピン，インドネシア，中国等で行われているが，世界各地で広く行われているとはいいにくい。 　2　誤り。「米作」を「綿花」とすると正しい記述となる。 　3　誤り。歴史的に灌漑農業が盛んな地域は，西アジア，地中海沿岸，アメリカの乾燥地域などである。アメリカの五大湖沿岸において盛んな農業は，酪農などである。 　4　誤り。コーヒーに適しているのは，水はけがよく，昼と夜の気温差が大きい高原である。ブラジル，コロンビア，ベトナムなどが主要な生産国となっている。 　5　正しい。扇状地の扇央部分は，水利には恵まれないが，水はけがよいため，果樹園や畑として利用されている。

12　3

解説　1　誤り。南スーダンではなくスーダンである。スーダンでは，今回の戦闘以前から，約80万人が国外で，約370万人が国内で，長引く紛争により避難を強いられてきた。 　2　誤り。カザフスタンではなくアフガニスタン

である。タリバンは，1989年のソ連軍撤退後に台頭したイスラム教原理主義者の組織である。 3 正しい。国連人権高等弁務官事務所（OHCHR）は，2022年に，テロ対策や過激派対策を名目にしたウイグル人などに対する恣意的・差別的拘束は，人道に対する罪になる可能性があるとの報告書を公表した。 4 誤り。クルド人は，トルコ，シリア，イラク，イラン，アルメニアにまたがるクルディスタンと呼ばれる山岳地帯に住む民族で，独立を求める戦いと弾圧が続いている。 5 誤り。出入国管理及び難民認定法改正の政府案は，難民認定基準を変更せずに申請3回目以降の人に対する強制送還を可能にするもので，国際的な基準に沿ったものではない。

人文科学　文学・芸術

############# P O I N T ############

文学：日本古典文学と日本近現代文学，世界の文学からの出題が多い。年表に出てくる著名な作品名と作者名ぐらいは覚えておくようにしたい。余裕があれば各作品の冒頭の文章も併せて覚えておくとよい。短歌・和歌や俳句は，百人一首や俳句集で有名な作品を暗記しておこう。

　学習法としては，高校の問題集，参考書を使って，全領域に関する基礎的な知識を身につけることである。そうすれば十分に対応できるだろう。それと同時に重要なのは，とにかく問題に多く当たることである。問題の分析から出題の傾向，レベル，解答のパターンを熟知し，効率的な学習を行うことが，短期決戦の姿勢として求められる。

芸術（美術）：出題される内容は，高校の「世界史」や「日本史」の教科書に掲載されているレベルのものも多いので，文化史の芸術分野について読み返し，覚えるのもよい。

　日本美術史では，歴史の流れとともにそれぞれの時代の文化や宗教的な影響を考えながら，様式の特徴と代表的な建築や作品を覚える。近代以降では，作者個人の考え方や特徴がポイントになるので，作者と作品を併せて理解しておこう。特に西欧文化とのかかわりで見ていくとよい。

　西洋美術史の古代から中世までは，建築物や彫刻作品を中心に作者と作品を押さえておきたい。近代以降は，各主義とその特徴，代表的な作者や作品について図版と共に覚える。まれに工芸やデザインにかかわる分野から出題されることがあるので，「アールヌーボー」や「バウハウス」などの用語については，調べておいた方がよい。

芸術（音楽）：例えば，次のような一般教養的な知識が問われやすい傾向にある。

■有名な音楽家の作品，楽譜が誰の作品か，いつの時代かを問うもの

①バロック音楽 … ヴィヴァルディ，バッハ，ヘンデル

②古典派 … モーツァルト，ベートーヴェン，ハイドン

③ロマン派／国民楽派 … シューベルト，ショパン，ワグナー，ヴェルディ，ビゼー，チャイコフスキー／ムソルグスキー，スメタナ，ドボルザーク，グリーグ，シベリウス

④近・現代音楽 … ドビュッシー，ラヴェル，ガーシュイン

■楽曲の種類や様式を問うもの

①有名なオペラの作品名や作曲者…プッチーニ〈蝶々夫人「ある晴れた日に」〉，ヴェルディ〈「アイーダ」凱旋行進曲〉など

②交響曲と協奏曲の違い…交響曲はソナタ形式の楽章を含む4楽章の管弦楽作品，協奏曲は独奏楽器＋管弦楽で3楽章の作品

③交響曲と交響詩の違い…前者は古典派（ベートーヴェン）時代に完成した様式，後者はロマン派（リスト）以後に作られた管弦楽曲で，自由な形式の一般的には1楽章のみの楽曲

■日本人作曲家の有名な作品名，楽譜が誰の作品かを問うもの

①歌曲作品…滝廉太郎（「荒城の月」「花」「箱根の山」），山田耕筰（「赤とんぼ」「待ちぼうけ」「からたちの花」），中田喜直（「夏の思い出」「雪の降る町を」「めだかの学校」），成田為三（「浜辺の歌」），團伊玖磨（「花の街」）

②その他…宮城道雄「春の海」，日本古謡「越天楽今様」「さくら」

狙われやすい！ 重要事項

☑ **西洋美術**
☑ **西洋音楽**
☑ **日本美術や芸能**

《 演 習 問 題 》

1 **日本の古典文学に関する記述として，正しいものはどれか。**

1 奈良時代の初期には漢文学と国文学が並行して発達したが，ひらがなによって書かれた現存最古の和歌集である『万葉集』が編纂された頃には，漢詩文学の衰えにより，独自の日本語表記が行わるようになり，和歌を中心とした国文学が発展した。

2 勅撰和歌集は，天皇・上皇の勅命や院宣により撰者が編集した和歌集のことであり，古今集から捨遺集までを三代集，古今集から新古今集までを八代集とする勅撰和歌集が編纂された。

3 四鏡と呼ばれる作品の最初に位置する『大鏡』は，最古の歴史物語であり，その中には，藤原道長を中心に宮廷生活の歴史や様子が紀伝体で描かれ，摂関政治への批判なども含まれている。

4 鎌倉時代には，伝奇性の強いテーマを素材とした伝奇物語と，和歌を中心とした歌物語という二つのジャンルが発達し，その中で歌物語に分類される『狭衣物語』は，『源氏物語』の続編的な内容といわれる一方で，非現実的傾向が強い作り物語である。

5 平安時代後期から鎌倉時代にかけて，日記がさかんに執筆されるようになり，特に幕府が関東に置かれた頃から，京と関東を行き来する旅を題材とする『和泉式部日記』などの旅日記が描かれた。

2 **日本の近世文学に関する記述として，正しいものはどれか。**

1 中世・室町時代には，庶民を中心に，通俗的短編集である御伽草子がさかんになり，さらに，江戸時代には御伽草子の流れを汲んだ浮世草子が流行したものの，文学的には未成熟であったとの評価が多い。

2 元禄時代には庶民の享楽的な好色生活を題材とした近世小説である仮名草子がさかんになり，文学的完成度も高く，これらの作品群は，性風俗をあつかった好色物，町人・武士の生活を題材とした町人物・武家物に分類される。

3 室町時代足利義満の頃，観阿弥・世阿弥父子によって確立された能楽は，庶民に広く親しまれ，おもに古典を題材とした舞踏劇は完成された様式美を誇った。

　　4　貞門俳諧は，西山宗因一派の誹風で，俳句を連歌に由来する古典的作
　　　　法から解放しようとした，自由で庶民的な作風である。
　　5　松尾芭蕉の死後，俳諧の芸術性が喪失していたものの，天明期には小
　　　　林一茶が庶民の生活や生活苦を詠んだ個性的な句を残し活躍した。

[3]　**近代の日本の小説家に関する記述として，正しいものはどれか。**

　　1　森鷗外は，初期には『山椒大夫』や『高瀬舟』などの歴史を題材とした
　　　　小説を発表したものの，後期には反自然主義的な作品である『夜明け前』
　　　　などを発表した。
　　2　島崎藤村は，『文学界』の同人として出発し，被差別部落出身の青年が
　　　　差別・政治に悩んだ姿を描いた『破戒』を発表し，自然主義文学の代表
　　　　的な作家となった。
　　3　武者小路実篤は，リアリズムに徹した目で簡潔かつ正確に描いた『城の
　　　　崎にて』『友情』など，実体験を描いた作品を多く発表した。
　　4　菊池寛は，初期には『痴人の愛』『恩讐の彼方に』など女性の美しさと
　　　　官能性を描いた華麗な作風であったが，後期には日本の伝統や文化を取
　　　　り込んだ作品を生み出した。
　　5　夏目漱石は，初期には『こころ』などの人間のエゴイズムを追求した暗
　　　　く重い作風の作品を残したが，後期には『坊っちゃん』や『我輩は猫で
　　　　ある』などユーモアあふれる明るい作風へと変化していった。

[4]　**次の文は，西洋の音楽史に関する記述である。文中の空所A〜Dに該
当する組み合わせとして，妥当なものはどれか。**

　　18世紀中ごろから19世紀初めの音楽は　　A　　と呼ばれ，この時代に活躍
した主な作曲家として，　　B　　，　　C　　，ベートーヴェンなどが挙げら
れる。彼らの作品として，　　B　　の弦楽四重奏曲「皇帝」，ベートーヴェン
の交響曲「　　D　　」などがある。

	A	B	C	D
1	古典派	シューベルト	ハイドン	田園
2	古典派	ハイドン	モーツァルト	田園
3	ロマン派	モーツァルト	シューベルト	田園
4	バロック	シューベルト	モーツァルト	四季
5	バロック	ハイドン	シューベルト	四季

5 世界文学に関する記述として，正しいものはどれか。

1 古代ギリシアの叙情詩人として有名なホメロスは，ポリス形成時の前8世紀に書かれた二大叙情詩である『労働と日々』『神統記』の作者である。

2 古代ローマの三大詩人の一人であるプルタルコスは，『牧歌』『農耕詩』『アエネーイス』などの著者として知られ，ダンテの『神曲』においては案内人として登場する。

3 詩集『カンツォニエーレ』は，イタリアの詩人であり学者としても知られるペトラルカの作品であり，彼は文芸復興の先駆者としても知られている。

4 『ドン・キホーテ』はフランスのラブレーによる近代小説であり，その内容は没落騎士を風刺したものであった。

5 イングランドの国民文学の祖といわれるシェイクスピアは，カンタベリ大聖堂へ向かう巡礼者たちが語るという体裁の説話集『カンタベリ物語』などの著者である。

6 日本の近代美術に関する記述として，妥当なものはどれか。

1 岡倉天心は，工部美術学校を設立し，初代校長に就き，後に日本美術復興運動に尽力して，東洋文化の優位な点を海外に紹介した。

2 「悲母観音」などの作品で知られる狩野芳崖は，漢画と洋画を融合させた手法を用いて，優れた作品を残した。

3 「鮭」などの作品で知られる黒田清輝は，日本において洋画に挑んだ初期の画家であり，写実的な画風が評判を呼んだ。

4 「湖畔」などの作品で知られる高橋由一は，東京美術学校に西洋画科を新設することに尽力した。

5 「坑夫」などの作品で知られる荻原守衛は，当初，彫刻を志していたが，アメリカやフランスを訪れて研究する中で，洋画に転じ，独特の作風を確立した。

《　解　答　・　解　説　》

1 　2

解説　1　万葉集は漢字と万葉仮名を使用して書かれたものである。編者は大伴家持といわれ，天皇から庶民にいたる約480名の歌が収録されている。2　正しい。勅撰和歌集が盛んになった頃には，漢字を用いた漢詩にかわり，かなによる日本語表記が行われるようになった。なお，勅撰和歌集に対し，個人の歌集のことを私歌集という。　3　最古の歴史物語は『栄花物語』である。これは，藤原道長の栄華を中心に編年体で描かれた。　4　『狭衣物語』は鎌倉時代の作品ではなく，平安時代成立の作品である。その内容は，狭衣大将と源氏の宮との恋愛生活を描いた作品であり，文章・和歌ともに完成度が高いものとなった。　5　『和泉式部日記』は，和泉式部による作品であり，宮廷における自らの恋愛が中心に語られたものである。

2 　3

解説　1　選択肢は仮名草子に関する記述である。仮名草子は説話という形式を用いた啓蒙的意図が残存し，文学的には未成熟であり，御伽草子とのちの浮世草子との過渡的な位置を占めている。　2　選択肢は浮世草子に関する説明である。浮世草子の創始者は井原西鶴であり，仮名草子の後を受け，京都や大阪でさかんになる。　3　正しい。能楽は，田植えの儀式から生まれた田楽を吸収し，さまざまな歌舞の要素を取り入れたものである。世阿弥による『風姿花伝』は，能の心得，本質，歴史などが書かれた能楽論書である。4　選択肢は談林俳諧に関する記述である。戦国時代に山崎宗鑑が完成させた俳諧連歌に由来し，江戸時代の俳諧には，貞門・談林・蕉風の三つの流派が興隆した。　5　小林一茶が活躍したのは，天明期ではなく，幕末の頃である。

3 　2

解説　1　『夜明け前』は自然主義の代表的作家である島崎藤村の作品である。　2　正しい。島崎藤村の他の作品としては『春』などが挙げられる。3　『城の崎にて』は武者小路実篤と同じ白樺派の志賀直哉の作品である。4　『痴人の愛』は谷崎潤一郎の作品であり「女性の美しさと官能性を描いた華

麗な作風」についても谷崎に関する記述である。菊池寛は，芥川龍之介らと同様に新思潮派に属し，明快で強力な作品を残した。　5　初期と後期の作風の説明が逆である。

4　2

解説　18世紀中ごろから19世紀初めの音楽は古典派と呼ばれ，ドイツやオーストリアを中心に，交響曲・弦楽四重奏，ピアノソナタなどのソナタ形式が完成した。ハイドンは交響曲の父と呼ばれる，オーストリア出身の作曲家である。「皇帝」の他にも様々なオペラ作品などを手掛けた。モーツァルトはオーストリア出身の，古典派音楽を代表する音楽家である。「フィガロの結婚」は彼の代表作である。「田園」は1808年に完成したベートーヴェンの交響曲第6番である。

5　3

解説　1　ホメロスは『イリアス』『オデュッセイア』の作者として知られている。勤労な農民の姿を称えた作品である『労働と日々』，ギリシア神話の宇宙観の原典とされる『神統記』は古代ギリシアの詩人であるヘシオドスの作品である。　2　ウェルギリウスに関する記述である。彼はヨーロッパ文学史においても重要視される人物である。　3　正しい。彼が著した『カンツォニエーレ』はラウラと呼ばれる南仏で出会った女性へ捧げられた一連の恋愛抒情詩群である。　4　『ドン・キホーテ』はスペインのセルバンテスの作品である。フランスのラブレーは，社会の因習や教会の腐敗を風刺した作品である『ガルガンチュアとパンタグリュエルの物語』の著者として知られる。　5　チョーサーに関する記述である。シェイクスピアは，イングランドの劇作家，詩人である。イギリス・ルネサンス演劇を代表する人物でもあり，代表作として『ハムレット』『オセロ』『真夏の夜の夢』などがある。

6　2

解説　1　誤り。工部美術学校を東京美術学校とすると，正しい記述になる。工部美術学校は，1876年に工部省工学寮内に設置され，後に文部省に移管された。　2　正しい。狩野芳崖は，岡倉天心やフェノロサから，特に高い評価を受けた。　3　誤り。黒田清輝ではなく，高橋由一についての記述であ

る。 4 誤り。高橋由一ではなく，黒田清輝についての記述である。
5 誤り。荻原守衛は，洋画から彫刻に転じ，優れた作品を残した。

第3部

教養試験
自然科学

- 数　学
- 物　理
- 化　学
- 生　物
- 地　学

自然科学　　　数　学

|||||||||||||||||||||||||||||||||||||| P O I N T ||||||||||||||||||||||||||||||||||||||

　数学の分野では，高校までの学習内容が出題される。教科書に出てくる公式を覚えるだけではなく，応用問題への対応が必要となる。以下に示す単元ごとの最重要事項を確実に押さえ，本書でその利用法を習得しよう。

　「数と式」の内容では，一見何をしたらよいか分かりづらい問題が出てくるが，「因数分解」，「因数定理」，「剰余の定理」，「相加平均・相乗平均の関係」などを用いることが多い。その他にも，「分母の有理化」や，根号や絶対値の扱い方などをしっかり確認しておこう。

　「方程式と不等式」の内容では，特に二次方程式や二次不等式を扱う問題が頻出である。「二次方程式の解と係数の関係」，「解の公式」，「判別式」を用いた実数解や虚数解の数を求める問題は確実にできるようにしたい。また，「二次不等式の解」，「連立不等式の解の範囲」については，不等号の向きを間違えないように注意しよう。余裕があれば，「三次方程式の解と係数の関係」や「円の方程式」なども知っておきたい。

　「関数」の内容でも，中心となるのは二次関数である。「二次関数のグラフの頂点」，「最大値と最小値」，「x軸との共有点」は確実に求められるようにしよう。また，グラフを「対称移動」や「平行移動」させたときの式の変形もできるようにしたい。その他にも，「点と直線の距離」，「三角関数」の基本的な公式なども知っておきたい。

　「数の性質」の内容では，「倍数と約数」，「剰余系」，「n進法」などの問題が出題される。これらについては，とにかく多くの問題を解いてパターンを覚えることが重要である。

　「微分・積分」の内容では，グラフのある点における「接線の方程式」，グラフに囲まれた「面積」が求められるようになっておきたい。

　「場合の数と確率」の内容では，まずは順列・組合せと確率計算が正しくできなければならない。その際，場合の数が多かったり抽象的であったりして考えにくいようであれば，樹形図の活用や問題の具体的な内容を書き出すことで，一般的な規則性が見つかり解法が分かることがある。余事象を利用することで，容易に解ける問題もある。「同じものを含む順列」，「円順列」など

もできるようにしたい。

「数列」の内容では，等差数列，等比数列，階差数列の一般項や和の公式を覚えておきたい。余裕があれば，群数列にも慣れておこう。

「図形」の内容では，三角形の合同条件・相似条件，平行線と角に関する性質，三角形・四角形・円などの基本的性質や，面積の計算方法などは必ずと言ってよいほど必要となるので，しっかりと整理しておくこと。

数学の知識は「判断推理」や「数的推理」の問題を解く際にも必要となるため，これらと並行して取り組むようにしたい。

☞ 狙われやすい! 重要事項

☑ 二次方程式・不等式
☑ 二次関数の最大値・最小値
☑ 平面図形の面積

《 演 習 問 題 》

1 次の数を数直線上に図示し，小さい数から大きい数の順に並べた時に，下から4番目に大きい数となるのはどれか。

$$-3, \sqrt{7}, 1.2, \frac{4}{3}, -\sqrt{10}, \sqrt{3}, -\frac{11}{4}$$

1 -3　　2 $\frac{4}{3}$　　3 $\sqrt{3}$　　4 1.2　　5 $-\frac{11}{4}$

2 2つのサイコロを同時に投げたとき，出た目の大きい方の数（同じであるときはその数）の期待値として，正しいものを選びなさい。

1 $\frac{7}{2}$　　2 4　　3 $\frac{161}{36}$　　4 $\frac{9}{2}$　　5 5

3 $\frac{1}{\sqrt{5}-2}$ の整数部分を a，小数部分を b とするとき，a^2+ab+b^2 の値は次のうちどれか。

1 15　　2 16　　3 17　　4 18　　5 19

4 $a = \dfrac{2}{1-\sqrt{3}\,i}$ のとき，$a^3 + a^2 + 3a - 1$ の値として，正しいものはどれか。ただし，iは虚数単位とする。

1　$-1-2\sqrt{3}\,i$ 　　2　$-1+2\sqrt{3}\,i$ 　　3　$1-2\sqrt{3}\,i$

4　$2-\sqrt{3}\,i$ 　　　5　$2+\sqrt{3}\,i$

5 $X+Y=6$ のとき，XYの最大値を求めよ。

1　5　　　2　6　　　3　7　　　4　8　　　5　9

6 放物線 $y=x^2+3x-2$ をx軸方向にp，y軸方向にq（p，qは実数）だけ平行移動し，さらにx軸に関して対称移動したところ，$y=-x^2+x+9$ となった。このとき，p，qの値として，正しいものは次のどれか。

1　$p=-2$, $q=-5$ 　　2　$p=-2$, $q=\dfrac{27}{2}$ 　　3　$p=-1$, $q=-5$

4　$p=2$, $q=-5$ 　　　5　$p=2$, $q=\dfrac{27}{2}$

7 1から7までの番号が付されたカードから無作為に3枚を選び，選ばれた番号に対応する下の図の円周上の点を頂点とする三角形を描くものとする。このとき，頂点に対応する番号の合計が偶数となる確率として，正しいものはどれか。

1　$\dfrac{3}{5}$

2　$\dfrac{4}{7}$

3　$\dfrac{5}{7}$

4　$\dfrac{11}{35}$

5　$\dfrac{19}{35}$

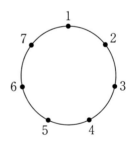

8 $\sin\theta + \cos\theta = \dfrac{1}{2}$ のとき，$\tan\theta + \dfrac{1}{\tan\theta}$ の値を求めよ。

1　$-\dfrac{5}{3}$ 　　2　$-\dfrac{7}{3}$ 　　3　$-\dfrac{8}{3}$ 　　4　$-\dfrac{3}{7}$ 　　5　$-\dfrac{3}{8}$

9 中心が (3, 4) で点 (7, 0) を通る円の方程式として，正しいものはどれか。

  1 $(x-1)^2 + (y-2)^2 = 4$

  2 $(x-2)^2 + (y-1)^2 = 4$

  3 $(x-4)^2 + (y-3)^2 = 16$

  4 $(x-3)^2 + (y-4)^2 = 32$

  5 $(x-4)^2 + (y-3)^2 = 32$

10 「k, 7, $3k$, ……」が等差数列であるとき，第10項として正しいものはどれか。

  1 29   2 $\dfrac{97}{3}$ 3 33   4 $\dfrac{63}{2}$ 5 35

11 次の図において，点Iは△PQRの内接円の中心である。∠xの値を求めよ。

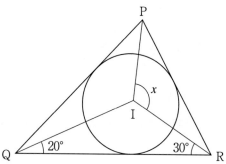

  1 95°   2 100°   3 105°   4 110°   5 115°

《 解 答 ・ 解 説 》

1 4

解説 数直線上に図示すると，次のようになる。

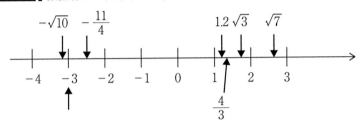

よって，下から4番目に大きい値は1.2である。

以上より，正解は4。

2 3

解説 2つのサイコロを同時に投げたとき，すべての目の出方は，$6 \times 6 = 36$通りである。

いま，出た目の大きい方の数 (同じであるときはその数) をXとすると，

$X = 1$となる確率は，出た目が$(1, 1)$の1通りだから$\dfrac{1}{36}$

$X = 2$となる確率は，出た目が$(1, 2)$と$(2, 1)$と$(2, 2)$の3通りだから$\dfrac{3}{36}$

$X = 3$となる確率は，出た目が$(1, 3)$と$(3, 1)$と$(2, 3)$と$(3, 2)$と$(3, 3)$の5通りだから$\dfrac{5}{36}$

$X = 4$となる確率は，出た目が$(1, 4)$と$(4, 1)$と$(2, 4)$と$(4, 2)$と$(3, 4)$と$(4, 3)$と$(4, 4)$の7通りだから$\dfrac{7}{36}$

$X = 5$となる確率は，出た目が$(1, 5)$と$(5, 1)$と$(2, 5)$と$(5, 2)$と$(3, 5)$と$(5, 3)$と$(4, 5)$と$(5, 4)$と$(5, 5)$の9通りだから$\dfrac{9}{36}$

$X = 6$となる確率は，出た目が$(1, 6)$と$(6, 1)$と$(2, 6)$と$(6, 2)$と$(3, 6)$と$(6, 3)$と$(4, 6)$と$(6, 4)$と$(5, 6)$と$(6, 5)$と$(6, 6)$の11通りだから$\dfrac{11}{36}$

よって，求める期待値は，$1 \times \dfrac{1}{36} + 2 \times \dfrac{3}{36} + 3 \times \dfrac{5}{36} + 4 \times \dfrac{7}{36} + 5 \times \dfrac{9}{36} + 6 \times \dfrac{11}{36} = \dfrac{161}{36}$である。

[3] 3

解説 $\dfrac{1}{\sqrt{5}-2}$ を有理化すると，$\dfrac{1}{\sqrt{5}-2} \times \dfrac{\sqrt{5}+2}{\sqrt{5}+2} = \sqrt{5}+2$

$2 < \sqrt{5} < 3$ より，

$4 < \sqrt{5}+2 < 5$

よって，

整数部分 $a=4$，小数部分 $b = (\sqrt{5}+2)-4 = \sqrt{5}-2$

したがって，

$a^2 + ab + b^2 = 4^2 + 4(\sqrt{5}-2) + (\sqrt{5}-2)^2$

$= 16 + 4\sqrt{5} - 8 + 5 - 4\sqrt{5} + 4 = 17$

以上より，正解は3。

参考：

$a=4$，$b=\sqrt{5}-2$ より，$a+b = \sqrt{5}+2$，$ab = 4(\sqrt{5}-2)$

$a^2 + ab + b^2 = (a+b)^2 - ab$ より，

$(\sqrt{5}+2)^2 - 4(\sqrt{5}-2) = 5 + 4\sqrt{5} + 4 - 4\sqrt{5} + 8 = 17$

[4] 2

解説 $f(x) = x^3 + x^2 + 3x - 1$ とすると，求めるのは $f(a)$ の値である。

$a = \dfrac{2}{1-\sqrt{3}i} = \dfrac{2}{1-\sqrt{3}i} \times \dfrac{1+\sqrt{3}i}{1+\sqrt{3}i} = \dfrac{2(1+\sqrt{3}i)}{4} = \dfrac{1+\sqrt{3}i}{2}$ より，

$2a = 1 + \sqrt{3}i$

$2a - 1 = \sqrt{3}i$

両辺2乗して，

$4a^2 - 4a + 1 = -3$

$a^2 - a + 1 = 0 \cdots\cdots ①$

ここで，整式 $f(x)$ を整式 $x^2 - x + 1$ で割ると，商が $x+2$，余りが $4x-3$ より，

$f(x) = (x^2-x+1)(x+2) + 4x - 3$

よって，

$f(a) = (a^2-a+1)(a+2) + 4a - 3$

$= 4a - 3 \quad (\because ①)$

$= 4 \cdot \dfrac{1+\sqrt{3}i}{2} - 3$

$= -1 + 2\sqrt{3}i$

以上より，正解は2。

$\boxed{5}$ 5

解説 $X + Y = 6$ より，$Y = -X + 6$

よって，

$XY = X(-X + 6)$

$\quad = -X^2 + 6X$

$\quad = -(X - 3)^2 + 9$

したがって，

XY は $X = 3$ のとき，最大値9をとる。

以上より，正解は5。

$\boxed{6}$ 4

解説 $C_1 : y = x^2 + 3x - 2$ とすると，

$y = \left(x + \dfrac{3}{2}\right)^2 - \dfrac{17}{4}$ より，C_1 の頂点の座標は $\left(-\dfrac{3}{2},\ -\dfrac{17}{4}\right)$

$C_2 : y = -x^2 + x + 9$ とすると，

$y = -\left(x - \dfrac{1}{2}\right)^2 + \dfrac{37}{4}$ より，C_2 の頂点の座標は $\left(\dfrac{1}{2},\ \dfrac{37}{4}\right)$

C_1 の頂点 $\left(-\dfrac{3}{2},\ -\dfrac{17}{4}\right)$ を x 軸方向に p，y 軸方向に q だけ平行移動すると，

$\left(-\dfrac{3}{2} + p,\ -\dfrac{17}{4} + q\right)$

さらに，これを x 軸に関して対称移動すると，

$\left(-\dfrac{3}{2} + p,\ \dfrac{17}{4} - q\right)$

これが，C_2 の頂点 $\left(\dfrac{1}{2},\ \dfrac{37}{4}\right)$ と一致することから，

$p = 2,\ q = -5$

以上より，正解は4。

$\boxed{7}$ 5

解説 7つの数から，3つの数を選ぶ場合の数は，

${}_7C_3 = \dfrac{7 \times 6 \times 5}{3 \times 2 \times 1} = 35$〔通り〕

3つの数の和が偶数となるのは，3つとも偶数の場合と，2つが奇数で残りの1つが偶数の場合である。3つとも偶数の場合は，$(2,\ 4,\ 6)$ の1通りである。

また，2つが奇数で残りの1つが偶数の場合については，1，3，5，7の4つの数から2つの数を選び，残りの1つの偶数は2，4，6の3つの数から1つの数を選ぶので，$_4C_2 \times {}_3C_1 = \dfrac{4 \times 3}{2 \times 1} \times 3 = 18$〔通り〕である。これらを加えると，19通りである。よって，求める確率は，$\dfrac{19}{35}$となる。

以上より，正解は5。

8 3

解説 与式の両辺を2乗すると，

$$(\sin\theta + \cos\theta)^2 = \dfrac{1}{4}$$

$$\sin^2\theta + 2\sin\theta\cos\theta + \cos^2\theta = \dfrac{1}{4}$$

$\sin^2\theta + \cos^2\theta = 1$ を代入して，

$$1 + 2\sin\theta\cos\theta = \dfrac{1}{4}$$

$$2\sin\theta\cos\theta = -\dfrac{3}{4}$$

$$\sin\theta\cos\theta = -\dfrac{3}{8}$$

よって，

$$\tan\theta + \dfrac{1}{\tan\theta} = \dfrac{\sin\theta}{\cos\theta} + \dfrac{1}{\dfrac{\sin\theta}{\cos\theta}} = \dfrac{\sin\theta}{\cos\theta} + \dfrac{\cos\theta}{\sin\theta} = \dfrac{\sin^2\theta + \cos^2\theta}{\sin\theta\cos\theta} =$$

$$\dfrac{1}{\sin\theta\cos\theta} = \dfrac{1}{-\dfrac{3}{8}} = -\dfrac{8}{3}$$

以上より，正解は3。

9 4

解説 中心が (a, b)，半径 r の円の方程式は $(x - a)^2 + (y - b)^2 = r^2$
半径 r は $(3, 4)$ と $(7, 0)$ の距離に等しいから，

$$r^2 = (7 - 3)^2 + (0 - 4)^2 = 32$$

ゆえに，求める円の方程式は

$$(x - 3)^2 + (y - 4)^2 = 32$$

以上より，正解は4。

$\boxed{10}$ 5

解説 「k, 7, $3k$, ……」が等差数列なので，

$7 - k = 3k - 7$　　$\therefore$　$k = \dfrac{7}{2}$

よって，$7 - \dfrac{7}{2} = \dfrac{7}{2}$　だから，この数列は，初項$\dfrac{7}{2}$，公差$\dfrac{7}{2}$の等差数列である。

したがって，第10項は，$\dfrac{7}{2} + (10 - 1) \times \dfrac{7}{2} = 35$

以上より，正解は5。

$\boxed{11}$ 4

解説 QPとQRは円外の点Qからの接線であることに注目すると，IQは$\angle$PQRの二等分線となるので，

$\angle$IQR $= \angle$IQP $= 20°$

点Rについて同様に考えると，

$\angle$IRQ $= \angle$IRP $= 30°$

よって，$\angle$PQR $= 40°$，$\angle$QRP $= 60°$ となるので，

$\angle$PQR $+ \angle$QRP $+ \angle$QPR $= 180°$

$\angle$QPR $= 180° - 40° - 60° = 80°$

さらに，点Pについて同様に考えると，$\angle$IPR $= \angle$IPQ より，

$\angle$IPR $= 80° \div 2 = 40°$

ここで，$\triangle$IPRについて，$\angle$IPR $+ \angle$IRP $+ \angle$PIR $= 180°$ より，

$\angle x = \angle$PIR $= 180° - 40° - 30° = 110°$

以上より，正解は4。

自然科学　　　　　　　　　　物 理

||||||||||||||||||||||||||||||||||| POINT |||||||||||||||||||||||||||||||||

　物理の分野では，ほとんどが高校物理の内容を中心とした問題で，下記の
いずれの単元からも出題される可能性がある。しかし，出題パターンは限ら
れており，優先的に取り組むべきなのは「力学」で，「電磁気」，「波動」がこ
れに続く。ほとんどが計算問題であるが，正誤問題や穴埋め問題が出る場合
もある。

　「力学」では，「等速直線運動」や「等加速度直線運動」が基本となり，「落
体の運動」，「斜面をすべる物体の運動」などはこれらの知識を用いて解いてい
くことになる。また，覚えた公式をどの問題で，どういう形で利用するのか，
自身で判断できるようにならなければいけない。例えば，「落体の運動」では
自由落下，鉛直投げ下ろし，鉛直投げ上げ，水平投射，斜方投射といった
様々な運動形態が出てくる。その他にも，「糸の張力」，「ばねの弾性力」，「浮
力」といった力の種類や，「仕事とエネルギー」，「運動量」などを題材にした
問題も多い。

　「熱と気体」では，「熱量の保存」に関する計算問題や，「物質の三態と状態
変化」に関する正誤問題または穴埋め問題が頻出である。覚えることが少な
い単元なので，しっかりと練習しておけば得点源になりやすい。

　「波動」では，まず波の基本公式を覚え，波長，振動数，速さ，周期といっ
た物理量を用いて，式変形ができるようになっておくべきである。そして，
最も重要なのが「ドップラー効果」を題材にした計算問題であり，基本公式は
確実に覚えておかなければならない。そのうえで，音源と観測者が静止して
いる場合，近づく場合，遠ざかる場合によって，基本公式の速度の符号が変
わることに気を付けてほしい。実際の試験問題では，問題文からいずれの場
合であるか読み取り，自身の判断で公式を立てられるようにならなければい
けない。なお，この単元では波の性質（反射，屈折，回折，干渉など）やそ
の具体例，温度と音速の関係など，基本的性質を問う正誤問題が出題される
ことが多いので注意しよう。

　「電磁気」では，コンデンサーや電気抵抗のある電気回路を題材にした計算
問題が非常に多い。公式としては，「オームの法則」，「合成抵抗」，「合成容

量」,「抵抗率」に関するものは確実に使えるようになっておきたい。余力があれば,「キルヒホッフの法則」も覚えておこう。計算パターンは限られているが,コンデンサーや抵抗の数,および接続方法を変えた多様な問題が出題されるので注意が必要である。接続方法には「直列接続」と「並列接続」があり,実際の試験問題では,与えられた電気回路のどこが直列(または並列)接続なのか,自身で判断できなければならない。

「原子」では,まずα線,β線,γ線の基本的な性質や違いを理解しよう。そのうえで,「核分裂」や「核融合」の反応式が作れること,「放射性原子核の半減期」に関する計算問題ができるようになっておこう。この単元も,是非とも得点源にしたい。

学習方法としては,本書の例題に限らずできるだけ多くの問題を解くことである。公式を丸暗記するより,具体的な問題を解きながら考える力を養っていこう。難問が出題されることはほとんどないので,教科書の練習問題や章末問題レベルでよい。

狙われやすい！ 重要事項

☑ 力のつりあい
☑ 等加速度運動
☑ 音波の性質
☑ 電気回路

《 演 習 問 題 》

1 3つのコンデンサーを図のようにつないだ。AB間に80Vの電圧を加えたところ，AD間の電圧は25Vになった。コンデンサーC_1の容量はどれか。

1 0.07 〔μF〕

2 0.33 〔μF〕

3 0.36 〔μF〕

4 1.25 〔μF〕

5 1.76 〔μF〕

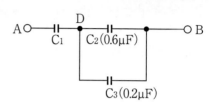

2 質量400g，温度70℃の銅球を，10℃の水4000gの中に入れてかき混ぜた。すると，全体の温度がT℃になった。このとき，銅球の熱容量Cを求めよ。ただし，銅の比熱を0.38〔J/(g・K)〕とする。

1 151〔J/K〕　　2 152〔J/K〕　　3 153〔J/K〕

4 154〔J/K〕　　5 155〔J/K〕

3 $10\mu C$の正電荷Aと，$4\mu C$の正電荷Bを3m離したとき，AとBの間にはたらく静電気力の大きさとして正しいものはどれか。ただし，$1\mu C = 1 \times 10^{-6}C$，クーロンの法則の比例定数を$9.0 \times 10^9$〔N・m²・C⁻²〕とする。

1 4.0×10^{-2}〔N〕　　2 4.0×10^{-5}〔N〕　　3 8.0×10^{-2}〔N〕

4 8.0×10^{-5}〔N〕　　5 1.2×10^{-4}〔N〕

4 次の図のように，かかった力をN（ニュートン）の単位で表示する2つのばねばかりと輪ゴムを水平に配置し，ばねばかりの目盛がともに2Nを指した状態でつり合っている。2つのばねばかりの角度が90度であるとすると，輪ゴムには何Nの力がかかっているか。

1 $\dfrac{1}{\sqrt{2}}$〔N〕

2 1〔N〕

3 $\sqrt{2}$〔N〕

4 $\sqrt{3}$〔N〕

5 $2\sqrt{2}$〔N〕

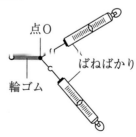

5　一直線上を5m/sの速さで動いている自動車が，一定の割合で加速して，62.5m進んだ後に20m/sの速さになった。加速していた時間は何秒か。

　　1　3秒　　　2　4秒　　　3　5秒　　　4　6秒　　　5　7秒

6　次の図に示した長方形に，対角線を1本引いた後，長さ2mの対辺を合わせて円柱形を作る。下の図をa軸を中心に毎秒10回転の割合で一定の速度を保ちながら回したとする。このとき，円柱を真横からみると，対角線が正弦波として見えるが，この波の速さとして正しいものはどれか。

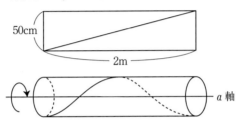

　　1　2.5〔m/s〕　　　2　5〔m/s〕　　　3　10〔m/s〕
　　4　15〔m/s〕　　　5　20〔m/s〕

7　静止しているある人に，450Hzの音を出しながら，ある物体が秒速50mで近づき，やがて通り過ぎた。通り過ぎる前にこの人が聞いた音の振動数として妥当なものはどれか。ただし，音速は秒速340mとし，音の振動数は小数第1位を四捨五入する。

　　1　508〔Hz〕　　　2　513〔Hz〕　　　3　518〔Hz〕
　　4　523〔Hz〕　　　5　528〔Hz〕

解 答・解 説

1 5

解説 コンデンサー C_2, C_3 の合成容量を C_4 とおくと, これらは並列に接続されているので,

$C_4 = C_2 + C_3 = 0.6 + 0.2 = 0.8 \, (\mu F)$

また, AD間, DB間にかかる電圧をそれぞれ V_1, V_4 とおくと, これらは直列なので,

$V_1 + V_4 = 80 \, (V)$

さらに, 電流がA→Bの向きに流れているとすると, C_1 の負極板と C_4 の正極板に蓄えられる電気量は, 大きさは等しく符号が逆なので,

$-C_1 V_1 + C_4 V_4 = 0$

ここで, $V_1 = 25$, $C_4 = 0.8$ より

$V_4 = 55 \, (V)$ $C_1 = 1.76 \, (\mu F)$

以上より, 正解は5。

2 2

解説 比熱 $c \, (J/(g \cdot K))$ の物体 $m \, (g)$ に, 熱量 $Q \, (J)$ を与えた時, 温度が $\Delta t \, (K)$ 上がったとすると,

$Q = mc\Delta t \cdots ①$

また, 熱容量 $C \, (J/K)$ を用いると,

$Q = C\Delta t \cdots ②$

①と②より,

$mc\Delta t = C\Delta t$ となるので, Δt を消去して,

$C = mc$ となる。

よって,

$C = mc = 400 \times 0.38 = 152 \, (J/K)$

以上より, 正解は2。

3 1

解説 Fを静電気力，rを距離，kを比例定数，q_A，q_Bを電荷の大きさとすると，

クーロンの法則より，$F = k\dfrac{q_A \, q_B}{r^2}$ が成り立つ。

これに，$k = 9.0 \times 10^9 \, [\mathrm{N \cdot m^2 \cdot C^{-2}}]$，$r = 3 \, [\mathrm{m}]$，

$q_A = 10 \times 10^{-6} \, [\mathrm{C}]$，$q_B = 4 \times 10^{-6} \, [\mathrm{C}]$ を代入すると，

$F = 9.0 \times 10^9 \times \dfrac{10 \times 10^{-6} \times 4 \times 10^{-6}}{3^2} = 4.0 \times 10^{-2} \, [\mathrm{N}]$

以上より，正解は1。

4 5

解説 ばねばかりにかかっている力をF_1，F_2とすると，力のつり合いの状態は次の図のようになる。

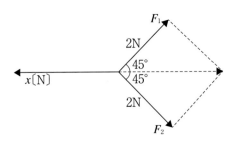

この図より，F_1，F_2は，それぞれ2Nであるから，輪ゴムにかかっている力を$x \, [\mathrm{N}]$とすると，水平方向の力のつり合いより，

$F_1 \cos 45° + F_2 \cos 45° = x$

$2 \times \dfrac{1}{\sqrt{2}} + 2 \times \dfrac{1}{\sqrt{2}} = x$

$\therefore \quad x = 2\sqrt{2}$

以上より，正解は5。

5 3

解説 加速した後の自動車は，等加速度直線運動をしている。このときの加速度を a [m/s^2]，初速度を v_0 [m/s]，ある時刻における速度を v [m/s]，そのときの変位を x [m] とすると，

$v^2 - v_0{}^2 = 2ax$

$v_0 = 5$，$v = 20$，$x = 62.5$ より，

$20^2 - 5^2 = 2a \times 62.5$

$\qquad a = 3$

ここで，時刻を t [s] とすると，

$v = v_0 + at$

$t = \dfrac{v - v_0}{a} = \dfrac{20 - 5}{3} = 5$

以上より，正解は3。

6 5

解説 波の速さを v [m/s]，波長を λ [m]，周期を T [s] とすると，$v = \dfrac{\lambda}{T}$ が成り立つ。

設問の図より，円柱には正弦波が1つだけ見えるので，長方形の横の長さが波長となり，毎秒10回の割合で軸を回すことから，周期は $\dfrac{1}{10}$ となる。よって，$\lambda = 2$，$T = \dfrac{1}{10}$ より，$v = \dfrac{2}{\frac{1}{10}} = 20$ [m/s]

以上より，正解は5。

7 5

解説 ドップラー効果についての問題である。音速を V とし，振動数 f_0 の音を発する物体が速度 v で観測者に近づくとき，観測される振動数は，

$f = f_0 \times \dfrac{V}{V - v}$ で表わされる。

よって，求める音の振動数は，$f = 450 \times \dfrac{340}{340 - 50} = 528$ [Hz]

以上より，正解は5。

| 自然科学 | 化　学 |

‖‖‖‖‖‖‖‖‖‖‖‖‖‖‖‖‖‖‖‖‖‖　P O I N T　‖‖‖‖‖‖‖‖‖‖‖‖‖‖‖‖‖‖‖‖‖‖

　化学の分野では，ほとんどが高校化学の内容から出題される。「理論化学」，「無機化学」，「有機化学」に大別されるが，主に「理論化学」からの出題が多い。また，「無機化学」や「有機化学」の内容は，「理論化学」の内容が分かれば理解・暗記がしやすいので，まずは「理論化学」に優先的に取り組むとよい。

　「理論化学」では，計算問題とそれ以外の問題が同じぐらいの割合で出題される。計算問題としては，化学反応式をもとにした物質の質量，体積，物質量などの計算や，与えられた原子量から化合物の式量や分子量を求めることが必須である。そのうえで，気体の状態方程式（圧力，体積，絶対温度など），混合気体の分圧や全圧，溶解度を用いた物質の析出量，熱化学方程式を用いた反応熱，中和滴定に必要な酸や塩基の体積や濃度，酸や塩基のpH，電気分解で析出する物質の質量などが求められるようになっておきたい。その他には，化学理論（分圧の法則など），物質の分離法，化学結合，物質の状態変化，化学平衡，コロイド溶液，化学電池などについて，しっかり整理しておこう。

　「無機化学」では，計算問題はほとんど出題されず，大部分が物質の性質を問う正誤問題である。まずは，元素周期表の特徴をしっかりと理解し，性質の似た物質のグループがあることを把握すること。また，イオン化エネルギーや電気陰性度など，周期表と大きく関わる用語を覚えよう。無機物質は金属と非金属に大別される。金属では，1族の金属，2族の金属の他に，鉄，銅，銀，アルミニウム，チタンなどの代表的な金属の性質，化学反応，製法を覚えておくこと。非金属では，ハロゲン，希ガス，炭素やケイ素の性質，化学反応を覚えておくこと。そのうえで，代表的な気体（酸素，窒素，二酸化炭素，アンモニアなど），溶液（塩酸，硫酸，硝酸など）などについて，教科書レベルの知識を身に付けておきたい。

　「有機化学」では，計算問題としては有機化合物の元素分析の結果から分子量が求められるようになろう。その他には，教科書レベルの代表的な有機化

合物の性質や反応性を覚えること，高分子化合物については，樹脂，繊維，ゴムなどに利用される物質について整理しておこう。

　本書に限らず，できるだけ多くの公務員試験の問題に触れ，解いた問題を中心に知識を増やしていこう。出題傾向がつかめたら，大学入試センター試験や大学入学共通テストから類題を探すのもよい。

☞ 狙われやすい！ 重要事項

- ☑ 基礎的な化学理論
- ☑ 物質の状態変化
- ☑ 酸と塩基
- ☑ 化学平衡
- ☑ 無機物質の性質

《 演 習 問 題 》

1 炭素，水素，酸素からなる有機化合物45.0mgを完全燃焼させると，二酸化炭素が66.0mg，水が27.0mg得られた。また，この化合物の分子量を測定したら60.0であった。この有機化合物中には，炭素，水素，酸素はそれぞれ何mgずつ含まれているか。ただし，原子量はH＝1，C＝12，O＝16とする。

	炭素	水素	酸素
1	18	3	24
2	18	4	24
3	24	3	18
4	24	4	18
5	20	3	18

2　8Lのエタンを完全燃焼させたところ，二酸化炭素と水が生じた。このとき，完全燃焼のために必要な酸素と，生成された二酸化炭素の体積の組み合わせとして，妥当なものはどれか。ただし，体積はすべて同温同圧の下での値とする。

	酸素	二酸化炭素
1	28〔L〕	12〔L〕
2	28〔L〕	16〔L〕
3	30〔L〕	16〔L〕
4	30〔L〕	20〔L〕
5	32〔L〕	20〔L〕

3　濃度不明の塩酸15mLを，フェノールフタレインを指示薬として0.2mol/LのNaOH水溶液で滴定したら，9.3mLを要した。この塩酸の濃度はどれか。

1　0.124mol/L　　2　0.167mol/L　　3　0.244mol/L

4　0.286mol/L　　5　0.323mol/L

4　次にあげた5種の気体について，各々1gずつを，0℃，1気圧に隔離して保ったとき，最も小さい体積を占めるのはどれか。ただし，原子量はH＝1，C＝12，N＝14，O＝16，Cl＝35.5とすること。

1　水素　　　　2　窒素　　　　　3　一酸化炭素

4　塩化水素　　5　アセチレン

5　金属に関する記述として，妥当なものはどれか。

1　金属に分類される物質は，そのすべてが常温で固体としての状態を保つため，それを液体に変えるためには大きな熱エネルギーが必要となる。

2　アルミニウムは，ボーキサイトの精製，溶融塩電解などの工程を経て製造されるが，酸化被膜を作る性質があるため，濃硝酸や濃硫酸に溶けにくい。

3　金属は，酸と塩基のいずれかに反応するという性質を持ち，例えば，亜鉛は塩基と反応する一方，酸と接触させても変化しない。

4 銅は，その加工のしやすさから，彫像や屋根，日用品の原料として広く使われてきたが，精製の際には他の金属に比べて大きな電力を用いるため，近年では，「電気の缶詰」と呼ばれている。

5 一般に，金属は，空気中に置いても急速な化学反応が起きない性質があり，特に，ナトリウムの単体は，安定的な性質が強い。

6 過マンガン酸カリウムは硫酸酸性の溶液の中で，次のように分解して，他のものを酸化する。

$$MnO_4^- + 8H^+ + 5e^- \rightarrow Mn^{2+} + 4H_2O$$

いま，この反応を利用してシュウ酸 $(COOH)_2$ 100gを二酸化炭素 CO_2 にするためには，約何gの過マンガン酸カリウムが必要か。ただし，原子量は Mn＝55，K＝39，O＝16，C＝12，H＝1とすること。

1 50g 2 60g 3 70g 4 80g 5 90g

7 化学結合に関する記述として，最も妥当なものはどれか。

1 一部の化学結合では，その強さが電気陰性度と関連しているが，一般に，同期表上で，電気陰性度は，同一周期においては左ほど大きく，同族では下ほど大きい。

2 イオン結合は，陰イオンと陽イオンがクーロン力によって引き合うことによって生じた結合であり，その結合の強さは，共有結合を上回る。

3 共有結合は，2個以上の原子が価電子を出し合って共有することによる結合であり，この結合によってできた結晶は，いずれも高い電気伝導性を持つ。

4 配位結合は，一方の原子が非共有電子対を提供し，もう一方の原子と共有することによる結合であり，代表的な例として，アンモニウムイオンの形成が挙げられる。

5 金属結合は，金属陽イオンの間を自由電子が移動し，共有されることによって生じる結合であるが，これによって生じた結晶は，展性や延性が弱いという性質がある。

8 身近な化学物質に関する記述として，最も妥当なものはどれか。

1　銅は古くから人間に利用されてきた金属の一つで，銅と亜鉛の合金である青銅は銅像などに使われている。

2　鉄とクロム，ニッケルの合金はジュラルミンと呼ばれ，腐食しにくい性質を持ち台所の流し台などに使われている。

3　ペットボトルはポリエチレンからできていて，熱を加えると柔らかくなり冷えると再び硬くなる熱可塑性の樹脂である。

4　ポリ乳酸は，トウモロコシなどの植物デンプンを微生物によって分解して得た乳酸を原料として合成された樹脂で，生分解性プラスチックの一つである。

5　洗剤の主成分は親水基と疎水基を持つ界面活性剤である。界面活性剤は水中である濃度以上になると，親水基を内側に疎水基を外側にして集合し，ミセルという粒子をつくる。

《 解 答 ・ 解 説 》

1 1

解説　試料中のCはすべてCO_2，HはすべてH_2Oになるので，生成したCO_2とH_2Oの質量から試料中のCとHの質量を求めることができる。CO_2，H_2O，H_2の分子量はそれぞれ44，18，2より，

（Cの質量）$= 66.0 \times \dfrac{12}{44} = 18$〔mg〕

（Hの質量）$= 27.0 \times \dfrac{2}{18} = 3$〔mg〕

（Oの質量）$= 45.0 - (18 + 3) = 24$〔mg〕

以上より，正解は1。

2 2

解説　エタンC_2H_6が完全燃焼して酸素O_2と結合し，二酸化炭素CO_2と水H_2Oが生成する化学反応式は，次のようになる。

$$2C_2H_6 + 7O_2 \rightarrow 4CO_2 + 6H_2O$$

ここで，それぞれの係数2，7，4，6は，それぞれの気体の同温同圧の下における体積比となる。

酸素の体積を x〔L〕，二酸化炭素の体積を y〔L〕とすると，

$2 : 7 : 4 = 8 : x : y$

が成り立つ。よって，$x = 28$〔L〕，$y = 16$〔L〕。

以上より，正解は2。

3 1

解説 中和滴定において，（酸の価数）×（酸のモル濃度）×（酸の体積）=（塩基の価数）×（塩基のモル濃度）×（塩基の体積）が成り立つ。

塩酸のモル濃度を x〔mol/L〕とおくと，塩酸は1価の酸，水酸化ナトリウム水溶液は1価の塩基なので，

$$1 \times x \times \frac{15}{1000} = 1 \times 0.2 \times \frac{9.3}{1000}$$

$$x = 0.124 \text{〔mol/L〕}$$

以上より，正解は1。

4 4

解説 標準状態（0℃，1気圧）の気体は，1molで22.4Lの体積を占める。よって，1〜5の気体1gが，何molとなるかわかれば，各々の体積が求まる。

物質量 $= \dfrac{\text{質量}}{\text{分子量}}$ より，

1 水素は H_2 より $\dfrac{1}{1 \times 2} = \dfrac{1}{2}$〔mol〕，$22.4 \times \dfrac{1}{2} = 11.2$〔L〕

2 窒素は N_2 より $\dfrac{1}{14 \times 2} = \dfrac{1}{28}$〔mol〕，$22.4 \times \dfrac{1}{28} = 0.8$〔L〕

3 一酸化炭素は CO より $\dfrac{1}{12 + 16} = \dfrac{1}{28}$〔mol〕，$22.4 \times \dfrac{1}{28} = 0.8$〔L〕

4 塩化水素は HCl より $\dfrac{1}{1 + 35.5} = \dfrac{1}{36.5}$〔mol〕，$22.4 \times \dfrac{1}{36.5} \fallingdotseq 0.61$〔L〕

5 アセチレンは C_2H_2 より $\dfrac{1}{12 \times 2 + 1 \times 2} = \dfrac{1}{26}$〔mol〕，$22.4 \times \dfrac{1}{26} \fallingdotseq 0.86$〔L〕

したがって，最も小さい気体を占めるのは塩化水素である。

5 2

解説 1　誤り。水銀は，金属に分類されるが，常温において液体である。
2　正しい。選択肢の内容は，広く行われている工業的製法であるが，その過程で多くの電力を消費する。　3　誤り。亜鉛は，酸と塩基の両方に反応するため，両性金属と呼ばれる。　4　誤り。精製の際に多くの電力を消費するため，電気の缶詰と呼ばれることがあるのは，銅ではなく，アルミニウムである。　5　誤り。ナトリウムは，空気中の水蒸気と反応しやすいため，石油の中で保存する。

6 3

解説 過マンガン酸カリウム，およびシュウ酸の反応は次のようになる。

$$MnO_4^- + 8H^+ + 5e^- \rightarrow Mn^{2+} + 4H_2O \quad \cdots ①$$

$$(COOH)_2 \rightarrow 2CO_2 + 2H^+ + 2e^- \quad \cdots ②$$

①×2＋②×5より，

$$2MnO_4^- + 5(COOH)_2 + 6H^+ \rightarrow 2Mn^{2+} + 10CO_2 + 8H_2O$$

よって，過マンガン酸カリウムとシュウ酸は2：5の比で反応することがわかる。シュウ酸$(COOH)_2$の分子量は90より，シュウ酸100gの物質量は$\dfrac{100}{90}$〔mol〕。過マンガン酸カリウム$KMnO_4$の式量は158より，必要な過マンガン酸カリウムの質量をx〔g〕とすると，

$$\frac{100}{90} \times \frac{2}{5} = \frac{x}{158}$$

$$x \fallingdotseq 70 \text{〔g〕}$$

以上より，正解は3。

7 4

解説 1　誤り。電気陰性度は，同一周期においては右ほど大きく，同族では上ほど大きい。なお，電気陰性度とは，共有結合において，原子が共有電子対を引き付ける強さを表す。　2　誤り。結合の強さは，イオン結合より共有結合の方が強い。　3　誤り。共有結合による結晶は，黒鉛を除き電気伝導性を持たない。　4　正しい。なお，配位結合は広義の共有結合に含まれる。　5　誤り。一般に，金属結晶は，展性や延性に富む。

8 4

解説 1 誤り。銅と亜鉛の合金は黄銅（真ちゅう）と呼ばれ，金管楽器や5円硬貨などに使われている。青銅は，銅を主成分とし，錫を含む合金である。銅像などに使われている。 2 誤り。鉄とクロム，ニッケルの合金はステンレス鋼と呼ばれる。腐食しにくい性質があり，水に濡れる場所でも使用できる。ジュラルミンはアルミニウムと銅，マグネシウムの合金であり，丈夫で軽いので飛行機の機体などに使われている。 3 誤り。ペットボトルはポリエチレンテレフタラートからできている。熱を加えると柔らかくなり冷えると硬くなる樹脂を熱可塑性樹脂といい，熱を加えると硬くなる樹脂を熱硬化性樹脂という。 4 正しい。ポリ乳酸はデンプンを分解してできる乳酸を原料として合成され，微生物によって分解される生分解性樹脂の一つである。5 誤り。界面活性剤は水になじみやすい部分（親水基）と油になじみやすい部分（疎水基）からなる。ある濃度（限界ミセル濃度という）以上になると水中でミセルという粒子を形成する。その際，疎水基を内側に親水基を外側にして界面活性剤が集合する。

自然科学　　生　物

||||||||||||||||||||||||||||||||| P O I N T |||||||||||||||||||||||||||||||||

　生物の分野では，高校までの内容が出題される。出題形式としては，ほとんどの問題が基本的な知識を問う正誤問題や穴埋め問題で，計算問題はごく一部である。また，教科書と同じような図表が与えられる問題が多いので，図表から必要な情報を的確に読み取れるように，教科書などをしっかり読み込んでおこう。暗記事項が多いものの，中学生物の知識だけで解ける問題もあるため，効果的な学習ができれば十分得点源となる。以下に，それぞれの単元で最重要事項をまとめるので，優先的に取り組んでほしい。

　「細胞」に関する内容として，まずは「細胞小器官」の構造やはたらきを覚え，「動物細胞と植物細胞の違い」を整理しよう。次に，「細胞分裂」について，「体細胞分裂の一連の流れ」を覚え，その後「減数分裂」との違いを整理しよう。さらに，「動物細胞と植物細胞の分裂の仕組みの違い」も理解しよう。図が与えられる問題の対策としては，「どの細胞のどの分裂のどの時期か」が判断できるようになっておきたい。なお，細胞周期や分裂細胞数の計算方法にも慣れておこう。

　「遺伝子」に関する問題として，まずは「DNAとRNA」の構造やはたらきを覚え，これらの違いを整理しよう。次に，「遺伝現象」について，「メンデルの法則に従う遺伝現象」の一連の流れや3つの法則，生まれてくる子の遺伝子型や表現型の分離比の計算方法を完璧に押さえること。そのうえで，「メンデルの法則に従わない遺伝現象」について，具体例とともに覚えよう。特に，「ABO式血液型」で生まれてくる子の血液型のパターンを問う問題は頻出である。余裕があれば，伴性遺伝の仕組みや組み換え価の計算などに挑戦しよう。

　「代謝」に関する問題としては，まずは「酵素」について基本的な性質を覚え，「消化酵素のはたらきと分泌腺」の組合せを覚えよう。次に，「呼吸」については，3つの過程を覚え，それぞれの反応に関与する物質や生成するATPの数を覚えよう。また，「光合成」からは様々な論点や図表からの出題実績があるので，一連の流れを覚えるだけでなく，できるだけ多くの問題に触れること。

　「体内環境と恒常性」に関する内容としては，「免疫反応」の体液性免疫と

細胞性免疫の流れと違い,「血液凝固」の仕組み,「ホルモン」のはたらきと分泌腺,「交感神経と副交感神経」のはたらきの違い,「腎臓と肝臓」のはたらき,「ヒトの脳」の部位とはたらきの違いなどがよく出題される。ほとんどがヒトに関わる内容なので取り組みやすいが,「ホルモン」については植物ホルモンから出題される場合も多い。

「生態系」に関する問題としては,「食物連鎖」や「物質循環」がよく出題されるので,全体の流れをしっかりと把握し,図の読み取りや穴埋め形式の問題への対応をしよう。

本書に限らず,できるだけ多くの公務員試験の問題に触れ,解いた問題を中心に知識を増やしていこう。出題傾向がつかめたら,大学入試センター試験や大学入学共通テストから類題を探すのもよい。

☞ 狙われやすい! 重要事項

☑ 細胞
☑ 代謝
☑ 体内環境と恒常性
☑ 生態系

《 演 習 問 題 》

1 ヒトに必要な栄養素に関する記述として,妥当なものはどれか。

1 ビタミンAは,代表的な水溶性のビタミンであり,これが不足すると,発育の不良,夜盲症,角膜や皮膚の乾燥などを起こす。

2 脚気は,末梢神経障害や心不全を起こす疾患であり,その主要な原因は,ビタミンCの不足である。

3 タンパク質は,細胞や酵素の主要な成分であり,三大栄養素の中で,人体の構成物質として最も多く存在する。

4 三大栄養素の中で,同じ質量で最も多くのエネルギーを得ることができるのは,炭水化物である。

5 呼吸の原料として用いられるグルコースは,人体内において,最終的に水とアンモニアに分解される。

2　ヒトの脳に関する記述として，妥当なものはどれか。

1　延髄には，眼球の運動や瞳孔を調節する反射中枢がある。

2　中脳には，呼吸や心臓の拍動などの生命維持に関わる中枢がある。

3　脊髄には，色々な反射や排出の動きを調整する，脊髄反射の中枢がある。

4　大脳は皮質と髄質に分かれ，大脳皮質には，推理，思考や記憶などの精神活動を行う中枢があり，大脳髄質には平衡感覚と運動の中枢がある。

5　脳は，大脳・中脳・間脳・小脳・延髄の5つに分かれ，間脳，中脳および小脳の3つの部分を脳幹といい，小脳には感覚や随意運動の中枢がある。

3　植物の運動と反応に関する記述として，妥当なものはどれか。

1　多くの植物にとって不可欠な気孔の開閉は，細胞そのものの膨圧の変化に基づく膨圧運動の一種である。

2　生きた細胞の細胞壁が空気の乾湿に応じて膨張したり，収縮したりする物理的運動は，乾湿運動と呼ばれ，マメ類の種がさやからはじけ出るのはその一例である。

3　植物の根で作られ，水に溶けにくい性質を持つオーキシンは，植物の成長にとって重要な役割を果たす。

4　光が当たる方向に茎が曲がる性質は，屈光性と呼ばれ，茎の中で，特定の部位にエチレンが集中することによって起こる。

5　果実の成熟を促進する性質を持つのは，オーキシンという気体のホルモンである。

4　ヒトのホルモンに関する記述として，正しいものはどれか。

1　副腎皮質から分泌されるアドレナリンは血糖量を増加させるホルモンであるが，分泌量は副交感神経によって調節される。

2　すい臓ランゲルハンス島 α 細胞から分泌されるインスリンは血糖量を減少させるホルモンで，分泌量が異常に少ないと糖尿病になる。

3　甲状腺から分泌されるチロキシンはヨウ素を含むホルモンであり，血液中のカルシウムイオンの濃度を調節する働きがある。

4　副腎皮質から分泌される糖質コルチコイドはタンパク質を分解してグルコースを生じ血糖量を増加させる。

5 脳下垂体後葉から分泌されるバソプレシンは腎臓の腎細管でのナトリウムイオンの再吸収を促進する。

5 **生物の遺伝と生殖に関する記述として，妥当なものはどれか。**

1 性の決定に関する遺伝子を持つ染色体は性染色体と呼ばれ，ヒト，キイロショウジョウバエは，ともに，雄ヘテロ型のXY型に分類される。

2 生物の生殖は，無性生殖と有性生殖に大別されるが，環境の変化に対して柔軟に対応できるのは前者である。

3 遺伝によって伝わる形質のうち，同一の個体に同時に現れることのない形質は，優性形質と呼ばれる。

4 無性生殖を行うサンゴは，母体が分裂することによって新個体を形成する。

5 ケイソウのように，大きさや形が類似した2個の配偶子が合体して新個体を作る生殖は，無性生殖に分類される。

6 **次の文は植物の細胞の構造と機能を述べたものである。A～Eに入る語句の組み合わせとして正しいものはどれか。**

原形質は核と細胞質からなる。核は核膜で細胞質と区切られ，中には塩基性色素でよく染まる（ A ）と粒子状の（ B ）を含んでいる。前者は（ C ）とタンパク質からなり，後者は（ D ）とタンパク質が主成分となっている。核は生物の形質を決定する（ E ）の存在場所で，細胞の維持，成長，分裂などのはたらきの中心となっている。

	A	B	C	D	E
1	染色質	核小体	RNA	DNA	葉緑体
2	核小体	染色質	DNA	RNA	葉緑体
3	染色質	核小体	DNA	RNA	遺伝子
4	核小体	核小体	RNA	DNA	遺伝子
5	染色質	染色質	DNA	RNA	遺伝子

7 **生態系に関する記述として，妥当なものはどれか。**

1 　自浄できる分量を大幅に超えた汚水が海などに流入すると，ほとんどのプランクトンが瞬時に死滅する。その結果，多くの魚類が，捕食する対象を失うため，死滅に至る。

2 　アンモニアは，窒素の循環において重要な役割を果たす。アンモニアは，植物の根によって吸収され，アミノ酸やタンパク質などに変えられる。

3 　生態系ピラミッドは，生産者，第一次消費者，第二次消費者などによって構成される。いわゆる高次の消費者は，低次の者に比べると，個体数，エネルギー量において，大規模になる。

4 　無機物から有機物を生み出す働きを持つのが生産者である。プランクトンや細菌はこれに含まれず，緑色植物が主な例として挙げられる。

5 　湖沼における生態系に大きな脅威を与えているのは硫黄酸化物や窒素酸化物である。被害の最大の原因は，雨が少ない地域の湖沼において，自然界に古くから存在する化合物の濃度が上昇したことにある。

《 解 答 ・ 解 説 》

1 　**3**

解説 　1　誤り。ビタミンＡは水溶性ではなく，脂溶性のビタミンである。2　誤り。脚気の原因は，ビタミンB_1の欠乏である。ビタミンＣの欠乏は，毛細血管の脆弱化などをもたらす。　3　正しい。タンパク質は，人体の構成にとって重要な栄養素である。　4　誤り。三大栄養素のうち，同じ質量で最も多くのエネルギーを取り出すことができるのは，炭水化物ではなく脂肪である。　5　誤り。グルコースが呼吸の原料として用いられるという点は正しいが，最終的に水と二酸化炭素に分解される。

2 　**3**

解説 　1　誤り。「延髄」ではなく，「中脳」とすると正しい記述となる。2　誤り。「中脳」ではなく，「延髄」とすると正しい記述となる。　3　正しい。　4　誤り。大脳の髄質は主に神経繊維からなり，興奮の通路として働く。大脳皮質には感覚，随意運動，記憶，判断などの中枢がある。　5　誤り。脳幹は，間脳，中脳，橋，延髄からなる。小脳には身体の平衡や筋肉運

動を調節する中枢がある。

3 1

解説 　1　正しい。膨圧運動の例として，気孔の開閉以外に，オジギソウの葉の就眠運動などが挙げられる。　2　誤り。乾湿運動は，死細胞の細胞壁が空気の乾湿に応じて膨張・収縮することによって起こる。　3　誤り。オーキシンは，植物の成長を促進するホルモンであり，茎の先端部で作られ，水に溶けやすい性質を持つ。　4　誤り。屈光性は，茎の中で，光が当たる方のオーキシンの濃度が低くなることによって生じる。　5　誤り。「オーキシン」を「エチレン」に置き換えると，正しい記述になる。

4 4

解説 　1　誤り。アドレナリンの分泌は，副腎髄質で行われ，交感神経により促進される。　2　誤り。インスリンはすい臓ランゲルハンス島 β 細胞から分泌される。すい臓ランゲルハンス島 α 細胞から分泌されるホルモンはグルカゴンで，グリコーゲンをグルコースに分解して血糖量を増加させる。　3　誤り。チロキシンは代謝の促進，両生類の変態を促進する。血液中のカルシウムイオン濃度を調節するホルモンが，副甲状腺から分泌されるパラトルモンである。　4　正しい。糖質コルチコイドは，副腎皮質から分泌される。タンパク質を分解してグルコースを生じ，血糖量を増加させる働きがある。　5　誤り。バソプレシンは腎臓の腎細管での水の再吸収を促進する。腎臓の腎細管でのナトリウムイオンの再吸収を促進するのは，副腎皮質から分泌される鉱質コルチコイドである。

5 1

解説 　1　正しい。ヒト，キイロショウジョウバエの性染色体は，ともに，雄がＸＹ型，雌がＸＸ型である。　2　誤り。無性生殖は，親の遺伝子がそのまま引き継がれるため，環境の変化に対応しにくい。　3　誤り。同一の個体に同時に現れることのない形質は，対立形質である。優性形質とは，対立形質のうち，ヘテロ接合型を持つ個体において表現型として現れやすい形質のことである。　4　誤り。サンゴは，母体に芽のような突起が生じ，それが分離して新個体を形成する。このような生殖は，出芽と呼ばれる。母体が分裂することによって新個体を形成するのは，アメーバ，ゾウリムシなどである。

5　誤り。ケイソウの生殖は，接合と呼ばれ有性生殖に分類される。

6 3

解説 以前は，細胞分裂時以外の核の中で広くのびあがったものを染色質，細胞分裂時の糸状のものを染色糸，細胞分裂時のものを染色体と呼んでいたが，近年はすべて染色体で統一されている。染色体は塩基性色素に染まり，DNAとヒストンというタンパク質からできている。遺伝子とは，DNAの塩基配列のうち生物の形質を決定する際に関与する部分である。核小体は，1個の核に1～数個存在し，rRNAを合成する場となる。

7 2

解説 1　誤り。汚水の流入は，特定のプランクトンの異常な発生や増加をもたらす。その結果，酸素が不足することにより，魚類などの大量死に至る。　2　正しい。植物の根から吸収されたアンモニアは，その植物の中で，アミノ酸，タンパク質などの有機窒素化合物の合成に利用される。　3　誤り。低次の消費者は，高次の者に比べると，個体数，エネルギー量，生体量のいずれも大きくなる。　4　誤り。植物プランクトンや光合成細菌は，生産者に含まれる。　5　誤り。酸性雨と富栄養化の説明が混同されている。酸性雨が湖沼にもたらす影響は，硫黄酸化物や窒素酸化物が溶け込んだ雨により湖沼が酸性化し，魚などが減少することである。一方，富栄養化が湖沼にもたらす影響は，生活排水が大量に流入することで，湖沼に元から存在する栄養塩類の濃度が増加し，プランクトンなどが異常発生することである。

自然科学　　　　地　学

||||||||||||||||||||||||||| P O I N T |||||||||||||||||||||||||||

　地学の分野では，高校までの内容が出題される。出題形式としては，ほとんどの問題が基本的な知識を問う正誤問題や穴埋め問題で，計算問題はごく一部である。中学の学習内容が最も役に立つ分野といえるので，高校地学の勉強が困難な場合は，中学地学から取り組むのもよい。以下に，それぞれの単元で最重要事項をまとめるので，優先的に取り組んでほしい。

　「地球の外観と活動」に関する内容として，まずは地殻や境界面の種類や特徴をしっかり覚えること。そのうえで，プレートやマントルなど，「地震」や「火山活動」につながる仕組みについて理解しよう。その他にも，ジオイドや重力の定義の理解，扁平率の計算などが出題されやすい。「地震」では，P波とS波の違いや震度とマグニチュードの違いについて理解するとともに，地震波の速度・震源からの距離・地震発生時刻の計算ができるようにしたい。「火山活動」を理解するためには，まずは「火成岩の分類」を完璧に覚える必要がある。鉱物組成の違いがマグマの粘度の差となって現れ，火山の形や活動様式の違いにつながっていく。

　「地球の歴史」に関する問題としては，地質年代を代表する生物の名称，大量絶滅などの出来事について，時系列で整理しておこう。また，示相化石や示準化石についても狙われやすい。

　「大気と海洋」については，「大気」に関する内容に優先的に取り組もう。日本の季節，前線の種類と特徴，台風の定義などは頻出である。また，フェーン現象を題材とした乾燥断熱減率・湿潤断熱減率を使った温度計算や，相対湿度の計算をできるようにしよう。その他にも，風の種類や大気圏の層構造について問われることがある。「海洋」については，エルニーニョ現象が起こる仕組みが頻出である。

　「宇宙」に関する問題としては，まずは地球から見て恒星・惑星・月・星座などがどのように見えるかを完璧に覚えよう。また，南中高度の計算もできるようにしておくこと。次に，「太陽や太陽系の惑星」について，それぞれの特徴を押さえよう。特に，地球型惑星と木星型惑星の違い，金星の見え方な

どが頻出である。会合周期の計算もできるようにしておきたい。さらに，「太陽系外の宇宙の構造」として，HR図を使った恒星の性質の理解，恒星までの距離と明るさの関係などを知っておこう。

　本書に限らず，できるだけ多くの公務員試験の問題に触れ，解いた問題を中心に知識を増やしていこう。出題傾向がつかめたら，大学入試センター試験や大学入学共通テストから類題を探すのもよい。

☞ 狙われやすい！ 重要事項

☑ **太陽系**
☑ **地球の運動**
☑ **大気と海洋**
☑ **地球の内部構造**
☑ **地震**

《 演 習 問 題 》

1 **大気圏に関する記述として，妥当なものはどれか。**

1　私達の生活の舞台となる対流圏の特徴として，高度が高くなるにつれて温度が低くなること，上昇気流が起こりやすいこと，雲の発生をはじめとした気象現象が起こることなどが挙げられる。

2　オゾン層が存在することで知られる成層圏の温度は，海面からの高度約20kmまではほぼ等温である一方で，それよりも上空になると，100mごとに約0.3℃ずつ低下していくという性質がある。

3　中間圏では，上空ほど温度と電子密度が高くなる性質を持ち，極付近では度々オーロラが発生する。

4　熱圏の特徴として，地球をドーナツ状に取り巻くバンアレン帯が存在することが挙げられる。

5　大気圏は，存在する放射線の量によって，対流圏，成層圏，中間圏，熱圏に区分されている。

2 地球上の風に関する記述として正しいものはどれか。

1 南極大陸では年間を通じて気温の変動が非常に小さく，大気の状態が常に安定しているため，強い風が吹くことはまれである。

2 1日を周期とした風には海陸風と山谷風があり，海陸風は海岸地帯で昼は海から陸へ向かって吹き，夜は陸から海に向かって吹くことが多い。

3 季節風は，1年を周期として吹く。夏期には大陸から海洋に向かって吹き，冬期には海洋から大陸に向かって吹くことが多い。

4 地表付近の風に比べ上空の風では気圧傾度力，摩擦力，転向力の3つの力のうち，気圧傾度力と摩擦力が大きくはたらくため，風は等圧線に対して直角に吹く。

5 空気塊には気圧傾度力，摩擦力，転向力の3つの力がはたらき，地表付近の風は摩擦力と転向力がつり合っているため，低圧部から高圧部に向かって吹く。

3 次の文はマグマの結晶分化作用についての文であるが，空欄に適当な語句を入れ文を完成するのに正しい組み合わせはどれか。

Siが少ない（ ア ）マグマが冷えるにつれて，マグマの中の造岩鉱物が順に結晶化していく。はじめにMg, Oからできている（ イ ）と，Caを多く含んでいる（ ウ ）が結晶する。温度が下がるにつれて，残りのマグマはもとのマグマと化学組成が変わり，Ca, Mg, Feが少なく，Si, Na, Kなどが多い（ エ ）マグマとなり，さらに温度が下がるとリュウモン岩質マグマになっていく。

	ア	イ	ウ	エ
1	ゲンブ岩質	カンラン石	斜チョウ石	アンザン岩質
2	ゲンブ岩質	キ石	正チョウ石	アンザン岩質
3	アンザン岩質	カクセン石	セキエイ	カコウ岩質
4	アンザン岩質	カンラン石	キ石	ゲンブ岩質
5	カコウ岩質	キ石	斜チョウ石	ゲンブ岩質

4 太陽から見て2つの惑星が同じ方向に来る現象を会合といい，会合から次の会合までにかかる平均の間隔を会合周期という。火星の公転周期を1.88年，地球の公転周期を1年とすると，地球と火星の会合周期として，最も近い値はどれか。

　　1　0.88年　　2　2.1年　　3　2.9年　　4　3.7年　　5　5.4年

5 地球の構造に関する記述として，妥当なものはどれか。
　1　プレートテクトニクス理論によれば，密度の小さい地殻が，密度の大きいマントルの上に浮かび，地球内部のある一定の深さで圧力が等しくなっている。
　2　アイソスタシー説は，地震，火山活動，造山運動などに代表される地球表面の大きな変動を合理的に説明するのに適している。
　3　地球の最も内側にあるのが内核，その外側にあるのが外核であり，両者の境界は，地表から5,100km付近にあるレーマン面である。
　4　マントルと地殻の間の境界面には，地震波の伝わる速度が急速に変化する性質があり，地殻からマントルへ進む際には，速度が急速に減少する。
　5　地球の温度は，内部ほど熱い性質があり，表面に近い地殻の温度は，0℃から10℃程度である。

6 気象用語の「前線」について述べた記述として，適切でないものはどれか。
　1　前線には，温暖前線，寒冷前線，停滞前線，閉塞前線の4種類があり，梅雨や秋のはじめの長雨は，このうちの停滞前線による。
　2　前線とは，冷たい気団とあたたかい気団が接する所で，温度の違う気団の境界面が地面と交わる線をいう。
　3　寒冷前線付近では，寒気団が暖気団を押し上げるように進むので，積乱雲が発達して強いにわか雨や雷，突風などをともなうことが多い。
　4　閉塞前線は，温暖前線が寒冷前線よりも速く移動し，これに追いついたときにできる前線のことである。
　5　温暖前線付近では，暖気団が寒気団の上にはい上がるようにして進むので，広い範囲に雲ができ，雨の降る範囲が広く，降る時間も長い。

7 気象現象に関する記述として，妥当なものはどれか。

1　水蒸気を含む空気塊が山の斜面に沿って上昇して雲を発生させた後，反対側の斜面では，高温で乾燥した風が吹く。

2　温度が周囲より低い空気塊が上昇すると，さらなる上昇気流を誘発し，大気の状態が不安定になる。

3　北半球において，運動方向に対して直角左向きに働くコリオリの力は，天気の変化に大きな影響を与える。

4　風が生じる主要な原因は，気圧差，つまり気圧傾度力であるが，台風付近では，台風自体が持つ大きなエネルギーにより，この力が働かない。

5　ジェット気流は，夏季に中緯度の圏界付近に吹く偏西風であり，冬季にはほとんどみられない。

8 堆積岩に関する記述として，正しいものはどれか。

1　ボーキサイトは水に溶けていた水酸化アルミニウムが沈殿して生じた化学岩のひとつであり，アルミニウムの原料としても利用されている。

2　凝灰岩は火山から噴出した火山灰など粒子の細かい火山砕屑物が堆積し，固化した比較的やわらかい岩石であり，建築用石材として広く利用されている。

3　石灰岩は紡錘虫，放散虫，サンゴなど石灰質の殻をもつ生物の遺体が堆積し固化した岩石でセメントの原料として利用される。

4　砂岩は粒径1/16〜2mmの砂が堆積し固化した砕屑岩のひとつで，硬く等質な岩石ではがれやすい性質をもったものを頁岩という。

5　堆積物は年月の経過とともに固化し，堆積物の重さで圧縮され石化する。このように堆積物が堆積岩になるはたらきを変成作用という。

9 地震に関する記述として，正しいものはどれか。

1　地震の発生場所を震央といい，震央を地図上に表わしたものを震源という。

2　震度は，観測地点での揺れの大きさを示すものであり，気象庁による基準では10段階ある。

3　マグニチュードは，地震そのもののエネルギーの大きさを示し，1大きくなると10倍，2大きくなると100倍となる。

4　地震の波の種類は，縦波としてのS波と横波としてのP波があり，速さを比較すると，P波の速度の方が速い。

5　震央からの距離が短いほど初期微動継続時間が長くなる。

《 解 答 ・ 解 説 》

[1] 1

解説 1　正しい。対流圏の最大の特徴は，気象現象である。　2　誤り。成層圏では，高度約20kmまではほぼ等温であるが，それより上空では，高度とともに温度が上昇する。　3　誤り。中間圏では，大気圏と同様に，上空ほど温度が低い。また，オーロラが発生するのは，熱圏である。　4　誤り。バンアレン帯は，高いエネルギーを持つ粒子が集中する領域である。これは，熱圏ではなく，外気圏に存在し，地球をドーナツ状に包み込んでいる。
5　誤り。大気圏を対流圏，成層圏，中間圏，熱圏に分ける基準は，存在する放射線の量ではなく，高度による温度変化である。

[2] 2

解説 1　誤り。南極大陸では，冬期と夏期では気温に大きな差がある。沿岸地域では強風が吹き，ブリザードが起こる。　2　正しい。なお，山谷風は，盆地や谷，山沿いの平野などにみられる風で，昼は谷から山へ吹き，夜は山から谷へと風向が変化する風のことである。　3　誤り。季節風は，夏期には海洋から大陸に向かって吹くことが多い。　4　誤り。上空の風は摩擦力が非常に小さく無視できるため，気圧傾度力と転向力がつり合って，北半球では高圧部を右に見て等圧線に沿って吹く。　5　誤り。地表付近の風は気圧傾度力，転向力，摩擦力がつり合って，高圧部から低圧部に向かって吹くが，等圧線に対して陸上では30〜45度，海上ではおよそ15〜30度ずれる。

[3] 1

解説 ゲンブ岩質マグマから，結晶分化作用によっていろいろな火成岩ができていく。はじめはSiが少なくMgに富むカンラン石，Caに富む斜チョウ石，温度が低くなるにしたがい，Si，Na，Kなどに富むアンザン岩質マグマ，リュウモン岩質マグマと変化していく。

[4] 2

解説 1年間で地球は太陽の周りを360°回転し，火星は$\left(\dfrac{360}{1.88}\right)^{\circ}$回転する。1年間でこれらの差の$\left(360-\dfrac{360}{1.88}\right)^{\circ}$だけ角度がずれる。この角度のずれがちょ

うど360°になると，地球と火星が次に会合する。それにかかる時間は，

$$\frac{360}{360-\dfrac{360}{1.88}}=\frac{1}{1-\dfrac{1}{1.88}}=2.13\cdots \fallingdotseq 2.1 \text{年となる。}$$

一般に，惑星の公転周期を P，地球の公転周期を E，会合周期を S とすると，

$$\frac{1}{S}=\left|\frac{1}{P}-\frac{1}{E}\right|$$

の式が成り立つ。

　水星の会合周期は115.9日，金星は583.9日，火星は779.9日，木星は398.9日，土星は378.1日，天王星は369.7日，海王星は367.5日である。地球より内側に公転軌道をもつ内惑星では，太陽と地球の間に惑星が来る瞬間を「内合」といい，惑星と地球の間に太陽が来る瞬間を「外合」という。また，地球より外側に公転軌道をもつ外惑星では，地球から見て，太陽と反対側に惑星が来る瞬間を「衝」という。内惑星の内合と外惑星の衝は会合現象である。

　また，一般に天体は楕円軌道を回るので，公転速度に変化が生じ会合周期も変化する。そのため会合周期は平均値で示される。

5　3

解説 　1　誤り。「プレートテクトニクス理論」ではなく，「アイソスタシー説」についての記述である。　2　誤り。「アイソスタシー説」ではなく，「プレートテクトニクス理論」についての記述である。　3　正しい。外核は液体，内核は固体と考えられている。　4　誤り。マントルと地殻の間の境界面であるモホロビチッチ不連続面において，地震波の伝わる速度は急激に変化する。地殻からマントルへ進む際には，速度が急速に増加する。　5　誤り。地殻の温度は，十数〜800℃程度と場所によって差がある。

6　4

解説 　寒冷前線は温暖前線より速く進むため，寒冷前線が温暖前線に追いつくことがある。このとき，閉塞前線ができる。

7　1

解説 　1　正しい。フェーン現象についての記述である。　2　誤り。温度が周囲より低い空気塊が上昇すると，密度が周りよりも大きいので，もとの

高さに戻ろうとし，大気は安定する。なお，逆に上昇する空気塊の温度が周囲より高い場合には，上昇気流により大気の状態は不安定になる。　3　誤り。コリオリの力（転向力）は，北半球では直角右向き，南半球では直角左向きに働く。　4　誤り。気圧傾度力により，風は高い方から低い方へ吹くものであり，台風付近も例外ではない。　5　誤り。ジェット気流が中緯度の圏界付近に吹く偏西風であるという点は正しいが，冬季に強く，夏季に弱くなる性質があるので，「冬季にはほとんどみられない」という記述は誤りである。

8　2

解説　1　誤り。ボーキサイトは化学岩ではない。長石の化学的風化によって生じたカオリン（粘土鉱物）がさらに分散され，おもに水酸化アルミニウムからなるボーキサイトができる。　2　正しい。火山砕屑物は火山から噴出された固形物のうち，溶岩以外のものの総称である。火砕物ともいう。溶岩を含めないので，火山噴出物とは異なる。　3　誤り。放散虫の遺体が堆積して固化した岩石はチャートである。　4　誤り。頁岩は「砂岩」ではなく「泥岩」の一種である。　5　誤り。堆積物が堆積岩になるはたらきを続成作用という。変成作用とは，岩石に強い圧力や高熱が加わると全く別の岩石になる現象である。変成作用によってできた岩石を変成岩という。

9　2

解説　1　誤り。「震源」と「震央」の記述が逆である。　2　正しい。震度は0〜7であるが，5と6はそれぞれ「弱」と「強」に分かれるので，合計10段階となる。　3　誤り。マグニチュードが1増加するとエネルギーは約32倍，2増えると$32^2 \fallingdotseq 1000$倍となる。　4　誤り。地震波は，縦波としてのP波，横波としてのS波，および震源から地球の表面に出た波が表面上を伝わる表面波の3種類である。　5　誤り。震源からの距離が長いほど，初期微動継続時間は長くなる。

第4部

文章理解

- 現代文
- 英　文

文章理解 　現代文

◾◾◾◾◾◾◾◾◾◾◾◾◾◾◾◾◾◾◾◾◾ P O I N T ◾◾◾◾◾◾◾◾◾◾◾◾◾◾◾◾◾◾◾◾◾

　長文・短文にかかわらず大意や要旨を問う問題は，公務員試験においても毎年出題される。短い時間のなかで正解を得るためには，次のような点に注意するのがコツである。

　　①　全文を，引用などに惑わされず，まず構成を考えながら通読してみること。

　　②　何が文章の中心テーマになっているかを確実に把握すること。

　　③　引続き選択肢も通読してしまうこと。

　　④　選択肢には，正解と似通った紛らわしいものが混ざっているので，注意すること。

　　⑤　一般に本文中にも，選択肢と対応した紛らわしい要素が混ざっているので，これを消去すること。

　こうすると，5肢選択といっても，実際には二者択一程度になるので，後は慌てさえしなければ，それほど難しいものではない。

《　演 習 問 題　》

1　次のア〜オの文を意味が通るように並べかえたとき，最も適当なものはどれか。

　物事には，正解のあるものと，どれが正しいかわからないものがある。

ア　職業を含む進路選択などはその典型的な例である。

イ　人生経験を積んでくると，後者の方，つまり，正解がはっきりしないものの方が多くなってくる。

ウ　真剣に自分に適した仕事を探すことは，人生にとって必要なことである。
　　しかし，それは固定したものではない。自分の成長や将来の経験によって，変動することもある。この問題については，ある程度の柔軟性を持って，考えて欲しい。

エ　職業について，「適職」ということばがある。

オ　もちろん，自分に適した職業という意味である。

1　エ－オ－ア－イ－ウ

2　イ－ア－エ－オ－ウ

3　ア－エ－イ－オ－ウ

4　ア－ウ－オ－イ－エ

5　ウ－ア－エ－オ－イ

2　**次の文章に述べられた筆者の考えと一致するものとして，最も適当なものはどれか。**

　日本に滞在している外国人達の弁論大会が毎年行われているが，そういう大会が行われるようになってまだ間もない頃に，誘われて聴きに行ったことがあった。出場の資格や條件がいろいろあって，長く日本にいて餘り流暢に話の出来る人は出場出来ない。そして何人かの審査する人によって優劣が決められ，賞が与えられる。

　私は最後までいて審査の結果が発表されるのを聞いたが，自分の豫想していた順位とは大分狂いがあった。堂々と淀みなく，正確に発音している人が大体上位を占めたが，私は，言葉は時々つかえるようなことがあっても，自分の考えていることを正直に歪めずに聴衆に伝えようとしている努力が感じられる人の方を上位に入れたかった。

　弁論大会のためにたっぷり準備をし，実際に声を出して何度も練習すれば，一応上手に話せるようにはなるだろうけれども，そこにその人が切実に考えている内容が感じられなければ，それは演技に終わるように思えた。

1　日本語で話す内容については，声を出してしっかり練習することによって，感情を込めて話すことができるようになる。

2　弁論大会において話される内容に話す側の思いが込められていなければ，それは演技に過ぎない。

3　自分の主張については，流暢に語れるくらいまで練習しなければ，聴衆に失礼である。

4　外国人向けの弁論大会において，出場者の話しぶりに対する筆者の評価は，大会の審査員と概ね一致していた。

5　外国人達の弁論大会については，無理して日本語を使わせるよりも，母国語で語らせ，通訳を介して聴衆に聞かせる方がよい。

3 次の文章の内容と一致するものとして，最も適当なものはどれか。

　鎌倉時代における日本人の精神生活につきては，まだまだ大いに研究しなければならぬものがある。今は当面の政治問題や経済問題のためにのみ気をとられて居るが，今少し落ちつくようになれば，日本人自体の反省も深くなり，世界文化の上におけるその意味も強められることと信ずる。若い人々が只管にいわゆる客観的情勢に圧迫せられて，自らの中に深く沈潜して行くことを懈ってはならぬ。われらの祖先から伝来して居るものにも自ら世界的意味がある。これはいたずらな国粋主義とか民族主義とか東洋主義とかいうものでなくて，もっと霊性的な意味を持つものである。これに徹底することにより，今日の敗戦も意義あることになる。敗戦の遠い深い原因はかえって日本的霊性的なものを自覚しなかったところに伏在して居たともいい得る。

1　敗戦という不幸な歴史について，原因を探求することに固執してはならない。

2　日本において，祖先から伝わっているものに，世界的意味が見出せるものがある。

3　目の前の政治や経済の諸事象に多くの時間を費やすことは，意義深いことである。

4　各民族に対して，固有の権利を認めることこそが，それぞれの文化を尊重するために不可欠である。

5　日本的霊性的なものにこだわりすぎたことが，好ましからざる歴史を生んだ。

4 次の文章の内容と一致するものとして，最も適当なものはどれか。

　働くことが善であれば，遊ぶことは悪しきことである。遊ぶことが悦楽であれば，働くことは辛苦である。何が人の人生を充実させるのか。働くことなのか。それとも遊びだろうか。働くことと遊ぶことをめぐる議論は，人の歴史と同じくらい古い。なにしろ誰もが知っているもっとも古い寓話から，もうすでにして，答えのないその議論ははじまっているのだ。

　冬の季節に蟻たちが濡れた食糧を乾かしていました。蟬が飢えて，蟻たちに食べ物を求めました。蟻たちは「なぜ夏に食糧を集めなかったのですか。」と言いました。と，蟬は「暇がなかったんだ，調子よく唄っていたんだよ。」と言いました。すると，蟻たちはあざわらって「いや，夏の季節にフエを吹いていたのなら，冬には踊りなさい。」と言いました。

蟬と蟻たち——古代ギリシアの人アイソーポスの，いわゆるイソップ物語のなかでも，もっとも広く知られている寓話の一つ。この物語は，苦痛や危険に遭わぬためには，人はあらゆることにおいて不用意であってはならぬ，ということを明らかにしている，というのがアイソーポスの残した教訓だ。

1　不用意の結果として不遇な状況に置かれている者を冷遇することは，責められるべきである。

2　働くことと遊ぶことについての評価に関する議論は，古くから行われているが，明確な答えは示されていない。

3　働くことが善であるという価値観は，今日の労働観に影を落とし，働き過ぎの原因の1つとなっている。

4　とらえ方によっては，遊ぶことも辛苦になり，また，労働も悦楽となり得る。

5　誰もが知っている最も古い寓話の中にこそ，貴重な教訓がしめされているものの，現代においてはそれが忘れられがちである

5　次の文章の主旨として，最も適当なものはどれか。

　現と夢の経験は，過去を充満させているが，過去を食べて生きている想像力は両者の経験を区別することをしない。想像力のはたらく場所では，現も夢も区別のつかない世界だ。要するにその二つの場所での経験の繭から過去をつかみ出して営養とする。

　過去は先にもちょっと触れたけれど，現在とも未来ともその境界を固定させてとらえることのできない流動の性格を持っている。そしてその全体をいつもあらわにしているとは考えられず，その大部分をどこかわからぬ次元にかくしているが，いつまた復活してそのすがたをあらわすかははかりしれない。

　私にできることは，とにかく手がかりのつかめるあらゆる機会をとらえて過去を引きつけて置くことだ。そして過去を解体し，分類し，索引をつけ，比較し，洗い直して，現在との距離をできるだけ縮めることだ。そうなるともう過去という言いあらわし方では適当でないかもしれないが，その作業の手助けになるのは夢の中の経験である。その経験は既に過去ではあるが，その構造の中に時間を超越した解放の存在することが参考的である。過去をできるだけふくらませ，想像力をその中で自在にはたらかせることができれば，私の採集してくるイメージはその量と質とを輝かしいものにするだろう。

1　想像力の豊かさは，自らの経験の量に比例する。
2　想像力の貧困は，自らの経験の少なさに起因する。
3　自らの過去を活用することによって想像力は高まる。
4　自らの過去がつらいほど，想像力はみがかれる。
5　過去へのこだわりが，豊かな想像力の醸成につながる。

6 次の文章の内容と一致するものとして，最も適当ものはどれか。

　さて，今日のグローバリズムのなかでは，日本の「豊かさ」という視点からの国民の生活様式の見直しがあらためて内外から問題提起されるようになっている。いうまでもなく世界最大の債権国としての日本の「金持ち大国」化や円高による国際的評価の上昇にもかかわらず，いっこうに「豊かさ」を感じられない国民生活の実感ということが直接のきっかけである。そしてまた，世界中に自動車やエレクトロニクス製品などの優れた工業製品を供給している日本の驚異的な生産力ないし強い企業競争力の背後に隠された長時間・超過密労働，厳しいサバイバル競争，長い通勤時間，生活の忙しさ，消費生活のアンバランス，狭い住宅，少ない公園や文化・教育・スポーツなど生活を支える基盤の貧困などの生活条件全般の改善のめだった立ち遅れということを背景としてであった。

1　日本経済におけるグローバリズムは，現代における新たな貧困を生む主要な要因となった。
2　工業分野における高コスト構造は，日本経済に潜在する不安材料を顕在化させる要因となった。
3　日本の各企業の好調な業績は，労働者への過剰な優遇を生み，世界の羨望の的になっている。
4　世界から評価される日本経済の優位性の要因として，短期的および長期的な展望に基づく経済政策による牽引が挙げられている。
5　日本において，実感として豊かさを感じられないことが，生活様式の見直しが問題提起されるきっかけになった。

7 次の文章の内容と一致するものとして，最も適当なものはどれか。

　我々は，自分でも気がついていないようなところで，文化のくくりの中に生きている。日本人として知らず知らず守ってしまっていることが，ちゃんとあるのだ。そういうことがだんだんなくなっていくのは，文化の崩れである。

　二十年ぐらい前に，テレビの中である評論家の言ったことをきいて，ああそうか，と納得したことがある。私たちは半ば無意識のうちに私たちの文化の中に生きている，ということの一例を，その人がズバリ指摘したのだ。

　女子の長距離走（マラソンか，一万メートル走かだった）のゴールのシーンをカメラが映し出していた。そして，ありったけの力をふりしぼってゴールした日本人選手は，ゴールしたとたんに，ヨレヨレになって崩れ落ちるか，誰かに肩を支えられてようやく歩けるというふうだった。肩を支えられて歩いていても，今にもぶっ倒れそうである。

　ところが，外国人選手はそういう様子ではないのだ。その人も全力を出しきって走ったのだろうに，軽く筋肉をほぐすための走りをしたり，屈伸運動をしたりしている。いい走りだったと祝福されれば笑顔で応じたりしている。

1　外国人選手の競技後の態度やしぐさは，多くの場合，見る側を不快にする。

2　日本人選手の競技後の様子は，世界の人々にとって，感動的なものである。

3　私達の文化と，スポーツにおける競技中，あるいは競技後の態度については，区別して論ずるべきである。

4　私達が培ってきた文化の崩れは，忌むべきことであり，その復興のために力を尽くすべきである。

5　私達が知らず知らずのうちに守っていることが，文化のくくりの中に生きていることを示している。

8　**本文中の空欄　A　に当てはまる言葉として，最も適当なものはどれか。**

　今日，外交，経済，政治，教育，文化，意識といった，あらゆる分野で「国際化」が常識のように語られているが，その直接のきっかけは，日本が七〇年代初頭の石油危機を欧米諸国をしりめに乗り越え，八〇年代に至って「経済大国」として登場したのにともない，日本をめぐってカネ，モノ，情報，ヒトの流入流出が大量かつ急速に行われるようになり，それに連関して　A　などといった問題がその深刻な性格を露呈してきたということである。

　従来ならば，見過ごされていた問題が，日本経済の世界的威力の増大と，それを背景にして不可避的に日本と各国，諸国民との接触が幅広く，深化されてきたことによって，見逃すことができなくなってきたのである。日本は，

明治以降「追いつけ追い越せ」の精神で欧米諸国を追っかけてきたが，気づいてみると，いまや世界経済の「中心」部に位置しながら，その国家形態・国民意識の点では依然として「周辺」的であるという状況がこの間に浮き彫りになってきたといえる。そういう意味で，今日の日本の「国際化」論は日本「国家」論でもある。「国際化」の名のもとに日本国家や日本人のありようが，対内的・対外的にますます問われてきているのである。

1　経済成長の鈍化，コミュニティの喪失，帰国子女問題
2　経済成長の鈍化，地価の乱高下，外国人労働者問題
3　少子高齢化，コミュニティの喪失，外国人労働者問題
4　日米経済摩擦，地価の乱高下，少子高齢化
5　日米経済摩擦，帰国子女問題，外国人労働者問題

9　**本文中の空欄 ┃ A ┃ に入るアインシュタインの言葉として，最も適当なものはどれか。**

　世間ではもちろん，専門の学生の間でもまたどうかすると理学者の間ですら「相対性原理は理解しにくいものだ」という事に相場がきまっているようである。理解しにくいと聞いてそのためにかえって興味を刺激される人ももとよりたくさんあるだろうし，また謙遜ないしは聞きおじしてあえて近寄らない人もあるだろうし，自分の仕事に忙しくて実際暇のない人もあるだろうし，また徹底的専門主義の門戸に閉じこもって純潔を保つ人もあるだろうし，世はさまざまである。アインシュタイン自身も「┃ A ┃」というような意味の事を公言したと伝えられている。そしてこの言葉もまた人さまざまにいろいろに解釈されもてはやされている。

　しかしこの「理解」という文字の意味がはっきりしない以上は「理解しにくい」という言詞（ことば）の意味もきわめて漠然としたものである。とりようによっては，どうにでも取られる。

　もっとも科学上の理論に限らず理解という事はいつでも容易なことでない。たとえばわれわれの子供がわれわれに向かって言う事でも，それからその子供のほんとうの心持ちをくみ取る程度まで理解するのは必ずしも容易な事ではない。これを充分に理解するためには，その子供をそういう言辞を言わしむるようになった必然な遠隔や環境や与件を知悉しなければならない。それを知らなければ無理解没分暁の親爺たる事を免れ難いかもしれない。ましてや内部生活の疎隔した他人はなおさらの事である。

1 自分の一般原理を理解しうる人は世界に一ダースとはいないだろう

2 この議論を敬して遠ざけてはならず，身近なものにしなければならない

3 私はこの原理を理解してもらおうと思っていない

4 相対性理論は難解ではあるものの，有用性にはすべての者が着目すべきである

5 私より優秀な後継者が，分かりやすくこの原理を人々に説明してくれるであろう

10 次のA～Gの文を意味が通るように並べ替えるとき，最も適当なものはどれか。

A これらの言葉について，改めて考えてみよう。

B まず，「偏向」は，思想的に極端な偏りがみられる際に用いられる言葉である。

C 一方，「中立」は，偏りがない立場や主張を指す場合に用いられる。

D つまり，中立という位置も，見方や立場によっては，偏りを持つことは避けられないのである。

E 「偏向」と「中立」という言葉がある。

F しかしながら，中立といっても，その内容には，何らかの意味や背景と無縁ではない。

G 結局，バランスを取るためには，中立という位置を探すより，様々な立場の主張をなるべく多く取り上げるのが一番適しているのである。

1 GABECDF

2 DECBAGF

3 EGACDFB

4 EABCFDG

5 CDAFEGB

11 次の文章の題名として，最も適当なものはどれか。

われわれが竹の肌を気味悪くおもうことはないし，竹を「不自然」と受け取ることもない。あのなめらかさも，つやも，強靱さも，われわれにとっては，まさに自然のなめらかさであり，自然の強靱さなのだから，変形され変質した自然を竹に感じるいわれはない—たとえ扇の骨になろうとも，箒の柄，篠笛，竹槍，下駄，線香立てになり変わった竹であろうとも。

　この身近な自然は，われわれの感情構造を深く感化している。たとえばわれわれは，漆器を人工のつやゆえに喜び好ましがるのではなくて，漆器のつやに竹のつやとの同質を感じ，ために漆器を好ましくおもう。周知のように，フランス・ルイ王朝の宮廷社会には，漆器がもてはやされ，漆器製造職さえ発生するが，フランス人は，漆器のつやに対応するものを自然のどこにも発見することができなかった。漆器は，あやしい底光を発する人工の職芸品として珍重されたのだ。だから，竹の自生しない風土の人々が孟宗竹をまぢかにながめたとき，かれらはその表皮が人工を模倣していることには奇異をおぼえ，かれらの珍重する漆塗りのつやを竹が盗用していることにとまどうにちがいない。かれらは，さいごには特異な自然として竹を受け入れるにせよ，それには手間どるだろう。

1　竹と風土

2　竹とフランス

3　竹と漆器

4　竹のつや

5　竹の不思議

12　**次の文章の内容と一致するものとして，最も適当なものはどれか。**

　いまから100年以上前のこと。ウィルソン米大統領の就任式を翌日に控えた首都ワシントンで，女性参政権を求めた大規模なパレードがあった。そこに黒人女性の参加を認めるかどうかを巡って論争が起きた。

　「白人女性がアフリカ系アメリカ人女性とともに行進することをこばみ，列から外れる旨，ポールに申し出た」（「アメリカのフェミニズム運動史」より）。ポールとは，女性参政権運動の指導者の一人，アリス・ポールのこと。パレードは結局，黒人女性も参加して行われ，大きな反響を呼んだ。

　この本の著者，栗原涼子さんによると，「女性とアフリカ系アメリカ人。二つの権利獲得運動には微妙な緊張関係があった。白人女性の間には，アフリカ系アメリカ人に焦点が当たると，女性の問題がかすむという懸念もあった」という。

　人種間の対立などさまざまな問題を抱えながらも運動は実を結び，パレードから7年後の1920年，女性参政権を認める憲法修正19条が発効した。ちなみに日本で女性参政権が実現したのは45年の太平洋戦争終結後だ。

　あす26日は，米国の女性参政権獲得から100年。その年にカマラ・ハリス

上院議員が黒人女性初の米副大統領候補に選ばれたのは，まさに歴史的といえる。

　スイスのシンクタンク「世界経済フォーラム」は昨年末の報告書で，世界で男女格差が解消されるには，99.5年かかると予測した。ここまでが100年で，さらに100年近く？　そんなに時間をかけていいはずがない。

1　曲折はあったものの，ウィルソン大統領の就任式の前日に女性参政権を求めて行われたパレードには，白人女性と黒人女性がともに参加した。

2　ウィルソン大統領は，女性への参政権の付与に懐疑的な立場を表明したことから，全米に大きな論争を巻き起こした。

3　スイスのシンクタンクは，世界で男女格差が解消されるのにかかる時間は今から約200年後であると推計した。

4　パレードの翌年には，アメリカ合衆国憲法の修正条項が発効し，女性参政権が認められた。

5　アフリカ各国は，祖先を同じくするアフリカ系アメリカ人の女性たちが不当な扱いを受けていることに対して度々抗議してきた。

13　次の文章の要旨として，最も適当なものはどれか。

　普通に模写説は我々の心が鏡の如く物を写すと考えると理解されている。仮に我々の心が鏡の如きものであるとしても，この鏡の性質が問題であろう。鏡は一般に物を写し得る性質をもっているにしても，その鏡が曇っていたり，歪んでいたりすることもあり得る。もしそれが曇っているとすれば，或いは歪んでいるとすれば，そしてその歪みが個人個人で違っているとすれば，真理に達することはできない。そこで模写説においても，我々の心の性質を吟味することが必要になってくる。事実，ロックやヒュームは人間精神の本性について研究したのであって，かような批判的研究のために，認識論は彼等に始まるともいわれるのである。これに対し，我々の心の能力を吟味しないで，我々の心は無制限に認識し得るものと考えるのは，独断論と見られている。

1　心の性質を吟味することを進めても，私たちの心には限界を見出せず，哲学的な認識論は，結局のところ独断論に収束せざるを得なかった。

2　模写説こそが最も優れた心のとらえ方であり，私達は，独断論を乗り越えて，模写説の優位性を再評価しなければならない。

3　私達の心が鏡のように物事を写すという考え方は模写説と呼ばれ，この立場から，心の性質を検討することが試みられてきた。

4 ロックやヒュームは，哲学的の世界において混乱をもたらしてきたという事実から目を背けてはならない。

5 心の受動的な働きを強調するのが模写説であるのに対して，構成説の立場では，私達が物事をとらえる際の主体性が強調された。

14 **次の文章の内容と一致するものとして，最も適当なものはどれか。**

　ある経済学者が閣僚に就任し，自ら信奉する学説が政策に影響を与えているのではないかとの指摘に対し，政治というのは，特定の主義に基づくのではなく，目の前の課題に真剣に取り組むことによって進められると述べたことがある。この政策の内容や是非についてはともかくとして，自らの立場が，自らの意志に反して分類されたり，自らにレッテルを貼られたりするのは，不本意なことであるに違いない。

　私達が文学を学ぶ際に，小説家やその作風について，分類した上で学ぶことが少なくない。ある小説家が，堂々と自らが特定の潮流に属することを自覚しつつ，執筆や評論活動などを進めた。一方，本人の意図とは関わりなく，便宜的に，私達が分類する場合もあるだろう。この場合，作者や作品に先入観を持つことはあってはならない。例えば，この作者は何々主義に属するからといった判断を下した上で，小説内における展開を予想したり，登場人物の役割に意味付けを行ったりすることは，本来望ましいものではない。

　以上，経済学説と文学史を題材に，諸学説や作品の分類について論じてきた。私達が学説や作品に接する際には，外から与えられたラベルやレッテルは参考程度にとどめ，直接的に受けた印象や，感じたり学んだりしたことを重視しなければならない。

1 経済学者が政治に関与すると，経済学説の影響を多く受ける。

2 学説の分類に際して，分類される側の学者の意見の同意を得ることをルール化すべきである。

3 文学史の学習を作風などによる分類をヒントに進めることは，少なからず行われている。

4 あらかじめ分類された作品と接する際に，予断を持つことは避けられない。

5 経済学説と文学は異なる尺度で論ずるべきであり，共通点を見出すことは困難である。

《 解 答・解 説 》

1 2

解説 イの「後者」とは，「どれが正しいかわからないもの」である。つまり，はじめに示された文の次にイが続く。このように，指示語の示す内容や，内容の接続が整序問題のヒントになる。アに示された「職業を含む進路選択など」は，はじめからイに続けて述べられている「正解がわからないもの」を受けた内容として示されている。次に，話題が変わるものの，エの「適職」とオの「自分に適した職業」が接続することがわかる。さらに，最後の文につながるのは，ウの「自分に適した仕事を探すこと」についての記述である。以上より，正解は2である。

2 2

解説 串田孫一『雄弁家』より。　1　誤り。最後の1文において，「一応上手に話せるようになる」と述べられているが，「感情を込めて話すことができる」という内容は，本文において触れられていない。　2　正しい。最後の1文と一致する内容である。　3　誤り。筆者は，流暢に語れることを求めていない。　4　第2段落において，「大分狂いがあった」と述べられており，不適切である。　5　誤り。母国語で語らせることの必要性は，本文において全く触れられていない。

3 2

解説 鈴木大拙『日本的霊性　完全版』より。　1　誤り。最後の文において，敗戦の原因に言及している。　2　正しい。「祖先から伝来して居るものにも自ら世界的意味がある」という内容と一致する。　3　誤り。第2文において，政治や経済に気をとられていることについて，「意義深い」とは述べていない。　4　各民族の固有の権利について言及した部分はない。　5　誤り。後半で，日本的霊性的なものについての意義を強調している。

4 2

解説 長田弘『感受性の領分』より。　1　誤り。不用意の結果として，不遇な状況に置かれている者は蝉であり，それを冷遇する者は蟻である。蟻が

責められるべきであるとの記述はない。　2　正しい。第1段落の最後の部分と一致している。　3　誤り。「今日の労働観」や「働き過ぎの原因」については触れられていない。　4　誤り。「遊ぶことが悦楽」「働くことは辛苦」と述べられているが，その逆の価値観については触れられていない。　5　誤り。「現代において…忘れられがち」に相当する記述は，本文中に存在しない。

5 3

解説　島尾敏雄『島尾敏雄集』より。　1　経験の量が豊富だったとしても，それだけで想像力が豊かになるわけではないので誤り。　2　本文は，想像力の貧しさについて述べた文ではないので誤り。　3　正しい。第1段落で「過去を食べて生きている想像力は…」とあるように，想像力と過去とは切り離せない関係にある。ただし，過去に積み重ねてきた自らの経験を生かす工夫をしなければ，それらは単なる過去の蓄積に過ぎず，想像力の源としての価値は生まれない。　4　過去が苦しいか楽しいかについては，著者は一切言及していないので誤り。　5　過去は想像力の源であると著者は主張しているが，過去に対する執着だけでは，想像力の醸成には結びつかないので誤り。

6 5

解説　関下稔，芦田亘，柳ヶ瀬孝三『現代資本主義』より。　1　誤り。「グローバリズム」と「新たな貧困」の関連について言及した記述はない。　2　誤り。「高コスト構造」について触れた記述はなく，むしろ，日本の生産力や競争力について述べられている。　3　誤り。日本の労働者が優遇されているとは述べられておらず，むしろ長時間労働などの問題点が挙げられている。　4　誤り。経済政策について触れた記述はない。　5　正しい。第1文，第2文の内容と一致している。

7 5

解説　清水義範『行儀よくしろ』より。　1　誤り。外国人選手の態度やしぐさについて，「不快にする」という内容は述べられていない。　2　誤り。日本人選手の競技後の様子に対する世界の人々の反応について触れた部分はない。　3　誤り。むしろ本文では，選手の競技後の様子と文化の関連性について論じている。　4　誤り。文化の復興については，触れられていない。

5　正しい。第1段落の内容と一致している。

8 5

解説 尾関周二『現代コミュニケーションと共生・共同』より。文脈より国際化やグローバル化に伴う諸問題として適切なのは，日米経済摩擦，帰国子女問題，外国人労働者問題である。他は，直接の関連性がないため不適切である。以上より，正解は5となる。

9 1

解説 寺田寅彦『相対性原理側面観』より。　1　正しい。文脈からアインシュタイン自身が，自ら提唱した相対性理論の難解さを認識していたと考えられる。　2　アインシュタイン自身が，相対性理論について，身近なものにすべきであると述べたことは本文から読み取れない。　3　アインシュタインがその原理の難解さを自覚していたものの，人々の理解を望んでいないとは述べられていない。　4　原理の有用性について述べた箇所はない。　5　選択肢に示したような期待をアインシュタインが抱いていたわけではない。

10 4

解説 まず，Eにおいて，偏向と中立という2つの言葉が示され，それを「これら」という指示語で受けるAの文に続いている。そして，Bに示された「偏向」の意味，Cに示された「中立」の意味に続く。そして，Fにおいて，中立も何らかの意味や背景と無縁でないことが示され，「つまり」という接続語を経て，それを説明したDの内容につながる。さらに，「結局」という言葉の後に筆者の主張が述べられているGが最後の内容として最も適切である。以上より，正解は4である。

11 4

解説 出典は杉本秀太郎「竹」である。全体として何を述べているかに注目する。日本人の感情としては，漆器のつやは竹のつやを想起させるが，フランス人の感情では，漆器のつやは人工的なものである。両者の対比のポイントは「つや」である。

12 1

解説 毎日新聞『余録』2020年8月25日より。 1．正しい。第1段落と第2段落に，当初黒人女性の参加を拒む声があったものの，結局，参加できた旨が述べられている。 2　誤り。ウィルソン大統領の女性参政権に対する立場について言及した記述はない。 3　誤り。200年ではなく，99.5年と予測されている。 4　誤り。憲法の修正条項が発効し，女性参政権が実現したのは，パレードの7年後である。 5　誤り。アフリカ各国による抗議について言及した記述はない。

13 3

解説 三木清『哲学入門』より。 1　誤り。文章の最後に，独断論について触れられているものの，認識論がこれに収束せざるを得なかったという趣旨のことは述べられていない。 2　誤り。筆者は，認識論について，よしあしなどの価値判断をしていない。 3　正しい。冒頭に示された模写説の説明，模写説の立場からの探求に触れられており，要旨の内容として，妥当である。4　ロックやヒュームが「混乱をもたらした」という記述はない。 5　誤り。構成説については触れられていない。

14 3

解説 1　第1段落の内容と一致しない。 2　分類の際のルールについては触れられていない。 3　正しい。第2段落の冒頭と一致している。4　筆者は作品と接する際の予断について批判的である。 5　本文において，分類やレッテル貼りなどを切り口に，むしろ両者の関連付けがなされている。

文章理解 　　　英　文

||||||||||||||||||||||||||||||| **P O I N T** |||||||||||||||||||||||||||||||

　英文解釈は，公務員試験における英語の中心となるものである。書かれて
ある英文の内容を正しく理解するためには，主語，述語，目的語，補語とい
う英文の要素をしっかりおさえるとよい。

　「主語＋述語動詞」に注目しよう。どれほど修飾語句で飾られた文でも，ま
たどれほど難語，難句でかためられた文でも，裸にすれば，主語と述語動詞
の2つが残る。よって，英文を読む時には，まずその主語をつきとめ，次に
その主語に対する述語動詞をさがし出すことである。そして自分の持つ関連
知識と常識力を総動員して全体を理解するよう努めることである。つねに「主
語＋述語動詞」を考えながら読もう。

◀◀ 　演　習　問　題　 ▶▶

1 次の英文の空欄 ［　A　］ に当てはまる英文内容として，もっとも適切
なものはどれか。

　Consumerism may be described as the defining of life by individuals in a
society through the acquisition of goods that they clearly do not need for
daily survival or for traditional display. It is a force that now dominates
our world, but we rarely step back to examine what this means for us. Its
development represents one of the great changes in the human
experience, literally around the world, over the past two or three
centuries. The emergence of new types of marketing and advertising is
important in itself, as part of modern economic history. But it is the shift
in personal behavior and expectations that is really interesting. Large
numbers of people have fostered new kinds of hopes and frustrations, and
accordingly, ［　A　］.

　This is a recent development, as big historical shifts go, but it already
has a complex history. For more is involved than the apparent simplicity
of shopping and acquiring.

1 Consumerism gains ground more smoothly when the prior culture was not strongly religious

2 its appeal has often allowed it to advance despite various political

3 have begun to define their lives in ways that are markedly different from those of the past

4 the spread of consumerism does involve many shared goals and styles

5 which is why international consumerism is not a uniform product

2 次の英文の内容と一致するものはどれか。

What we really need is a killer app to climate policy. In the technology world, a killer app is an application so transformative that it creates its own market, like Uber. In the climate world, a killer app is a new solution so promising that it can break through the seemingly insurmountable barriers to progress. These include the psychological barrier. Climate advocates have long been encouraging their fellow citizens to make short-term sacrifices now for benefits that accrue to other people in other countries 30 or 40 years in the future. It just doesn't fly because it runs contrary to basic human nature.

Next is the geopolitical barrier. Under the current rules of global trade, countries have a strong incentive to free ride off the emissions reductions of other nations, instead of strengthening their own programs. This has been the curse of every international climate negotiations, including Paris. Finally, we have the partisan barrier. Even the most committed countries—Germany, the United Kingdom, Canada—are nowhere near reducing emissions at the required scale and speed. Not even close. And the partisan climate divide is far more acute here in the United States. We are fundamentally stuck, and that is why we need a killer app of climate policy to break through each of these barriers.

1 私たちに最も必要なものは，気候政策のための「優れた政策」そのものである。

2 気候問題活動家たちは，30年から40年後に他の国の人々が得ることになる利益のために，短期的な犠牲を払ってきた。

3 アメリカにおいて気候問題についての党派間の姿勢の違いは深刻であったが，改善されつつある。

4 ドイツ，イギリス，カナダといった最も熱心に取り組む排出削減参加国は，必要な規模とスピードで排出量を削減している。

5 気候問題対策のための世界の強力なアプリとは，一見克服できそうにもない進歩の障壁を突破させるための強力な解決策である。

3 次の英文の内容と一致するものはどれか。

People whose careers are in writing, such as authors, are pioneers in teleworking. A long time ago, all they needed for their work was a "fude" traditional writing brush. But over the years, the tools of their trade have continued to evolve. Poet Makoto Ooka (1931-2017) recalled that when he used a fax machine for the first time, it was so nifty that he "shouted for joy."

If you were a writer on deadline and cutting it close, a fax saved time of taking your finished copy to the postbox and sending it by express mail. With the fax, all you had to do was to feed the pages into the machine at 3 a.m. or 5 a.m. or whenever, so your copy would be waiting for your editor to pick up the moment they got into the office in the morning. Imagining these things "makes you feel as if you are doing something wonderful," wrote Ooka in "Shosai no Uchu" (A study-universe), a book edited by Terutsugu Takahashi.

When I recall the time when fax machines became popular for home use, I can totally relate to Ooka's observations. Today, working from home is unthinkable without a personal computer and the internet.

1 筆者は，大岡氏が当時入手した通信機器への思いについて，にわかに共感できるものではないと述べている。

2 大岡氏は，通信機器の利便性について，人間を堕落させるものとして嫌悪感を露わにした。

3 在宅勤務を行ってきた先駆的な存在として，作家など，書くことを職業としてきた人々が挙げられる。

4 真夜中に出版社にファクスを送るような行為は，いつの時代であっても迷惑なものである。

5 高橋氏は，パソコンやインターネットは，便利ではあるが，在宅での仕事を味気ないものと評価した。

4 次の文章の内容と一致するものはどれか。

In terms of invention, I'd like to tell you the tale of one of my favorite projects. I think it's one of the most exciting that I'm working on, but I think it's also the simplest.

It's a project that has the potential to make a huge impact around the world. It addresses one of the biggest health issues on the planet, the number one cause of death in children under five. Which is …? Water-borne diseases? Diarrhea? Malnutrition? No. It's breathing the smoke from indoor cooking fires—acute respiratory infections caused by this. Can you believe that?

I find this shocking and somewhat appalling. Can't we make cleaner burning cooking fuels? Can't we make better stoves? How is it that this can lead to over two million deaths every year? I know Bill Joy was talking to you about the wonders of carbon nanotubes, so I'm going to talk to you about the wonders of carbon macro-tubes, which is charcoal.

Haiti is now 98 percent deforested. You'll see scenes like this all over the island. It leads to all sorts of environmental problems and problems that affect people throughout the nation. A couple years ago there was severe flooding that led to thousands of deaths—that's directly attributable to the fact that there are no trees on the hills to stabilize the soil. So the rains come—they go down the rivers and the flooding happens.

Now one of the reasons why there are so few trees is this: people need to cook, and they harvest wood and they make charcoal in order to do it. It's not that people are ignorant to the environmental damage. They know perfectly well, but they have no other choice. Fossil fuels are not available, and solar energy doesn't cook the way that they like their food prepared. And so this is what they do. You'll find families like this who go out into the forest to find a tree, cut it down and make charcoal out of it. So not surprisingly, there's a lot of effort that's been done to look at alternative cooking fuels.

1 今日に至るまで，ハイチでは，森林伐採は禁止されてきた。

2 近年では，太陽熱を利用した調理方法が人々の生活に浸透しつつある。

3 森林が減ってきた原因の1つとして，人が“料理する”ことが深く関係している。

4 5歳以下の子供達を死に至らしめる1番の原因は，水を媒介とする病気である。

5 筆者は，身体へ害の少ない調理用燃料の開発を試みている。

5 次の英文の内容と一致するものはどれか。

My friend Diane, usually cool as a cucumber, recently found herself in a panic. She'd walked to the eateries near her home for takeaway dinner and coffee without wearing a mask. Since mid-April, the Singapore government has made mask-wearing mandatory for everyone outside the home. The only exemptions are for those doing strenuous exercise and children below the age of 2. We keep our masks on in the workplace as well.

On her way to the eateries, Diane passed many people, all in masks. No one paid her any attention. When she'd placed her order for dinner in the food court, the stall owner didn't seem to notice that she didn't have her mask on either.

Takeaway dinner in hand, Diane walked to a cafe for takeaway coffee. The store manager then asked the question that sent her heartbeat accelerating.

"Did you forget your mask, Miss?"

Diane's heart sank. Not so much because there was a risk of being fined 300 Singapore dollars, about ¥23,000, if caught, but because she felt guilty for forgetting.

1 ダイアンの近くを通り過ぎた人々は，一様にいぶかしげな表情でその様子に注目していた。

2 ダイアンが飲食店に向かう途中で目にした人々の中で，マスクを着けていた人は約半分であった。

3 シンガポールでは，罰則こそないものの，マスクの着用が政府によって推奨されている。

4 マスクをする習慣がない文化圏において，マスクの普及は様々な摩擦を
　生じさせている。

5 普段は冷静なダイアンは，マスクを着けずに外出したことで，パニック
　になってしまった。

6 次の英文の内容と一致するものはどれか。

How many of you have used an electronic spreadsheet, like Microsoft
Excel? Very good. Now, how many of you have run a business with a
spreadsheet by hand, like my dad did for his small printing business in
Philadelphia? A lot less.

Well, that's the way it was done for hundreds of years. In early 1978, I
started working on an idea that eventually became VisiCalc. And the next
year it shipped running on something new called an Apple II personal
computer. You could tell that things had really changed when, six years
later, the Wall Street Journal ran an editorial that assumed you knew what
VisiCalc was and maybe even were using it.

Steve Jobs back in 1990 said that "spreadsheets propelled the industry
forward." "VisiCalc propelled the success of Apple more than any other
single event." On a more personal note, Steve said, "If VisiCalc had been
written for some other computer, you'd be interviewing somebody else
right now."

So, VisiCalc was instrumental in getting personal computers on business
desks. How did it come about? What was it? What did I go through to
make it be what it was? Well, I first learned to program back in 1966,
when I was 15—just a couple months after this photo was taken. Few high
schoolers had access to computers in those days. But through luck and an
awful lot of perseverance, I was able to get computer time around the city.

VisiCalc…ビジカルク。表計算ソフト

1 筆者は今の仕事に就くまでは，会社の簿記を手計算でおこなっていた。

2 1978年の初めに，ビジカルクの発売が発表された。

3 VisiCalcは会社でパソコンが使われるようになるきっかけになった。

4 1966年当時，高校生の間ではコンピューターの利用が流行した。

5 ビジカルクにより人々の間に表計算ソフトの利便性が浸透した。

7 次の英文の内容と一致するものはどれか。

If schools facilitate friendships between grades, they can help today's kids to step around the cliques. One way to encourage this is called "speed friending." For this, students all pair up in a hall and, for a few minutes, ask and answer simple, engaging questions. The kids then switch partners and repeat, switch and repeat, all while trying to remember names and faces. Think speed dating without the dating, or speed networking without the business cards.

Partly as a reaction to the U.S.'s many school shootings, in which shooters are often loners, speed friending is being implemented increasingly in high schools. By fostering more diverse bonds among students, educators hope to counter isolation. Sounds like a good idea, and not only when violence is commonplace.

1 日本において盛んにおこなわれる名刺交換は，アメリカにおいて高く評価されている。

2 スピード・フレンディングは，コミュニケーション能力の低い子どもに苦痛を与えている。

3 学校の取り組みにより，子ども達がグループを避ける手助けができる。

4 孤独を避け，集団に過剰に適応しようとする姿勢が，銃撃事件の背景にある。

5 近年，生命に対する畏敬の念の教育が欠落している。

8 次の英文の内容と一致するものはどれか。

It's time to make your garden dreams a reality. Ideally, we'd all have gorgeous backyards with tons of space to grow all of the flowers, vegetables, and herbs we'd like, but for most of us that's just not the case. If you're working with a smaller space, don't be discouraged! You can build a beautiful garden of any size with good planning and a little bit of creativity.

If you don't have much space in your backyard, work vertically! This option is also great if you don't like bending over your flower beds all day to weed and water, or if you're growing veggies that you'd like to keep out of reach of hungry rabbits.

1　小さな裏庭で野菜を栽培する場合，ウサギに野菜を狙われることは避けられない。

2　近年では，従来の小さいスペースを使った園芸から，より大きなスペースを利用した園芸へと人気が移行している。

3　地面から垂直方向に高い位置で園芸をすることは，雑草むしりには楽だが，水やりは多少不便になる。

4　私たちは理想的には広大な庭を持ちたいが，現実的にほとんどの場合は小さいスペースで園芸している。

5　大きい庭であれば，計画と創造力しだいで美しい庭を作ることができる。

9 次の英文の内容と一致するものはどれか。

Sister Teresa received some basic medical training in Patna, India, and began working with poor in 1948. She wandered through the slums of Calcutta, trying to give aid to anyone who seemed to need it. But it was difficult just to find shelter and food for herself, let alone supplies and facilities for the sick and poor. Sister Teresa was tempted to return to the comfortable life she had at the convent, but she refused to give up and continued to work.

In 1949, a group of young women were moved by Sister Teresa's work and joined in her mission. In 1950, Sister Teresa was granted permission by the church to start an organization that later became the Missionaries of Charity. As the head of her order, and for the care she was giving to so many people, she came to be known as Mother Teresa.

1　「マザー・テレサ」という呼称の由来は，彼女が大変多くの人々を世話したことに基づく。

2　シスター・テレサが設立した「神の愛の宣教者会」の前身となった組織は，無許可で設立されたため，既存の教会との摩擦を生んだ。

3　修道院での過酷な生活は，シスター・テレサが貧しい人の世話を始める原点となった。

4　シスター・テレサが基本的な医療研修を受けた後，貧しい人の世話を始めたのは，第二次世界大戦中であった。

5　シスター・テレサ自身は，「マザー・テレサ」と呼ばれることについて，好ましいことではないと考えていた。

10 次の英文の内容と一致するものはどれか。

In the afternoon Castle took Sam, his young son, for a walk across the field, leaving his wife Sarah to sleep.

The bracken was turning to the dusky gold of a fine autumn. Castle and Sam searched in vain for the rifle butts which had once stood there in the field. They were drowned now in the bracken. "Did they shoot spies there?" Sam asked.

"No, no. What gave you that idea? This was simply for rifle practice. In the first war."

"But there are spies, aren't there—real spies?"

"I suppose so, yes. Why do you ask?"

"I just wanted to be sure, that's all."

Castle remembered how at the same age he had asked his father whether there were really fairies, and the answer had been less truthful than his own. His father had been a sentimental man; he wished to reassure his small son at any cost that living was worth while. It would have been unfair to accuse him of dishonesty: a fairy, after all, could have been claimed to have some truth. There were still fathers around even today who told their children that God existed.

1 キャスルの父は，キャスルが幼い頃に妖精の存在をきっぱりと否定した。

2 現代では，神の存在を子供たちに教える父親はだいぶ減ってきた。

3 キャスルの父は感傷的な人で，人生は生きる価値があるということを何としても自分の小さな息子に納得させたかったのだ。

4 キャスルは，彼の息子と父との3人でシダの茂みの中を散歩していた。

5 キャスルとサムは昔この野原に立っていたライフルの発射台を探したが，それは朽ち果てた状態で見つかった。

11 次の英文の内容と一致するものはどれか。

According to research, people who are close to their friends and family tend to live longer than loners. And people who have had heart attacks will live longer if they have close friends and family members.

To get more information about stress, researchers studied 40 monkeys. First, they put the monkeys in 4 groups. Then they shifted 3 or 4 monkeys from one group to another. For monkeys, it is very stressful to join a new group. So researchers could study the effect of stress on the health of the monkeys. They found that some monkeys remained friendly with each other even in stressful situations. For example, the friendly monkeys touched each other, combed each other's hair, and sat near each other. After 26 months, they found that the friendliest monkeys were the healthiest. Also, the monkeys who were aggressive and upset from stress had the poorest health.

1 攻撃的で，ストレスを受けてイライラする猿たちは最も健康的であった。
2 最も友好的な猿たちが，最も不健康であることを発見した。
3 たとえ友好的な猿であっても，お互いに触れ合ったり，毛繕いしたり，隣り合って座ることはなかった。
4 猿のストレスの感じ方には，人間にはない特殊な例がいくつか存在する。
5 ストレスのある状況にもかかわらず，何匹かの猿はお互いに友好的であった。

12 次の英文の内容と一致するものはどれか。

If there's one thing I want you to remember from my talk today, it's this: your anger exists in you as an emotion because it offered your ancestors, both human and nonhuman, with an evolutionary advantage. Just as your fear alerts you to danger, your anger alerts you to injustice. It's one of the ways your brain communicates to you that you have had enough. What's more, it energizes you to confront that injustice. Think for a second about the last time you got mad. Your heart rate increased. Your breathing increased, you started to sweat. That's your sympathetic nervous system, otherwise known as your fight-or-flight system, kicking in to offer you the energy you need to respond. And that's just the stuff you noticed. At the same time, your digestive system slowed down so you could conserve energy. That's why your mouth went dry. And your blood vessels dilated to get blood to your extremities. That's why your face went red. It's all part of this complex pattern of physiological experiences that exist today because they helped your ancestors deal with cruel and unforgiving forces of nature.

1 怒りの感情があるおかげで，人間は危険を察知することができる。

2 様々な心の動きの中で，恐怖は，不当な物事の存在を知らせるために有用な役割を果たしている。

3 感情が身体に与える影響は，極めて限定的なものである。

4 他の類人猿と比べて，人間は，自らの感情を統制し，操ることができるという特徴を持っている。

5 怒りの感情が人間に備わっていることは，進化の上で優位に立てた要因の1つである。

13 次の英文中の空欄 [X]，[Y]，[Z] に，下のア～ウの文章を当てはめて意味が通じるようにするための組み合わせとして，正しいものはどれか。

It was the night before Christmas, when all through the house / Not a creature was stirring, not even a mouse. (A Visit From St Nicholas, Clement Clarke Moore).

[X]

In Germany, Christmas Eve is the time when families exchange presents. But in Australia and other English-speaking countries, December 25 is the main event.

Kids wake up on Christmas Day excited by what presents might lie under the Christmas tree. Some even try and stay awake all night, just to catch a glimpse of Santa.

[Y]

Australia and Britain also have a holiday on December 26, called Boxing Day. It is said to come from a tradition in Britain of servants receiving boxes of gifts from their employers. In Australia, the Boxing Day Test is the annual cricket match we play with a visiting nation such as England.

[Z]

ア Moore's famous poem, believed written in 1823, helped shape Western concepts about Christmas. As kids know, a jolly, plump man with a white beard known as "Saint Nicholas" or "Santa Claus" visits every home to deliver toys on Christmas Eve, December 24.

イ For many countries, Christmas is the beginning of the holiday period which continues through to the new year. Many offices in my hometown of Brisbane shut before Christmas Eve, not opening again until the first week of January.

ウ Christmas Day is a public holiday and an event for families, with the exchange of gifts and plenty of food and drink. Even in Australia, which celebrates Christmas during summer, an English-style roast dinner with turkey, potatoes and pudding is popular.

	[X]	[Y]	[Z]
1	ア	イ	ウ
2	ア	ウ	イ
3	イ	ア	ウ
4	イ	ウ	ア
5	ウ	ア	イ

《 解 答 ・ 解 説 》

1 3

解説 Peter N. Stearns『Consumerism in World History, 2001』より。

(全訳) コンシューマリズムは，社会の中の個々人が，日々の暮らしや伝統的生活を送ったりする上で明らかに必要でない物を手に入れることによって人生を定義づけることと言うことができるかもしれない。それは現在の世界を支配している力である。しかし，一歩距離を置き，このことが持つ意味を考えることを我々はめったにしない。これが過去2ないし3世紀の間に，文字通り世界中で発達したことは，人類の経験の中で大きな変化のうちのひとつであることを意味している。新しいタイプのマーケティングや広告が登場したこと自体，近代経済史の一部として重要である。しかし，格別興味深いのは，個人の行動様式や期待の変化である。多くの人が以前にはなかった種類の期

待や失望を味わうようになり，その結果，昔とは明らかに異なったやり方で
人生を考えるようになった。

　歴史上の大変化の中では，これは最近の出来事であるが，それでもすでに
複雑な歴史をもっている。というのも，買って手に入れるという見かけの単
純さ以上のものがそこにはかかわっているからである。

　空欄前後の文章から判断する。空欄の前には，個人の行動様式や，期待が
変化し，従来なかった種類の期待や失望が述べられている。また，空欄の後
には，歴史の中での位置づけについて述べられている。以上より，正答は，
以前と比べて著しく変化したことを述べている3であることが読み取れる。

2 5

解説 TED Talks：Ted Halstead「みんなが勝利する気候問題へのソ
リューション」より。

（全訳）私たちに必要なのは，気候政策のための「優れたアプリ」です。テク
ノロジーの世界では，優れたアプリケーションは変革を起こす程の力を持ち，
Uberのように独自の市場を生み出しすらします。気候の世界の強力なアプリ
とは，一見克服できそうにもない進歩の障壁を突破させる新しい有望な解決
策です。進歩の障壁には心理的なものも含まれます。気候問題の活動家たち
は，30年だか40年後に他の国の人々が得ることになる利益のために，短期的
な犠牲を払うよう，永らく自国の市民を説得してきましたが，それは基本的
な人間の性質に反するため，有効ではありませんでした。

　次は地政学的な障壁です。現行の排出権取引のルールは，各国に自国の排
出量削減プログラムを強化する代わりに，他国の削減量にタダ乗りするという
強い動機を持たせてしまいます。これはパリ協定を含むどの国際的気候変動
交渉でも悩ましい点となっていました。最後に，党派という障壁があります。
ドイツ，イギリス，カナダといった最も熱心に取り組む排出削減参加国でも，
必要な規模とスピードで排出量を削減しているという状況からはほど遠いまま
です。そしてここアメリカで気候問題についての党派間の姿勢の違いははるか
に深刻です。私たちは基本的に立ち往生しています。それぞれの障壁を突破
するために，私たちには気候問題対策のための強力な「アプリ」が必要です。

　1　誤り。第1文目に，「私たちに必要なのは，気候政策のための『優れたア
プリ』である。」との記述がされている。　2　誤り。本文中には「気候問題の

活動家たちは，30年だか40年後に他の国の人々が得ることになる利益のために，短期的な犠牲を払うよう，永らく自国の市民を説得してきた。」と記述されている。　3　誤り。「アメリカで気候問題についての党派間の姿勢の違いははるかに深刻である。」との記述がある。　4　誤り。第2段落の後半に，「ドイツ，イギリス，カナダといった最も熱心に取り組む排出削減参加国でも，必要な規模とスピードで排出量を削減しているという状況からはほど遠いままである。」と記述されている。　5　正しい。本文中の「killer app is a new solution so promising that it can break through the seemingly insurmountable barriers to progress.」この部分が，選択肢の内容と一致する。

3　3

解説 ⧵ 朝日新聞『天声人語』2020年6月26日より。

（全訳）作家をはじめ筆一本で身を立てる人たちは，いわば在宅勤務の先達である。文字通り筆だけだったのは遠い昔，商売道具は進化を続けてきた。詩人の大岡信は初めてファクスを導入した時に「簡便さに快哉を叫んでしまった」と書いている。

締め切り間際の原稿を速達便でポストに入れる手間が省けた。午前3時でも5時でもズズズと出版社に送れば相手は朝一番に見ることができる。想像すると「何だかとてもいい事をしているような気持になる」。そんな文章が高橋輝次編『書斎の宇宙』にある。

家庭用ファクスが普及し始めた頃を思い出すと詩人の気持ちがよくわかる。対して，パソコンもインターネットも当たり前になった現代の在宅仕事である。

1　誤り。第3段落の第1文において，「詩人の気持ちがよくわかる」としている。　2　誤り。第1段落の第4文において，大岡氏がその簡便さを積極的に評価した記述がある。　3　正しい。本文の冒頭部分の内容と一致している。　4　誤り。本文では，第2段落において，午前3時，午前5時にでもファクスを送信すれば，相手が朝一番に見られるとしているが，「迷惑なもの」とはされていない。　5　誤り。高橋氏の意見は述べられていない。また，パソコンやインターネットについて「味気ないもの」と評価する記述はない。

4 3

解説 TED Talks：Amy Smith「生活を支える仕組み」より。

（全訳）"発明"ということで，特別な思い入れのあるプロジェクトのお話をさせて頂きます。いま手掛けている中では最もワクワクするもので，とてもシンプルな内容ですが，世界中に計り知れない程の影響をもたらすかもしれません。実は地上で最も大きな健康問題のひとつについての取り組みです。5歳以下の子供達を死に至らしめる1番の原因は水を媒介とする病気でしょうか？下痢や栄養失調でしょうか？違います！1番の原因は，室内での調理からでる煙による急性呼吸器感染症です。みなさん，信じられますか？

　私は相当ショックを受け愕然としました。より害の少ない調理用燃料を作り出せないものでしょうか？より安全な（調理用）ストーブを開発できないでしょうか？いったい何が毎年2百万人もの死を引き起こすのでしょう？ビル・ジョイがカーボン・ナノチューブの不思議についてお話をされていましたね。そこで私はカーボン・マクロチューブ，つまり炭の不思議についてお話したいと思います。ハイチでは，98％の森林が伐採されました。実はこうした光景は，ハイチではよく目にします。森林伐採は多くの環境問題を引き起こします。やがてハイチに住む全ての人々に悪影響をもたらします。数年前，何千人もの死者をだした深刻な洪水がありました。土壌を守るための森林が，丘からなくなったことに起因します。雨が降ると雨水が川へ満ち溢れ，洪水を起こすのです。

　今日ここまで森林が減ってきた原因の1つは，人が"料理する"ことと関係があります。その為に人は木を切り，木炭を作ります。人々が決して環境問題に無頓着だからではありません。むしろ，皆とてもよく理解しています。ただ他の選択肢がないのが現状です。ハイチでは化石燃料が簡単に手に入りませんし，太陽の熱では美味しく調理することもできません。だからこうした現状があります。ハイチではこのような家族に出会うことは珍しくありません。彼らは木を追い求めて森へ向かい木を切り倒し，木炭を作るのです。言うまでもなく調理用の代替燃料を探すため，多くの努力がなされています。

　1　誤り。「ハイチでは，08％の森林が伐採された。」との記述が本文中から読み取れる。　2　誤り。本文中には，「太陽熱では美味しく調理することもできない。」との記述がある。　3　正しい。第5段落の冒頭に記述されている。　4　誤り。室内での調理からでる煙による急性呼吸器感染症が原因であると記述されている。　5　誤り。筆者は地上で最も大きな健康問題のひとつ

について取り組んでいることが本文中から読み取れるが，それが調理用燃料かどうかは触れられていない。

5 5

解説 『The Japan Times alpha：September 11, 2020』より。

（全訳）普段は冷静な友人のダイアンは最近，パニックになった。持ち帰りの夕食とコーヒーを買いに家の近くの飲食店へ歩いていった――マスクを着けずに。4月中旬から，シンガポール政府は自宅外でのマスク着用を全員に義務付けている。免除されるのは，激しい運動をする人と2歳以下の子どもだけだ。私たちは職場でもマスクを着けたままでいる。

その飲食店へ向かう途中，ダイアンはたくさんの人を通り過ぎた――みんなマスクをしていた。誰も彼女に注意を払わなかった。ダイアンがフードコートで夕食を注文すると，その屋台の店主も，彼女がマスクをしていないことに気付いていないようだった。

持ち帰りの夕食を手に，ダイアンは持ち帰りのコーヒーを買いにカフェへ歩いていった。カフェの店長は，ダイアンの心臓をバクバクさせる質問をした。

「マスクをお忘れになりましたか，お嬢さん？」

ダイアンは気落ちした。もし捕まったら300シンガポールドル（約23,000円）の罰金を科されるリスクがあるからというよりも，マスクを忘れたことに罪の意識を感じたからだ。

1 誤り。第2段落において，マスクを着けた人々をダイアンが通り過ぎる様子について書かれているが，誰も彼女に注意を払わなかったとしている。2 誤り。第2段落によれば，ダイアンが通り過ぎた人々は，みなマスクをしていた。 3 誤り。最後の部分に，マスクを着用しないことは原則として罰金を科せられる対象であることが述べられているから，「罰則こそないものの」という記述は誤りである。 4 誤り。マスクの普及による摩擦について述べた記述はない。 5 正しい。冒頭に書かれている内容と一致している。

6 3

解説 TED Talks：Dan Bricklin「表計算ソフト誕生の話」より。

（全訳）Excelのような表計算ソフトを使ったことのある人はどれくらいいますか？大勢ですね。では，フィラデルフィアで小さな印刷業を営んでいた私

の父のように，会社の簿記を手計算でやっているという人は？ずっと少ない。

　それは何百年もの間ずっと行われていた方法です。1978年の初めに，私は
やがて VisiCalc となるもののアイデアに取り組み始めました。翌年それは新
製品だった Apple II パーソナル・コンピューター用に売り出されました。そ
の後の6年の間に大きな変化があったことは，誰もが VisiCalc を知っており，
たぶん使ってもいるとウォールストリート・ジャーナル紙が社説で想定してい
たことを見ても分かるでしょう。

　スティーブ・ジョブズは1990年のインタビューで言っています。「表計算
ソフトがPC業界を牽引した」，「VisiCalc は他の何よりも Apple の成功に貢献
した」彼はより個人的なコメントとしてこうも言っています。「もし VisiCalc
が他のコンピューター向けに書かれていたなら，あなたが今インタビューして
いる相手は違っていたはずだ」。

　VisiCalc は会社でパソコンが使われるようになるきっかけになったのです。
それはどうやって生まれたのか？それは何だったのか？どのようにして私はそ
れを作ることになったのか？私がプログラミングを学び始めたのは1966年，
15歳の時で，この写真を撮った2カ月後のことです。当時はコンピューターに
触れられる高校生なんてそういませんでしたが，私は幸運とものすごい根気強
さのお陰で町のあちこちでコンピューターを利用する時間を手にできました。

　1　誤り。第1段落に，フィラデルフィアで小さな印刷業を営んでいた筆者
の父が，会社の簿記を手計算でおこなっていたとの記述がある。　2　誤り。
「In early 1978, I started working on an idea that eventually became
VisiCalc.」この部分から，1978年の初めに筆者がソフトのアイデアに取り組み
始めたということが読み取れる。　3　正しい。第4段落の冒頭に述べられて
いる内容と一致する。　4　誤り。第4段落に「当時はコンピューターに触れ
られる高校生はほとんどいなかった。」との記述がある。　5　誤り。本文中
には記述されていない。

7 3

解説　Tony Laszlo「Speed friending」『The Japan Times ST』より。
http：//st.japantimes.co.jp/zenyaku/?date=20180622 & p=s
(全訳) 学校が学年を越えた友情を手助けすれば，現代の子どもがグループを
避けるのを手助けすることもできる。これを促す1つの方法は，"スピード・

フレンディング”と呼ばれる。スピード・フレンディングでは，生徒たちは全員，廊下でペアになり，数分間，興味を引く簡単な質問をしたり，質問に答えたりする。子どもたちはその後，相手を変えてこれを繰り返し，また，相手を変えて繰り返し，みんな，名前と顔を覚えようとする。デートのない合コン，あるいは，名刺のない異業種交流会のようなものだ。

　一部には，アメリカの多くの学校での銃撃事件に対する反応として，スピード・フレンディングは高校で実施されることが増えてきている。銃撃事件の犯人は学校で孤立していることが多い。生徒たちの間で，多様な絆を育むことによって，教育者たちは孤独の問題に対処できると期待している。これは，暴力事件がよく起こっている場合に限らず良いアイデアのように思える。

　1　誤り。名刺交換は，スピード・フレンディングのたとえとして用いられているが，日本における名刺交換が評価されているという記述はない。
2　誤り。スピード・フレンディングが苦痛を与えるということは，本文中で触れられていない。　3　正しい。冒頭の1文の内容と一致する。　4　誤り。第2段落において，銃撃事件の犯人が学校において孤立していることが多いという記述がある。　5　誤り。「生命に対する畏敬の念の教育」については述べられていない。

8　4

解説　「7 Ideas to Maximize Your Small Garden」『TIME』より引用
http://time.com/3741324/small-garden-tips/　日本語訳はオリジナル。
（全訳）あなたの「庭についての夢」を実現させるときだ。私達の理想としては，好きな花，野菜，ハーブの全てを成長させるのに十分なほど広大で美しい裏庭を持ちたいものであるが，ほとんどの人にとって，それを実現させることは難しいものであると考えられる。しかし，もしあなたが狭い庭において園芸を営んでいる場合でも，落胆することはない。どんな大きさの庭でも，良い計画とわずかな創造力があれば，美しい庭を造ることができる。

　あなたが裏庭に大きいスペースを確保できないのであれば，地面から垂直方向の空間を利用してみよう。垂直に高さのある畑を営むことによって，腰をかがめた草むしりや，水やりが苦手な人にもうってつけであるし，野菜を育てたいのであれば，この垂直な畑を用いることで，空腹のウサギから野菜を守ることもできる。

1 「you'd like to keep out of reach of hungry rabbits」この部分から，ウサギに野菜を食べられないようにできると分かる。　2　本文中からは読み取ることができない。　3　「This option is also great if you don't like bending over your flower beds all day to weed and water」この部分から，垂直方向への庭の構築は，雑草むしりも水やりにも適していることが分かる。　4　正しい。第1段落2文目から読み取ることができる。　5「You can build a beautiful garden of any size with good planning and a little bit of creativity」の部分から，どんな大きさの庭であっても美しい庭を造ることが可能であると読み取れる。

9 1

解説 ニーナ・ウェグナー『世界を変えた女性のことば』より。

（全訳）シスター・テレサは，インドのパトナにおいて基礎的な医療研修を受け，そして，1948年に貧しい人々のために働くことを始めた。彼女は，コルカタのスラム街をさまよい，必要と思われるすべての人々に援助を与えようとした。しかし，病気にかかった人々や貧しい人々のための援助や施設は言うに及ばず，彼女自身の宿と食事を見つけることも難しかった。シスター・テレサは，修道院の快適な生活に戻りたいという誘惑にかられながらも，活動を断念することを拒否し続け，仕事を続けた。

　1949年には，シスター・テレサの仕事に感銘を受けた若い女性のグループが，活動に加わった。1950年，シスター・テレサは，教会からある組織を発足させる許可を得た。これが後の「神の愛の宣教者会」であった。彼女は，修道会を統率する者として多くの人々を世話していたことから，マザー・テレサとして知られるようになった。

　1　正しい。最後の文と内容が一致する。　2　誤り。組織は，教会の許可を得て設立された。　3　誤り。シスター・テレサが「修道院での快適な生活に戻りたい誘惑にかられた」という内容と一致しない。　4　誤り。冒頭の文で，貧しい人々の世話を始めたのが1948年である旨が述べられている。
5　誤り。「マザー・テレサ」と呼ばれることについて，彼女自身の思いは述べられていない。

10 3

解説 Graham Greene『The Human Factor』より。

(全訳) 午後，キャスルは妻のサラを休ませて，幼い息子サムを連れて野原を散歩した。シダの茂みは晴れた秋の日の薄暗い黄金色に変わっていた。キャスルとサムは昔この野原に立っていたライフルの発射台を探したが見つからなかった。それらは今では茂みの中にうもれていた。「あそこでスパイを撃ったの？」サムは聞いた。「いや，いや。どうしてそんなこと考えたの？これはただの練習台だよ。第1次世界大戦で」「でも，スパイはいるよね。本物のスパイが？」「そう思うよ。うん。どうして聞くの？」「ただ確かめたいと思ったの。それだけだよ」キャスルは，自分が同じ年ごろのとき父親に本当に妖精なるものがいるかどうかを問いただし，それに対する父の答えがサムに対する自分の答え以上に真実を述べていなかったという次第を思い出した。彼の父は感傷的な人で，人生は生きる価値があるということを何としても自分の小さな息子に納得させたかったのだ。彼を正直でないと責めたら公平ではなかったろう。結局，妖精には多少の真実性があると主張してもかまわなかったのだ。現代でも神の存在を子供たちに教える父親があちこちにいたのである。

1 「It would have been unfair...」の文より，キャスルの父は，妖精の存在を肯定したことが読み取れる。　2 「There were still fathers around even today who told their children that God existed.」この部分から，現代でも神の存在を子供たちに教える父親があちこちにいるということが読み取れる。
3 正しい。「he wished to reassure his small son at any cost that living was worth while.」の部分から読み取れる。　4 「In the afternoon Castle took Sam, his young son, for a walk across the field, leaving his wife Sarah to sleep.」この部分から，キャスルは妻を休ませた後に，息子のサムと二人で散歩したということが読み取れる。　5 「Castle and Sam searched in vain for the rifle butts which had once stood there in the field.」この部分から，発射台は見つからなかったということが読み取れる。

11 5

解説 David Kehe 他『Discussion Strategies：Beyond Everyday Conversation』より。

(全訳) ある調査によれば，友人や家族と親密な人は1人でいたがる人よりも

長生きする傾向がある。また，心臓発作を起こした人でも，親しい友人や家族がいれば，長生きするらしい。

　ストレスについてより多くの情報を得るために，研究者たちは40匹の猿を調査した。まず，それらを4つのグループに分けて，次に3，4匹の猿を1つのグループから別のグループに入れ替えた。その結果，ストレスのある状況にもかかわらず，何匹かの猿はお互いに友好的であった。例えば，友好的な猿はお互いに触れ合ったり，毛繕いしたり，隣り合って座ったりした。26カ月後，最も友好的な猿たちが，最も健康的であることを発見した。また，攻撃的で，ストレスを受けてイライラする猿たちは最も不健康であった。

　1 「Also, the monkeys who were aggressive and upset from stress had the poorest health.」の部分から，最も不健康であったということが読み取れる。　2 「they found that the friendliest monkeys were the healthiest」この部分から，最も友好的な猿たちが，最も健康的であることを発見したということが読み取れる。　3 「For example, the friendly monkeys touched each other, combed each other's hair, and sat near each other.」ここの部分から，友好的な猿はお互いに触れ合ったり，毛繕いしたり，隣り合って座ったりしたということが読み取れる。　4 本文から読み取ることはできない。5 正しい。「some monkeys remained friendly with each other even in stressful situations.」この部分から読み取ることができる。

12 5

解説 TED Talks：Ryan Martin「人はなぜ怒るのか，そして怒りはなぜ健全なのか」より。

（全訳）この話の内容のうち憶えておいてほしいことを1つ挙げるなら，怒りは感情としてあなた方に備わっていて，私たちの祖先が人間になる前もなった後も怒りのおかげで進化の上で優位に立てたのだ，ということです。恐怖が危険を知らせてくれるように，怒りは不当な物事の存在を知らせてくれます。これ以上は耐えられないという脳からのメッセージの一つなのです。さらに怒りは，不当な物事に立ち向かう原動力にもなります。ここ最近で腹を立てた時のことを思い出してみましょう。心拍数が上がり，呼吸が荒くなり，汗をかき始めたでしょう。これは交感神経の働きによるものです。「闘争・逃走本能」としても知られており，これが作動することで，対応する力が湧くの

です。以上は自覚のある反応ですが，同時に，エネルギーを節約するために消化も遅くなります。これが，口の中が乾く原因となります。手足の隅々に血液を送るために血管も広がり，よって顔が赤くなります。どれも，現代の人類に受け継がれた，複雑な生理反応の一部です。人類の祖先が，無慈悲で厳しい大自然の力に立ち向かう際に役立ってきたからです。

　1　誤り。本文によれば，危険を察知させる感情は恐怖である。　2　誤り。本文によれば，不当な物事の存在を知らせるのに役立つ感情は怒りである。3　誤り。感情が身体に与える影響について，様々な生理反応の例が挙げられているが，「極めて限定的なもの」とした記述はない。　4　誤り。他の類人猿と人間を比較した文章はない。　5　正しい。冒頭の1文の内容と一致している。

13　2

解説　Anthony Fenson『クリスマスを祝う』より。（http：//st.japantimes.co.jp/zenyaku/?date=20141219&p=s）

（全訳）クリスマスの前の晩のことだった。家中で生き物は何一つ動いていなかった，ネズミさえも。（『サンタクロースがやってきた』クレメント・クラーク・ムーア）

　1823年に書かれたと考えられているムーアの有名な詩は，西洋のクリスマスについての概念を形成するのに役立った。子どもたちが知っているように，「聖ニコラス」または「サンタクロース」として知られる陽気なぽっちゃりした白ひげの男性がクリスマスイブの12月24日におもちゃを届けに各家々にやってくる。

　ドイツでは，クリスマスイブは家族でプレゼントを交換するときだ。しかし，オーストラリアと他の英語圏では，12月25日がメインイベントの日だ。

　子どもたちはクリスマスの日に，どんなプレゼントがクリスマスツリーの下に置いてあるだろうとわくわくしながら目をさます。サンタを一目見るためだけに，一晩中起きていようとする子どももいる。

　クリスマスの日は祝日で，たくさんの食べ物と飲み物，贈り物の交換のある家族の行事だ。クリスマスを夏に祝うオーストラリアでさえも，イギリス式のローストした七面鳥とじゃがいも，プディングなどのディナーが

一般的だ。

　オーストラリアとイギリスは12月26日も祝日で，ボクシングデーと呼ばれている。これは，使用人が雇い主から贈り物の入った箱を受け取るというイギリスの伝統から来ていると言われている。オーストラリアでは，ボクシングデー・テストとは，イギリスなどの訪問国と対戦する毎年恒例のクリケットの試合だ。

　多くの国々で，クリスマスは休暇の始まりで新年までずっと続く。私の故郷のブリスベンでは多くの職場がクリスマスイブの前から閉まり，1月の最初の週まで開かない。

　[X] に最もふさわしいのは，冒頭の詩の具体的なサンタクロースやプレゼント，クリスマスの過ごし方などに関わることを概説したアである。また，[Y] については，主なイベントをいつするか，子どもたちにとってどんな日かを示した文の後には，行事の性質などについて述べたウが適切である。さらに，最後の [Z] に入る内容としては，多くの国々や筆者の故郷のクリスマス休暇について述べたイの文が最も適している。以上より，正解は2。

第5部

数的処理

- 判断推理
- 数的推理
- 資料解釈

数的処理　判断推理

■■■■■■■■■■■■■■■■■■■■■■■■ **P O I N T** ■■■■■■■■■■■■■■■■■■■■■■■■

　数的処理では，小学校の算数，中学高校の数学で習得した知識・能力をもとに，問題を解いていく力が試される。また，公務員採用試験の中では最も出題数が多く，合格を勝ち取るためには避けては通れない。

　判断推理では，様々なパターンの問題が出題され，大学入試など他の試験ではほとんど見かけない問題も出てくる。すべての問題を解けるようにするのは困難なので，本書を参考に，できるだけ多くの問題を解き，本番までに得意な分野を増やしていこう。

　算数や数学の学習経験が生かせる分野としては，まずは「論理と集合」が挙げられ，命題の記号化，対偶のとり方，ド・モルガンの法則，三段論法，ベン図，キャロル表を使った情報の整理法などを確実に押さえよう。また，「図形」に関する問題も多く，平面図形では正三角形，二等辺三角形，直角三角形，平行四辺形，ひし形，台形，円，扇形などの性質や面積の公式，これらを回転させたときにできる立体図形などを確実に覚えよう。立体図形では，円錐，角錐，円柱，角柱，球，正多面体などの性質や体積・表面積の公式を必ず覚えよう。

　一方，あまり見慣れない問題があれば，本書の問題を参考にして必要な知識や考え方を身に付けてほしい。例えば，「リーグ戦やトーナメント戦」といった馴染みのある題材が扱われる問題でも，試合数を計算する公式を知っておかなければ解けない場合がある。また，「カレンダー」を題材にした問題では，各月の日数やうるう年になる年などを知っておく必要がある。「順序」に関する問題では，表・樹形図・線分図・ブロック図などを使って効率よく情報を整理していく必要がある。その他にも，「暗号」，「うその発言」，「油分け算」などでは，実際に問題を解いてみなければわからない独自のルールが存在する。「図形」を題材にしたものの中には，計算を必要とせず予備知識がなくとも正解が出せる場合があるので，落ち着いて問題文を読むようにしよう。

　問題の解き方のコツとしては，設問の条件を図表にして可視化していき，行き詰まったら推論や場合分けなどをしてみることである。問題によっては図表が完成しなくとも正解が出せる場合や，いくつかの場合が考えられても

すべてで成り立つ事柄が存在するので，選択肢も定期的に見ておくとよいだろう。公務員採用試験では，限られた時間内で多くの問題を解くことになるが，ほとんどの問題では解法パターンが決まっているので，設問を読んだだけで何をすればよいか見通しが立てられるぐらいまで習熟してほしい。

《 演 習 問 題 》

[1] ア～カの6人が円卓のまわりに等間隔に並んでいる。このとき，次のことがわかっている。
・アの向かい側にカが座っている。
・ウとエが向かい合っている。
・アの右隣りにイが座っている。
以上のことが分かっているとき，次のような推論Ⅰ～Ⅲがあげられた。
Ⅰ　カの右隣りはオである。
Ⅱ　アの左隣りはウである。
Ⅲ　イとオは向かい合っている。
1～5のうち正しいものはどれか。
　1　Ⅰだけが正しい　　2　Ⅱだけが正しい　　3　Ⅲだけが正しい
　4　ⅠとⅡが正しい　　5　ⅠとⅢが正しい

[2] 5人の子供がそれぞれ星柄のリボンとドット柄のリボンのどちらか片方だけを何本かずつ持っていて，その本数や種類について話している。Aを除く4人は，自分以外の人のことを話している。このとき，Dはリボンを何本持っているか。
　A：5人の持っているリボンの合計本数は，星柄もドット柄も20本である。
　B：Aはリボンを6本持っている。
　C：リボンを一番多く持っている人は，ドット柄を12本持っている。
　D：ドット柄を持っている人は，Eの他にもう一人いる。
　E：Cの2倍，4倍の本数のリボンを持っている人がいる。
　　1　7本　　2　8本　　3　9本　　4　10本　　5　11本

3 A〜Gが行ったマラソンの大会について，次のア〜カのことがわかっているとき，確実にいえるのはどれか。ただし，同順位はなく全員完走したものとする。

　ア　AとBの間には，3人がゴールした。
　イ　Cは，Aの次にゴールしたが，2位ではなかった。
　ウ　Eは，Dより後にゴールした。
　エ　Eは，Fより前にゴールした。
　オ　Fは，5位ではなかった。
　カ　Gは，Bの次にゴールした。
　1　Aは，Dの次にゴールした。
　2　Bは，1位であった。
　3　Cは，3位であった。
　4　Dは，2位であった。
　5　Eは，Cの次にゴールした。

4 A，B，Cの3人は，それぞれ2か国ずつ海外旅行をしたことがある。この3人の間で，ア〜オが行われたことがわかっているとき，Aの旅行先はどこか。

　ただし，A，B，Cが訪れた旅行先は，イギリス，スペイン，ポルトガル，カナダ，中国，タイの6カ国で旅行先の重複はなかったものとする。

　ア　Aはイギリスを旅行した者から本を借りた。
　イ　Cは中国を旅行し，イギリスを旅行した者へ絵葉書を送った。
　ウ　3人はそれぞれの旅行先であるポルトガル，タイ，イギリスのお酒を買い，帰国後に持ち寄ってパーティーをした。
　エ　Bは旅行先で，スペインを旅行中の者と国際電話をした。
　オ　タイを旅行した者は，帰国後すぐに中国を旅行した者に電話をした。
　1　スペインとカナダ
　2　スペインとタイ
　3　ポルトガルとカナダ
　4　ポルトガルとタイ
　5　カナダとタイ

5 次の図のような①～⑨のロッカーを，A～Hの8人が1つずつ利用している。次のア～エのことがわかっているとき，確実にいえることはどれか。

ア　Cが利用しているロッカーのすぐ下は空きロッカーで，その隣はAが利用している。

イ　Eの隣はGが利用している。

ウ　Fが利用しているロッカーのすぐ上は，Hが利用している。

エ　Bが利用しているロッカーの隣は，Aが利用している。

①	②	③
④	⑤	⑥
⑦	⑧	⑨

1　Bは，⑦のロッカーを利用している。

2　Cは，④のロッカーを利用している。

3　Dは，⑤のロッカーを利用している。

4　Eは，②のロッカーを利用している。

5　Fは，⑥のロッカーを利用している。

6 1辺の長さが2cmの立方体ABCD－EFGHから，四角すいA－EFGHを切り出し，さらに底面に平行な平面で切断することで，次の図のように四角すい台PQRS－EFGHを得た。ただし，AP＝PEである。このとき，正三角形になるものとして，最も妥当なものはどれか。

1　△PEH

2　△SPQ

3　△PQR

4　△SEQ

5　△PHR

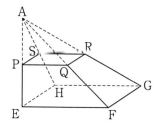

7 7つの0ではない実数 a, b, c, d, e, f, gがあり，次の命題 i ）〜vii）がすべて成立しているとする。

 i ）$a<0$

 ii ）$d<0$ならば「$b<0$かつ$g>0$」

iii ）$f>0$ならば「$b<0$または$e<0$」

iv ）「$g<0$または$d>0$」ならば$e>0$

 v ）「$c<0$かつ$e>0$」ならば$g<0$

vi ）「$g<0$または$f<0$」ならば$c<0$

vii ）$b<0$ならば$a>0$

このとき，7つの実数 a, b, c, d, e, f, gのうち，正であるものの個数は次のどれか。

　　1　1個　　　2　2個　　　3　3個　　　4　4個　　　5　5個

8 20人が参加した市民マラソンのコースは，スタート地点とゴール地点が同一であり，スタート地点から，21kmを少し過ぎたあたりに，折り返し地点が設けられている。ある参加者は，10km付近で3人を抜き，さらに，15km地点で4人を抜いた。また，折り返し地点の手前では，先に折り返した10人とすれ違った。その後，ゴール地点の手前で3人を抜いたとすると，この参加者の最終的な順位として，正しいものはどれか。

　　1　8位　　　2　9位　　　3　10位　　　4　11位　　　5　12位

9 A，B，Cの3人がいて，それぞれリンゴを1個か2個持っている。1個持っている人は必ずウソをつくが，2個持っている人はウソをつくかどうか分からない。1個持っている人が少なくとも1人いるとき，3人がそれぞれ次のように発言した。

　　A　BとCのリンゴの合計は2個ではない。

　　B　AとCのリンゴの合計は3個ではない。

　　C　AとBのリンゴの合計は4個ではない。

　　このとき，A，B，Cが持っているリンゴの個数の合計と，ウソをついている人の組み合わせを正しくあげているものはどれか。

1　4個　　A　　B
2　4個　　A　　C
3　4個　　B　　C
4　5個　　A　　C
5　5個　　B　　C

10 下図のような扇形が滑ることなく右方向へ一回転するとき，頂点Rの軌跡として正しいものはどれか。

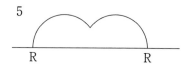

11 次のようなサイコロがある。このサイコロをア〜オのような角度で見たときに，このア〜オのxの面の数字を全て足したものとして正しいものは，下のどれか。

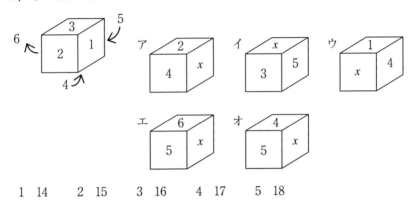

1 14　　2 15　　3 16　　4 17　　5 18

12 ある地域の祭りで射的ゲームを実施した。全体として取れた景品はぬいぐるみ，駄菓子，プラモデル，文房具の4種であった。次のことがわかっているとき，確実にいえるものとして正しいものはどれか。

　ア　ぬいぐるみを取った者は，駄菓子とプラモデルも取った。
　イ　駄菓子を取っていない者は，プラモデルを取った。
　ウ　プラモデルを取った者は，文房具を取っていない。
　　1　文房具を取った者は，ぬいぐるみを取っていない。
　　2　ぬいぐるみと文房具を取った者がいる。
　　3　文房具とプラモデルを取った者がいる。
　　4　駄菓子とプラモデルを取った者は，ぬいぐるみを取った。
　　5　プラモデルを取っていない者は，文房具を取った。

13 ある高校で80人の生徒を対象として，社会の科目の選択状況を調べたところ，日本史を選択している生徒は40人，世界史を選択している生徒は40人，政治・経済を選択している生徒は35人であった。また，3科目すべてを選択している生徒は10人で，どれか1科目だけを選択している生徒は35人であった。残りは3科目とも選択していない生徒と，どれか2科目だけを選択している生徒である。3科目とも選択していない生徒の人数として正しいものはどれか。

①　5人　　②　10人　　③　15人　　④　20人　　⑤　25人

[14] バレーボール3個とテニスボール5個の合計8個のボールがある。いま、このうちの4個を1個ずつ箱に入れ、A～Dの4人に1箱ずつ選ばせた。4人は自分の選んだ箱の中のボールは知らないが、初めにあったボールの数と内訳はわかっている。初めにDが、A～Cの3人の箱の中をのぞき、自分の箱のボールがどちらかを当てるよう言われたが、Dは「わからない」と答えた。次にCが、AとBの箱の中をのぞき、同じように言われたが、Cも「わからない」と答えた。続いてBが、Aの箱の中をのぞき、同じように言われたところ、Bは「わかった」と答えた。このとき、4人の箱の中のボールの状況について確実にいえるものとして正しいものはどれか。ただし、4人はいずれも正直に発言しているものとする。

1　Aの箱の中はバレーボールである。
2　Bの箱の中はバレーボールである。
3　Cの箱の中はテニスボールである。
4　4人の箱の中にバレーボールは1個しかない。
5　4人の箱の中にテニスボールは2個以上ある。

[15] A～Eの5人がカードゲームをして、この中で1番負けた者が、あとから来るFから罰ゲームを受けることになっている。カードゲームが終わった後、Fがやって来て、5人にたずねたところ、次のように言った。

A：Cが1番負けた。
B：Aが1番負けた。
C：Aの言ったことは間違っている。
D：1番負けたのは僕ではない。
E：Bが1番負けた。

しかし、このうち本当のことを言っているのは1人だけだとすると、Fが罰ゲームをする相手として正しいものはどれか。

1　A　　　2　B　　　3　C　　　4　D　　　5　E

16 A～Fの6人がマラソンを行った。ゴールに着いた順位について，参加者のうちA～Eの5人が次のように言っている。

A：私が2番目で，最後に着いたのはDだ。

B：私が6番目で，Fが2番目だった。

C：私が4番目で，5番目はDだった。

D：私が3番目で，Aが6番目だった。

E：私が4番目で，Fが5番目だった。

事実を調べてみると，5人とも各自，前半の発言か後半の発言のどちらか半分は本当で，半分はうそだった。1番早くゴールに着いた者として正しいのはどれか。

ただし，全員の順位はすべて異なっていた。

1 A 　　2 B 　　3 C 　　4 D 　　5 E

17 A～Eの5人が総当たりのリーグ戦をし，次のような結果であった。

ア　Aは3勝1敗である。

イ　Bは3回以上負けていない。

ウ　Cは勝率50％である。

エ　DはEに敗れた。

オ　5人の戦績は全て異なり，引き分けはなかった。

以上のことから，Cが勝った相手として正しいのはどれか。

1 AとD 　　2 AとE 　　3 BとD 　　4 BとE 　　5 DとE

18 下図のような3階建てのマンションがあり，各室にはA～Lの12人が住んでいる。また，空室が1部屋だけある。

ア　Eの両隣にはDとJが住んでおり，Dのすぐ上にはLが住んでいる。

イ　Fの両隣にはIとLが住んでおり，Fのすぐ上にはCが住んでいる。

ウ　Hの隣にはBが住んでおり，Bのすぐ上にはIが住んでいる。

エ　Gの隣にはCとKが住んでおり，Kのすぐ下にはAが住んでいる。

以上のことがわかっているとき，a～eの部屋のうち，空室として正しいものはどれか。

1 a 　　2 b 　　3 c
4 d 　　5 e

	b		c
e			
d	a		

19 ある学校において，柔道部の部員数は25人，剣道部の部員数は19人，弓道部の部員数は16人である。これら3つの部活動の所属状況を50人の生徒に聞いたところ，柔道部だけに所属している生徒は13人，剣道部だけに所属している生徒は9人，弓道部だけに所属している生徒は6人であった。この50人の生徒で，柔道部，剣道部，弓道部のすべてに所属している生徒の最大数として，正しいものはどれか。

  1　7人　　　2　8人　　　3　9人　　　4　10人　　　5　11人

20 1時間に5分遅れる時計を午前8時に30分進めておいた。この時計がその日の午後10時37分をさすとき，実際の時刻は何時何分か。

  1　11時　　　　　　2　11時18分　　　3　11時20分
  4　11時21分　　　5　11時24分

21 1～10の整数の書かれた10枚のカードがある。いまA，B，Cの3人がそれぞれ3枚ずつ選んだところ，以下の通りとなった。

  ア　Aのカードに書かれた数の合計はBのそれより8多かった。
  イ　Cのカードに書かれた数の合計はAのそれより4多かった。
  ウ　Bのカードの中には5が含まれている。

このとき，残った1枚のカードに書かれてある数字として正しいものはどれか。

  1　1　　　　2　3　　　　3　6　　　　4　8　　　　5　10

22 ○，×，□，△の4種類が各13枚ずつ，合計52枚からなるカードがある。この中から一種類のカードを10枚抜きとり，残りのカードを裏向きに重ねた。ここからカードを何枚か一度に引き，それらのカードを見て，はじめに抜きとったカードの種類を当てることにした。このとき，確実に当てることができるカードを引く枚数として正しいものはどれか。ただし，最小枚数のカードを引いて確実に当てるものとする。

  1　31枚　　　2　32枚　　　3　33枚　　　4　34枚　　　5　35枚

23 A, B, Cの3人がゲームをした。ルールは，3人でジャンケンをして勝った人がほかの2人のそれぞれから，自分の持っているコインと同じ枚数のコインがもらえるというもので，次のことがわかっている。

ア　ジャンケンはいずれの回も1度で1人の勝者が決まった。

イ　1回目と2回目のジャンケンは，Aが勝った。

ウ　3回目と4回目のジャンケンは，Bが勝った。

エ　5回目のジャンケンでCがやっと勝ち，AとBのコインはすべてCの手に渡った。そのときCの持っていたコインは243枚だった。

オ　ジャンケンに負けた人は，常に勝った人の持っているコインの枚数以上のコインを持っていた。

このとき，初めにBが持っていたコインの枚数として正しいものはどれか。

1　50枚　　2　57枚　　3　61枚　　4　63枚　　5　67枚

24 犬を（11，120，21），猫を（10，1，202）と表す暗号がある。この暗号で（10，200，120，212）と表される動物として正しいものはどれか。

1　イルカ　　2　パンダ　　3　ライオン　　4　カラス　　5　スズメ

25 40人の生徒を対象に，旅行のアンケート調査を行ったところ，北海道に行ったことのある者は18人，沖縄に行ったことのある者は13人であった。また，北海道と沖縄の両方に行ったことがある者は5人であった。両方とも行ったことのない生徒は何人か。

1　10人　　2　11人　　3　12人　　4　13人　　5　14人

26 次の図は，1辺が2cmの正三角形を25個組み合わせて描いた1辺が10cmの正三角形である。この図の中にある一辺が4cmの三角形の数として妥当なものはどれか。

1　10個

2　11個

3　12個

4　13個

5　14個

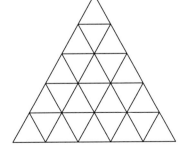

200

27 AB＝10cm，BC＝6cm，CA＝8cmの△ABCにおいて，辺ABの中点をD，辺CAの中点をEとする。このとき，△ABCを辺ABを軸に一回転してできる立体と，四角形DBCEを辺DBを軸に一回転してできる立体の体積比として，正しいものはどれか。

1　2：1

2　4：1

3　4：3

4　8：1

5　8：7

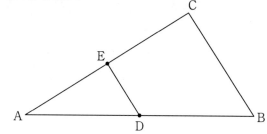

28 3人のプロ野球選手A，B，Cの昨シーズンの安打数は3人とも120であった。彼らの成績について以下のことが分っているとき，Cの塁打数として正しいものはどれか。ただし，（安打数）＝（単打数）＋（二塁打数）＋（三塁打数）＋（本塁打数）であり，（塁打数）＝（単打数）＋（二塁打数）×2＋（三塁打数）×3＋（本塁打数）×4である。

ア　二塁打数は，AはBの2倍であり，BはCの1.5倍であった。

イ　三塁打数は，AはBの2倍であり，Cは1本も打っていなかった。

ウ　本塁打数は，BはAの2倍であり，CはBの2倍であった。

エ　Aの塁打数は176であり，Bとの差は1であった。

オ　Cの単打数は86であった。

　　1　200　　　2　202　　　3　204　　　4　206　　　5　208

29 下図のような，隣り合う内角がそれぞれ60°，120°であるひし形を，直線上で右回りに1回転させるとき，ひし形の頂点Pが描く軌跡として正しいものはどれか。

1

2

3

4

5

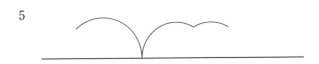

解 答・解 説

1 5

解説 円卓問題の場合，基準となるものを決めることが重要である。
3つの条件の中で，アが2回登場しているので，これを基準に考える。3つの条件を図示すると，次の2つのケースが考えられる。2つの図からわかるように，アの左隣りはウとエのケースがあるので，推論Ⅱは正しいとはいえない。

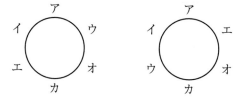

よって，「ⅠとⅢが正しい」となる。
以上より，正解は5。

2 5

解説 Bの発言より，「Aはリボンを6本持って」おり，これらがドット柄の場合，Dの発言より，「ドット柄を持っているのはAとEの二人で，Eは残り14本のドット柄を持っている」ことになるが，これはCの発言「リボンを一番多く持っている人は，ドット柄を12本持っている」と矛盾する。よって，Aが持っているのは星柄を6本である。

　次に，ドット柄を持っているのはEともう一人で，数は8本と12本である。もしCがドット柄を持っていれば，Eの発言より，「Cの4倍の本数のリボンを持っている人」は，最低でも $8 \times 4 = 32$〔本〕持っていることになり，これはCの発言と矛盾している。よって，Cが持っているのは星柄である。

　次に，発言者は自分以外の人のことを話しているので，Dの発言から，「D自身はドット柄を持っていない」ことになり星柄を持っているので，残ったBがドット柄を持っていることになる。ここまでを表にまとめると，右のようになる。

	星柄	ドット柄
A	6	
B		8または12
C	持っている	
D	持っている	
E		8または12

　ＣとＤは，合計14本の星柄のリボンを持っているので，Ｃの発言よりその本数の組合せは (2, 12)，(3, 11)，(4, 10)，(5, 9)，(6, 8)，(7, 7) のいずれかである。Ｅの発言より，Ｃが持っているリボンの本数が2本の場合，他に4本，8本の人がいることになるが，残りのＤの本数は12本になるため不適である。Ｃの本数が3本の場合，他に6本，12本の人がいることになるが，これは成立する。Ｃの本数が4本以上の場合，他に16本以上持つ人がいることになり不適である。よって，Ｃの本数は3本となるので，Ｄの本数は11本となる。

　なお，ＥはＣの2倍，4倍の本数を持っていないはずなので8本と確定する。したがって，次の表のようになる。

	星柄	ドット柄
A	6	
B		12
C	3	
D	11	
E		8

以上より，正解は5。

3 2

解説 条件ア〜カをもとに，次のようにメモをとる。ただし，先にゴールしたものを左側とする。

ア A ⬚ ⬚ ⬚ B または B ⬚ ⬚ ⬚ A

イ A C 　C ≠ 2位

ウ D ＞ E

エ E ＞ F

オ F ≠ 5位

カ B G

アに，イとカを加えると次のようになる。

A C ⬚ ⬚ B G …①

B G ⬚ ⬚ A C …②

　残るD，E，Fについて，条件ウ，エより，D＞E＞Fとなり，①，②それぞれの前または後ろ1人を加えて，この3人を当てはめるが，この時，前に1人を加えると図のようになり，Fが5位になるので条件オに反する。

D	A	C	E	F	B	G

D	B	G	E	F	A	C

よって，①，②それぞれ後ろに1人加えるが，そうすると，①ではCが2位になるので，条件イに反する。これより，②の後ろに1人を加えて，次のように決まる。

B	G	D	E	A	C	F

以上より，正解は2。

4　2

解説　条件ア～オをもとに，次の表を作成する。ただし，旅行した場合は〇，旅行しなかった場合は×とする。

アより，Aとイギリスを旅行した人は別人なので，「Aのイギリスは×」となる。
イより，「Cの中国は〇，イギリスは×」となる。
エより，「Bのスペインは×」となる。
ここまでで，表は次のようになる。

	イギリス	スペイン	ポルトガル	カナダ	中国	タイ
A	×				×	
B		×			×	
C	×				〇	

ここで，イギリスへ旅行したのは残ったBとなる。
　次に，オよりタイと中国へ旅行した人は別人なので，「Cのタイは×」となる。ウより，ポルトガル，タイ，イギリスへ旅行した人は別人なので，「Cのポルトガルは〇，残ったタイはAが〇」となる。

	イギリス	スペイン	ポルトガル	カナダ	中国	タイ
A	×		×		×	〇
B	〇	×	×		×	×
C	×	×	〇	×	〇	×

残ったスペインはA，カナダはBが○となり，表は次のようになる。

	イギリス	スペイン	ポルトガル	カナダ	中国	タイ
A	×	○	×	×	×	○
B	○	×	×	○	×	×
C	×	×	○	×	○	×

以上より，正解は2。

5 3

解 説 条件ア～エをもとに，それぞれの位置関係を整理する。

アより，

C	
空き	A

または

	C
A	空き

イより，

E	G

または

G	E

ウより，

H
F

エより，

B	A

または

A	B

アとエを合わせると，

C		
空き	A	B

または

		C
B	A	空き

これにイとウを合わせると，次の4通りが考えられる。

E	G	H
C	D	F
空き	A	B

H	E	G
F	D	C
B	A	空き

G	E	H
C	D	F
空き	A	B

H	G	E
F	D	C
B	A	空き

よって，いずれの場合もDは⑤のロッカーを利用していることになる。

以上より，正解は3。

6 4

解説 まず，△PEH，△SPQ，△PQRは，直角三角形なので除外される。
次に，AP＝PEより，PEはもとの立方体の一辺の長さの半分なので，PE＝
1としてそれぞれの辺の長さを求める。

$PH^2 = PE^2 + EH^2 = 1^2 + 2^2 = 5$ ∴ $PH = \sqrt{5}$
$PR^2 = PQ^2 + QR^2 = 1^2 + 1^2 = 2$ ∴ $PR = \sqrt{2}$
$SE^2 = PS^2 + PE^2 = 1^2 + 1^2 = 2$ ∴ $SE = \sqrt{2}$
$EQ^2 = PQ^2 + PE^2 = 1^2 + 1^2 = 2$ ∴ $EQ = \sqrt{2}$
$QS^2 = PS^2 + PQ^2 = 1^2 + 1^2 = 2$ ∴ $QS = \sqrt{2}$

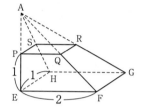

よって，正三角形となるのは，SE，EQ，QSを
辺とする△SEQのみである。
以上より，正解は4。

7 3

解説 問題文より $a \neq 0$，$b \neq 0$，$c \neq 0$，$d \neq 0$，$e \neq 0$，$f \neq 0$，$g \neq 0$
ⅰ）より $a < 0$
ⅶ）の対偶は，
　　$a \leq 0$ならば$b \geq 0$
だから，$a < 0$，$b \neq 0$より，$b > 0$
ⅱ）の対偶は，
　　「$b \geq 0$または$g \leq 0$」ならば$d \geq 0$
だから，$b > 0$，$d \neq 0$より，$d > 0$
$d > 0$だから，ⅳ）より $e > 0$
ⅲ）の対偶は，
　　「$b \geq 0$かつ$e \geq 0$」ならば$f \leq 0$
だから，$b > 0$，$e > 0$，$f \neq 0$より，$f < 0$
$f < 0$だからⅵ）より $c < 0$
$c < 0$，$e > 0$だからⅴ）より $g < 0$
これらをまとめると，$a < 0$，$b > 0$，$c < 0$，$d > 0$，$e > 0$，$f < 0$，$g < 0$
したがって，正の数はb，d，eの3個である。
以上より，正解は3。

8 1

解説 スタート直後の順位がわからないので，10km，15km地点の情報からは判断できない。順位を判断するために必要なのは，「先に折り返した10人とすれ違った」「ゴール地点の手前で3人を抜いた」という部分である。この参加者より先に折り返したのが10人だから，折り返し地点での順位は11位であり，その後3人を抜いたので，最終的な順位は8位である。

以上より，正解は1。

9 5

解説 A～Cがリンゴを1個持っているとき，それぞれの発言に矛盾がないか検討する。

Aのリンゴが1個の場合，Aの発言はウソなので，「BとCのリンゴの合計は2個」であり，BとCもリンゴを1個ずつ持っていることになる。すると，BとCの発言はウソとなる。しかし，Bの発言「AとCのリンゴの合計は3個ではない」およびCの発言「AとBのリンゴの合計は4個ではない」は正しいので，矛盾する。よって，Aが持っているリンゴは2個となる。

次に，Aがリンゴを2個持っていてウソをついた場合，「BとCのリンゴの合計は2個」であり，BとCもリンゴを1個ずつ持っていることになる。すると，BとCの発言はウソとなる。しかし，Cの発言「AとBのリンゴの合計は4個ではない」は正しいので，矛盾する。よって，Aはウソをついていないことになる。

よって，Aの発言は正しいので，「BとCのリンゴの合計は3個か4個となるが，選択肢より全員がリンゴを2個持っていることにはならないので，次の2通りが考えられる。

A：2個　B：1個　C：2個　…①
A：2個　B：2個　C：1個　…②

①の場合，Bはウソをついていることになるが，Bの発言「AとCのリンゴの合計は3個ではない」は正しいので矛盾する。

②の場合，Cはウソをついていることになるが，Cの発言「AとBのリンゴの合計は4個ではない」は正しくないので，成立する。さらに，Bの発言「AとCのリンゴの合計は3個ではない」は正しくないで，Bはウソをついていることになる。

　したがって，リンゴの合計は5個，ウソをついている人数はBとCである。
以上より，正解は5。

10 4

解説 設問の図の扇形の直線部分が直線上を転がるとき，点Rが描く軌跡は円弧となる。一方，扇形の弧が直線上を転がるとき，点Rと回転の中心の距離が一定なので，軌跡は転がる直線と平行な直線となる。このことから，次のような軌跡が描かれる。

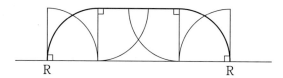

以上より，正解は4。

11 1

解説 展開図にするとわかりやすい。ア～オの場合について，必要なところだけを展開図にしてみると下図のようになり，xのついているところをすべて足すと，$1 + 6 + 2 + 4 + 1 = 14$となる。

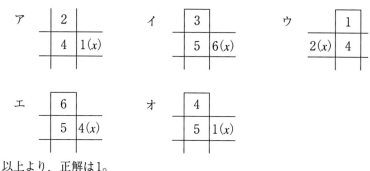

以上より，正解は1。

12 1

解説 一般に，ある命題が真であれば，その対偶も真となる。問題文の命題とその対偶を記号化すると次のようになる。ただし，分割できる命題は分割する。

	命題	対偶
ア	ぬいぐるみ→駄菓子∧プラモデル	駄菓子∧プラモデル→ぬいぐるみ
	ぬいぐるみ→駄菓子	駄菓子→ぬいぐるみ
	ぬいぐるみ→プラモデル	プラモデル→ぬいぐるみ
イ	駄菓子→プラモデル	プラモデル→駄菓子
ウ	プラモデル→文房具	文房具→プラモデル

これらを三段論法によりつなげていくことで，選択肢が成り立つか検討する。
1 正しい。ウの対偶，アの対偶の3つ目より，「文房具→プラモデル→ぬいぐるみ」とつながるため，確実にいうことができる。 2 誤り。アの3つ目，ウより，「ぬいぐるみ→プラモデル→文房具」とつながるので，確実にいうことができない。 3 誤り。ウの対偶より，「文房具→プラモデル」とつながるので，確実にいうことができない。 4 誤り。「駄菓子∧プラモデル」からはじまるものがないため，確実にはいえない。 5 誤り。「→文房具」で終わるものがないため，確実にいうことができない。

13 2

解説 設問の条件より，ベン図を作成して問題を解いていく。
日本史のみを選択した生徒をa，世界史のみを選択した生徒をb，政治・経済のみを選択した生徒をcとおくと，どれか1科目だけを選択した生徒の合計は35人なので，$a + b + c = 35 \cdots$①

　日本史と世界史を選択した生徒をp，世界史と政治・経済を選択した生徒をq，政治・経済と日本史を選択した生徒をrとおく。求める「3科目とも選択していない」人数をx，「2科目のみ選択している」人数をyとすると，$p + q + r = y$　と表せる。

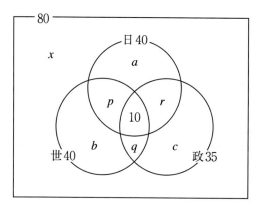

ここで，$40 + 40 + 35 = a + b + c + 2y + 10 \times 3$　とおける。

①式を代入して整理すると，$y = 25$

また，上記のベン図より，$80 - x = a + b + c + y + 10$　なので，$y = 25$，①式を代入してxについて解くと，$x = 10$

以上より，正解は2。

14 1

解説 まず，DがA〜Cの箱の中を見て自分の箱のボールが「わからない」と答えたことから，A〜Cの箱の中には少なくとも1個はテニスボールが入っていたことになる。もしA〜Cの箱の中がすべてバレーボールであれば，Dの箱の中にはテニスボールが入っているとわかるはずである。なお，Dの発言から，A〜Cの3人もこのことを知ったことになる。

次に，AとBの箱の中を見たCが，「わからない」と答えたことから，AとBの箱には少なくとも1個はテニスボールが入っていたことになる。もしAとBの箱の中にバレーボールが入っていれば，Cの箱にはテニスボールが入っているとわかるはずである。

さらに，Aの箱の中を見たBが，「わかった」と答えたことから，Aの箱の中にはバレーボール，Bの箱の中にはテニスボールが入っていることになる。もしAの箱の中にテニスボールが入っていれば，Bの箱の中にはどちらが入っているか判断できないはずである。

したがって，確実にいえるのは，Aの箱の中にバレーボール，Bの箱の中にテニスボールが入っていることである。なお，CとDの箱の中にはどちらの

ボールが入っているか判断できない。

以上より，正解は1。

15 4

解説 Cの発言「Aの言ったことは間違っている」より，Cの発言が本当であれば間違っているのはA，Cの発言が間違いであれば「Aの言ったことは本当」が真実となる。このことから，本当のことを言っているのはAかCのどちらかとなる。すると，残りのB，D，Eの発言はすべて間違いとなる。

Bの発言「Aが1番負けた」より，「1番負けたのはAではない」が真実となる。

Dの発言「1番負けたのは僕ではない」より，「1番負けたのはD」が真実となる。

Eの発言「Bが1番負けた」より，「1番負けたのはBではない」が真実となる。

これらの発言は互いに矛盾しないため，1番負けたのはDとなる。

以上より，正解は4。

16 5

解説 A～Eの発言をまとめると次のようになる。

	発言	
	①	②
A	Aが2番目	Dが6番目
B	Bが6番目	Fが2番目
C	Cが4番目	Dが5番目
D	Dが3番目	Aが6番目
E	Eが4番目	Fが5番目

Aの発言①が本当の場合，Dの発言②がうそ，発言①が本当なので「Dが3番目」が確定する。すると，Cの発言②がうそ，発言①が本当なので「Cが4番目」が確定する。また，Eの発言①がうそ，発言②が本当なので「Fが5番目」が確定する。さらに，Bの発言①は本当，発言②はうそとなり「Bが6番目」が確定する。よって，残った「Eは1番目」となり，条件を満たすことになる。

Aの発言②が本当の場合，「Dが6番目」が本当となるが，Dの発言①②といずれも矛盾するため不適となる。

以上より，正解は5。

17 5

解説 条件ア～オをもとに，次の対戦表を作成する。ただし，勝った場合は○，負けた場合は×とする。

アより，「Aの戦績は3勝1敗」となる。

ウより，引き分けはないので「Cの勝敗は2勝2敗」となる。

エより，「DはEに負けた」ことが確定する。

オより，戦績がすべて異なるので，4勝0敗，3勝1敗，2勝2敗，1勝3敗，0勝4敗が1人ずついることになる。

イより，「Bは3回以上負けていない」ので，1勝3敗，0勝4敗ではなく，4勝0敗となる。さらに，この時点で0勝4敗となるのはDのみである。

ここまでで，対戦表は次のようになる。

	A	B	C	D	E	戦績
A		×	○	○	○	3勝1敗
B	○		○	○	○	4勝0敗
C	×	×		○	○	2勝2敗
D	×	×	×		×	0勝4敗
E	×	×	×	○		1勝3敗

したがって，Cが勝った相手はDとEである。

以上より，正解は5。

18 5

解説 上下，左右の2方向の位置関係が問われているので，まず条件ア～エには左右の条件がないことから，左右を無視してそれぞれの条件を図示する。

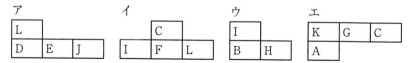

組み立てる前に，条件からわかる範囲で階の振り分けをする。アとイより，I，F，Lが2階，D，E，Jが1階，Cが3階となる。よって，エよりAは2階，K，Gは3階となる。さらに，ウよりB，Hは1階となる。

ここで,

1階にはD, E, J, B, Hの5人

2階にはL, I, F, Aの4人

3階にはK, G, Cの3人が住んでいることから,

このマンションにおいて空室があるのは2階のみとわかる。

すなわち, 空室としてあり得るのはeである。

なお, ア～エを組み立てた場合としては, 次の例が考えられる（上記の図示とは, 左右が異なる部分がある）。

	K	G	C	
e	A	L	F	I
J	E	D	H	B

以上より, 正解は5。

19 2

解説 柔道部にも剣道部にも弓道部にも所属していない生徒をx人として, 人数についてのキャロル表を作ると以下の通りとなる。ただし, ○は所属している, ×は所属していないことを表している。

	柔道○（計25）		柔道×（計25）	
剣道○ （計19）	$12-x$	弓道× 弓道○ $2x-12$	（計34） （計16） $10-x$	9
剣道× （計31）	13	$12-x$	6	x

人数が明らかなものを見ると, 剣道部だけに所属している生徒が9人で, 弓道部だけに所属している生徒は6人だから, 剣道部と弓道部に所属して柔道部には所属していない生徒の数は, $25-9-6-x=10-x$人となる。

また, 柔道部だけに所属している生徒の数は13人だから, 柔道部と弓道部に所属して剣道部に所属していない生徒の数は, $31-13-6-x=12-x$人となる。

　ここで，柔道部，剣道部，弓道部のすべてに所属している生徒の数は，弓道部に所属している生徒の数から弓道部だけに所属している生徒の数と，柔道部，剣道部のどちらか一方をかけもちしている生徒の数を引けばよいから，$16 - 6 - (10 - x) - (12 - x) = 2x - 12$〔人〕となる。

　各集合の要素の個数は0以上であることから，$0 \leq 2x - 12$，$0 \leq 10 - x$より，$6 \leq x \leq 10$である。よって，柔道部，剣道部，弓道部のすべてに所属している生徒$2x - 12$人の最大数は，xが最大のときなので，$x = 10$を代入より，$2x - 12 = 2 \times 10 - 12 = 8$となり，最大で8人である。

20　5

解説　正しい時計と遅れる時計の進む速さが異なるので，比で考える。

　正しい時計をA，遅れる時計をBとすると，BはAが60分進む間に5分遅れるので，55分進む。比で表すとA：B = 60：55 = 12：11となる。

　題意を数直線上で整理すると以下の通りとなる。

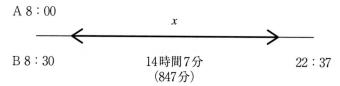

　Bが14時間7分進む間にAが進む時間をxとする。初めに調べた比で式を立てると，A：B = 12：11 = x：847となる。

これより，

$$x = 847 \times \frac{12}{11} = 924$$

　よって，Aの時計は8：30から924分，つまり15時間24分後の午後11時24分となり，これが実際の時刻である。

以上より，正解は5。

21 4

解説 A，B，Cが選んだ3枚のカードの合計を，それぞれa，b，cとする。

アより，$a = b + 8$

イより，$c = (b + 8) + 4 = b + 12$

よって，$a + b + c = (b + 8) + b + (b + 12) = 3b + 20$ …①

ここで，3人が選ばなかった残り1枚のカードに書かれた数をxとすると，

$$a + b + c + x = 1 + 2 + \cdots + 9 + 10 = \frac{1}{2} \times 10 \times (10 + 1) = 55 \quad \cdots ②$$

①②より，

$$(3b + 20) + x = 55$$
$$x = 35 - 3b$$
$$= 3(11 - b) + 2$$

よって，求める数字は（3の倍数 + 2）となる整数であり，選択肢より8となる。

以上より，正解は4。

22 3

解説 最初に取り出した10枚のカードの種類を確実に当てることができる，カードを引いた枚数を考えるので，できるだけ当てられない状況を考える。例えば，△のカード10枚を抜き出したとする。

まず，○を13枚，×を13枚，計26枚を引いたとしても，最初に抜き出した10枚が△なのか□なのかは不明である。次に，□を3枚，△を3枚引いてもまだ△なのか□なのかは不明である。さらに，1枚引いたとき，それが□であれば，最初に抜き出した10枚が△とわかる。

よって，少なくとも $13 + 13 + 3 + 3 + 1 = 33$ 〔枚〕引けば，最初に抜き出した10枚のカードの種類を当てることができる。

以上より，正解は3。

23 3

解説 ジャンケンに勝つと，他の2人から自分の持っているコインと同数のコインをもらえるので，それまでの3倍の枚数のコインを持つことになる。

すなわち，5回目にCが勝って243枚を持っていたということは，その前は，243 ÷ 3 = 81〔枚〕持っていたことになる。AとBは，Cに81枚を渡してコインがなくなったので，5回目のじゃんけんの前は81枚ずつ持っていたことになる（表1）。

すると，4回目はBが勝って81枚を持っていたことになり，その前は，81 ÷ 3 = 27〔枚〕だったことになる。AとCは，Bに27枚を渡して81枚になったので，27 + 81 = 108〔枚〕だったとわかる。

同様に，3回目もBが勝って27枚だったので，その前は27 ÷ 3 = 9〔枚〕で，AとCは，9 + 108 = 117〔枚〕だったとわかる（表2）。

これより，2回目はAが勝って117枚になったので，その前は117 ÷ 3 = 39〔枚〕，Bは，39 + 9 = 48〔枚〕，Cは39 + 117 = 156〔枚〕とわかる。1回目もAが勝って39枚になったので，その前は，39 ÷ 3 = 13〔枚〕，Bは13 + 48 = 61〔枚〕，Cは13 + 156 = 169〔枚〕とわかる（表3）。

よって，初めにBが持っていたのは61枚である。

以上より，正解は3。

（表1）

	A	B	C
最初			
1回目			
2回目			
3回目			
4回目	81	81	81
5回目	0	0	243

（表2）

	A	B	C
最初			
1回目			
2回目	117	9	117
3回目	108	27	108
4回目	81	81	81
5回目	0	0	243

（表3）

	A	B	C
最初	13	61	169
1回目	39	48	156
2回目	117	9	117
3回目	108	27	108
4回目	81	81	81
5回目	0	0	243

24 4

解説 まず，かな，ローマ字では文字数が合わないので，英語に変換すると，以下の通り文字数が合うことがわかる。

犬→DOG→(11，120，21)

猫→CAT→(10，1，202)

また，使われている数が0，1，2のみなので，この暗号には3進法が使われていると考えられる。そこで，まず暗号の数字を3進法から10進法に直してみる。このとき，ある数をn進法で表すときは，数字のあとに $_{(n)}$ をつけて表記する。

D→$11_{(3)} = 1 \times 3^1 \times 1 \times 3^0 = 4_{(10)}$

O→$120_{(3)} = 1 \times 3^2 + 2 \times 3^1 + 0 \times 3^0 = 15_{(10)}$

G→$21_{(3)} = 2 \times 3^1 + 1 \times 3^0 = 7_{(10)}$

となり，10進法の数字はアルファベットの順番と一致することが分かる。つまりこの暗号は，アルファベットの順番を3進法で表したものとわかる。

次に，与えられた暗号を解読する。まず暗号を3進法から10進法になおし，そこからアルファベットを導き出す。

$10_{(3)} = 1 \times 3^1 + 0 \times 3^0 = 3_{(10)}$　　　　　→C

$200_{(3)} = 2 \times 3^2 + 0 \times 3^1 + 0 \times 3^0 = 18_{(10)}$　　　→R

$120_{(3)} = 1 \times 3^2 + 2 \times 3^1 + 0 \times 3^0 = 15_{(10)}$　　　→O

$212_{(3)} = 2 \times 3^2 + 1 \times 3^1 + 2 \times 3^0 = 23_{(10)}$　　　→W

CROWとなり，翻訳するとカラスであることがわかる。

以上より，正解は4。

25 5

解説 与えられた条件をもとに，次のベン図を作成する。

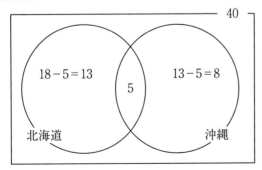

北海道だけに行ったことのある者：18 − 5 = 13〔人〕
沖縄にだけ行ったことのある者：13 − 5 = 8〔人〕
したがって，両方とも行ったことのない者は，40 − (13 + 5 + 8) = 14〔人〕
以上より，正解は5。

26 4

解説 上向きで1辺が4cmの三角形は，上から1〜2段目に1個，2〜3段目に2個，3〜4段目に3個，4〜5段目に4個ある。また，下向きで1辺が4cmの三角形は3〜4段目に1個，4〜5段目に2個ある。よって，合計すると1 + 2 + 3 + 4 + 1 + 2 = 13〔個〕。

以上より，正解は4。

27 5

解説 AC：AE = AB：AD = 2：1，∠Aは共通より，△ABC∽△ADEで，相似比は2：1である。よって，それぞれの三角形を辺ABを軸に一回転してできる立体の体積比は，$2^3 : 1^3 = 8 : 1$となる。

ここで，四角形DBCEを辺DBを軸に一回転してできる立体は，△ABCを辺ABを軸に一回転してできる立体から△ADEを辺ADを軸に一回転してできる立体を取り除いたものである。よって，求める体積比は8 : (8 − 1) = 8 : 7である。

28 2

解説 条件ア〜オをもとに，A，B，Cの二塁打数，三塁打数，本塁打数を整理する。

アより，二塁打数は，Cをxとすると，Bは$\left(\dfrac{3}{2}\right)x$，Aは$3x$と表せる。

イより，三塁打数は，Bをyとすると，Aは$2y$と表せる。

ウより，本塁打数は，Aをzとすると，Bは$2z$，Cは$4z$と表せる。

ただし，x, y, zは整数とする。

さらに、安打数とエ，オを考慮すると、以下の通りとなる。

	A	B	C
単打数	$120 - 3x - 2y - z$	$120 - \left(\dfrac{3}{2}\right)x - y - 2z$	86
二塁打数	$3x$	$\left(\dfrac{3}{2}\right)x$	x
三塁打数	$2y$	y	0
本塁打数	z	$2z$	$4z$
安打数	120	120	120
塁打数	176	175か177	

Aの塁打数から，$(120 - 3x - 2y - z) + 3x \times 2 + 2y \times 3 + z \times 4 = 176$ を整理して，

$3x + 4y + 3z = 56$………①

Cの安打数から，$86 + x + 4z = 120$ を整理して，

$x + 4z = 34$…………②

ここで，Bの塁打数で場合分けをする。

（ⅰ）Bの塁打数が177のとき，

$\left(120 - \left(\dfrac{3}{2}\right)x - y - 2z\right) + \left(\dfrac{3}{2}\right)x \times 2 + y \times 3 + 2z \times 4 = 177$ を整理して，

$3x + 4y + 12z = 114$……③

③−①より，$9z = 58 \Leftrightarrow z = \dfrac{58}{9}$ となり，z は整数であることに反する。

（ⅱ）Bの塁打数が175のとき，

$\left(120 - \left(\dfrac{3}{2}\right)x - y - 2z\right) + \left(\dfrac{3}{2}\right)x \times 2 + y \times 3 + 2z \times 4 = 175$ を整理して，

$3x + 4y + 12z = 110$……④

④−①より，$9z = 54 \Leftrightarrow z = 6$ となり，z は整数である。

$z = 6$ を②に代入すると，$x = 10$ となり，x は整数である。

また，これらを①に代入すると，$y = 2$ となり，y は整数である。

よって，求めるCの塁打数は，

$86 + 10 \times 2 + 24 \times 4 = 202$ となる。

以上より，正解は2。

29 3

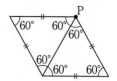

解説 このひし形は正三角形2つから成り立つものであるため，頂点Pと他の頂点との距離はすべて等しい。

よって，直線からの円弧の高さはすべて等しい。

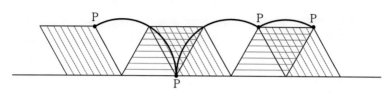

以上より，正解は3。

数的処理　　　　数的推理

############### P O I N T ###############

　数的推理は，数的処理の中では最も算数・数学の知識や能力が役に立つ分野といえる。出題形式はほとんどが文章題であり，必要な情報を読み取り，自身で方程式を立てて解いていく能力が求められる。本書の数学の内容を参考にしつつ，以下の重要事項を知っておいてほしい。

　まず知っておいてほしいのは，「速さ，距離，時間」の関係である。（速さ）$=\left(\dfrac{距離}{時間}\right)$ という基本公式をもとに，式変形をして距離や時間を求める，秒から分（または時間），kmからm（またはcm）などに単位変換する，といった操作を速く正確に行えるようになってほしい。このような力を身に付けることで，「通過算」，「旅人算」，「流水算」などの理解にもつながり，「仕事算」や「ニュートン算」といった応用問題にも対応できる。

　次に，「比と割合」といった指標の活用法を覚えよう。問題によっては具体的な数量ではなく比や割合だけが与えられる場合もある。例えば，「AとBの比が $a:b$」と出てきたら，Aは a 個，Bは b 個のように比の値をそのまま数量とする，あるいはAは ax 個，Bは bx 個といった表し方をすると考えやすくなる。また，比例配分の考え方「X 個をAとBに $a:b$ に配分すると，Aには $\dfrac{a}{a+b}$ ×X〔個〕，Bには $\dfrac{b}{a+b}$ ×X〔個〕配分される」もよく利用される。割合では，「百分率％で表されていたら全体を100とする」と考えやすくなる。「割引き」や「割り増し」といった言葉が出てきた場合の計算にも慣れておこう。

　学習のコツとしては，判断推理と同様に「設問を読んだだけで何をすればよいか見通しが立てられるぐらいまで取り組む」ことである。もし学習時間の確保が困難であれば，「設問から必要な情報を読み取り方程式を立てる」ステップだけでも反復練習しよう。

《 演 習 問 題 》

1 正の整数 a の一の位の数を＜ a ＞で表すとする。例えば，＜8＞＝8，＜39＞＝9，＜4×5＞＝0である。＜ $7^{16}+7^{93}$ ＞の値として正しいものは次のうちのどれか。

   1　5　　　　2　6　　　　3　7　　　　4　8　　　　5　9

2 10％の食塩水100gに食塩を8g加えるとおよそ何％に変わるか。ただし，四捨五入して1の位まで求めよ。

   1　16　　　2　17　　　3　18　　　4　19　　　5　20

3 ある規則性を持って，数字が次のように並んでいる。20番目に並ぶ数として，最も妥当なものはどれか。

   7，3，21，7，63，11，189，15……

   1　35　　　2　39　　　3　43　　　4　567　　　5　10701

4 三姉妹が以下のような条件で買い物に出かけるとき，長女が買った品物の値段は何円か，正しいものを選択せよ。

・長女は三女より400円多く，次女は三女より500円多くお金を持って出かけた。

・長女，次女，三女がそれぞれ買いたかった品物の値段の比は6：5：4であったが，長女も三女もお金が足りなかった。

・そこで次女が，持っていたお金の一部を長女と三女に渡すと，3人とも買いたかった品物を買うことができ，3人とも残金はなくなった。

・次女が長女と三女に渡した金額の比が2：3であった。

   1　600円　　2　720円　　3　840円　　4　960円　　5　1080円

5 右図のような八角形の各頂点に，1か
ら8の数字がついている。このうち3点を選
んで三角形をつくるとき，頂点についてい
る数字の和が3で割り切れる三角形の個数
として正しいものはどれか。

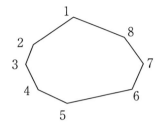

　1　16個　　2　17個　　3　18個
　4　19個　　5　20個

6 下図のような辺ACが共通な2つの二等辺三角形がある。この二等辺
三角形ABCとACDは，AB＝AC＝ADとする。∠ACBの二等分線と辺
DAの延長との交点をEとし，辺ABと
CEとの交点をFとするとき，∠BACの
値として正しいものはどれか。ただし，
このとき∠BCF＝35°とする。

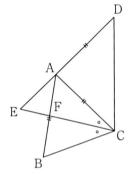

　1　25°
　2　30°
　3　35°
　4　40°
　5　45°

7 1から100までの連続した自然数の中に含まれている6または7の倍数
の個数として，正しいものはどれか。

　1　26個　　2　28個　　3　30個　　4　32個　　5　34個

8 11〜14，21〜24，31〜34，41〜44の数が記されている16枚のカー
ドがある。このカードのうち6枚がすでに図のように並べられているが，
縦，横，対角線のどの一列もその数の
和が同じになるように並べたい。この
とき，AとBのところにくるカードの
数の和として正しいものはどれか。

　1　75　　2　76　　3　77
　4　78　　5　79

A	12	41	
21	B		
			44
42		33	

9 ここに, 注水ポンプA, B, Cがある。Aは12分間で水槽を満杯にすることができ, BとCはともに15分間で水槽を満杯にすることができる。これら3つのポンプを同時にすべて使った場合, 水槽は何分間で満杯になるか。

1　$\dfrac{60}{13}$分　　2　$\dfrac{120}{13}$分　　3　$\dfrac{60}{17}$分　　4　$\dfrac{120}{17}$分　　5　$\dfrac{60}{19}$分

10 ある商品を多数仕入れて, 初めは定価で販売していたが, 仕入れた数の55%が売れた時から定価の20%引きで販売することにした。現時点では, 仕入れた数の20%が売れずに残っている。この時点での商品の売上額は, 仕入れたすべての商品を定価で販売した時の売上額の何%に相当するか。

1　68%　　2　70%　　3　72%　　4　75%　　5　77%

11 ある書店での文庫本の平均価格は1冊550円, 単行本の平均価格は1冊1200円である。ある日売れた文庫本と単行本の合計冊数で売り上げ額を割ったところ800円だった。この日単行本は50冊売れた。この場合, 文庫本は何冊売れたか。

1　70冊　　2　75冊　　3　80冊　　4　85冊　　5　90冊

12 下の図は, ∠A = 90°の直角三角形である。AD⊥BCのとき, ADの長さとして正しいものはどれか。

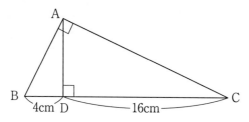

1　7.5cm　　2　8cm　　3　8.5cm　　4　9cm　　5　9.5cm

13 a, a, a, b, b, c の6個の文字がある。この6個の文字から4個の文字を選んで一列に並べる並べ方として正しいものはどれか。

1　26通り　　2　32通り　　3　38通り　　4　44通り　　5　48通り

14 次図のように1辺の長さが2cmの立方体を，3つの頂点A，C，Fを通る平面で切り取ってできる三角すいを考える。この三角すいの△ACFを底面としたときの高さとして正しいものはどれか。

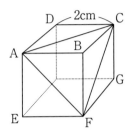

1　$\dfrac{\sqrt{2}}{2}$〔cm〕　　2　$\sqrt{2}$〔cm〕　　3　$\dfrac{\sqrt{3}}{3}$〔cm〕

4　$\dfrac{2\sqrt{3}}{3}$〔cm〕　　5　$\sqrt{3}$〔cm〕

15 AとBの2つの容器があり，Aには9%の食塩水が600g，Bには4%の食塩水が600g入っている。Aには1分間に10gずつ水を入れ，Bには1分間に10gずつ12%の食塩水を入れた。A，Bの食塩水が同じ濃度になるまでにかかる時間として正しいものはどれか。

1　21分　　2　22分　　3　23分　　4　24分　　5　25分

16 下図の平行四辺形ABCDにおいて，CDの中点をE，AEとBDの交点をOとする。△ABOの面積が16cm²のとき，平行四辺形ABCDの面積の値として正しいものはどれか。

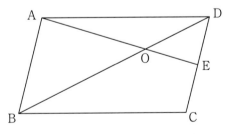

1　42cm²　　2　46cm²　　3　48cm²　　4　50cm²　　5　52cm²

17 下図のような平行四辺形ABCDがあり，辺BC，CD，DAの中点をそれぞれ点E，F，Gとする。また，線分AE，FGと対角線BDとの交点をそれぞれH，Iとする。BD＝12cmのとき，線分HIの長さとして正しいものはどれか。

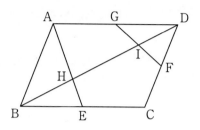

1　5cm　　2　6cm　　3　7cm　　4　8cm　　5　9cm

18 下図のように，正五角形ABCDEの頂点Aが線分OX上にあり，頂点C，Dが線分OY上にあるとする。∠XAE＝55°のとき，∠*x* の大きさとして正しいものはどれか。

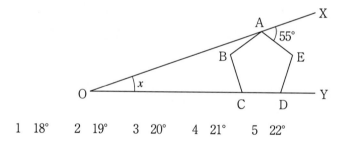

1　18°　　2　19°　　3　20°　　4　21°　　5　22°

227

19 下図のように，1辺が4cmの立方体ABCD－EFGHがある。点P，Q は，それぞれ辺BF，DH上の点であり，BP＝HQ＝1cmである。このとき，△PGQの周の長さとして正しいものはどれか。

1　$(10 + \sqrt{17})$ cm

2　$(11 + \sqrt{17})$ cm

3　$(13 + \sqrt{17})$ cm

4　$(6 + \sqrt{17})$ cm

5　$(6\sqrt{17})$ cm

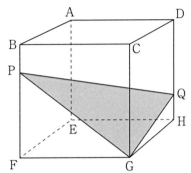

20 円錐形のケーキがある。このケーキの8分の1の量をもらえることになり，底面と平行に切って頂点のあるほうをもらうことになった。母線の長さを8cmとすると，頂点から切る部分までの長さxとして正しいものはどれか。

1　2cm

2　3cm

3　4cm

4　5cm

5　6cm

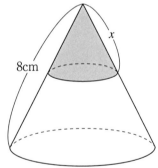

21 底面の半径が8cm，高さが9cmの円柱の形をした容器を水平な台に置き，下図のように底から5cmの高さまで水を入れた。この容器に，半径が1cmの球の形をしたビー玉を静かに何個か沈めたところ，水面がちょうど1cm上昇した。このとき，沈めたビー玉の個数として正しいものはどれか。ただし，円周率はπ，容器の厚さは考えず，沈めたビー玉は全体が水中に収まっているものとする。

1　36個
2　42個
3　46個
4　48個
5　52個

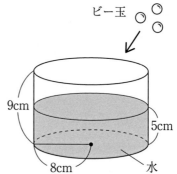

22 下の図形を，辺ABを軸として1回転させてできる立体の表面積として正しいものはどれか。ただし，円周率はπを用いるものとする。

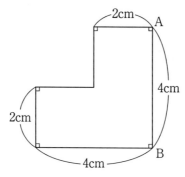

1　48π cm²　　2　50π cm²　　3　52π cm²
4　54π cm²　　5　56π cm²

23 下図のように，2つの面が長方形ABCDと長方形BEFCである直方体がある（ただし，辺BCの長さは，辺BEの長さの2倍よりも長いものとする）。辺AD，BCの中点をそれぞれG，Hとし，また，辺EFの中点をI，線分FIの中点をJとする。このとき，面積が最も小さくなる三角形として正しいものはどれか。

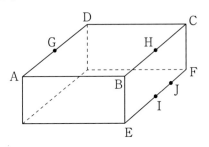

1 △GHE 2 △GHI 3 △GHJ 4 △GHF 5 △GHA

24 1～5までの数字が書かれた5枚のカードがあり，ここから，1度に3枚のカードを任意にひき，3ケタの数字をつくる。このとき，できる数字が3の倍数になる確率として，妥当なものはどれか。

1 $\frac{3}{10}$ 2 $\frac{4}{15}$ 3 $\frac{2}{5}$ 4 $\frac{1}{20}$ 5 $\frac{7}{30}$

25 辺の長さが16cm，34cm，30cmの直角三角形XYZに内接する円Oの面積として，妥当なものはどれか。

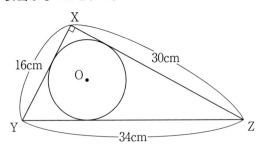

1 $\frac{196}{9}\pi$ cm^2 2 25π cm^2 3 $\frac{121}{2}\pi$ cm^2 4 $\frac{169}{4}\pi$ cm^2

5 36π cm^2

1 4

解説 $<7^1> = <7> = 7$, $<7^2> = <49> = 9$, $<7^3> = <343> = 3$, $<7^4> = <2401> = 1$, $<7^5> = <16807> = 7$, ……であり, $<7^n>$は, 7, 9, 3, 1の4つを繰り返すことがわかる。

したがって, $16 = 4 \times 3 + 4$, $93 = 4 \times 23 + 1$ より,

$<7^{16}> = <7^4> = 1$

$<7^{93}> = <7^1> = 7$

となるから, $<7^{16} + 7^{93}> = <1 + 7> = 8$

以上より, 正解は4。

2 2

解説 $(食塩水の濃度) = \dfrac{食塩の量}{食塩水の量} \times 100$ より,

$(食塩の量) = \dfrac{(食塩水の量) \times (食塩水の濃度)}{100}$ と表せる。

10%の食塩水100gに含まれる食塩の量は, $\dfrac{100 \times 10}{100} = 10 \, [g]$

よって, この食塩水に食塩を8g加えたときの濃度は,

$\dfrac{10 + 8}{100 + 8} \times 100 ≒ 16.6 \, [\%]$

以上より, 正解は2。

3 2

解説 奇数番目の数は, 7, 21, 63, 189……であり, これは, 初項7, 公比3の等比数列である。

偶数番目の数は, 3, 7, 11, 15……であり, これは, 初項3, 公差4の等差数列である。

全体の20番目の数は, 偶数の10番目の数だから,

初項 + 公差 × (項数 - 1) より, $3 + 4 \times (10 - 1) = 39$

以上より, 正解は2。

4 5

解 説 便宜上，設問の条件を上からア～エとおく。

アより，三女の所持金をx円とすると，それぞれの所持金および3人の所持金の合計は次のように表せる。

長女：$x + 400$〔円〕

次女：$x + 500$〔円〕

三女：x〔円〕

合計：$3x + 900$〔円〕

イ，ウより，所持金の合計で3人の買いたかった品物がちょうど買えたので，買った品物の値段の合計と所持金の合計は等しくなる。また，品物の値段の比は6：5：4より，所持金の合計金額を比例配分すると，

$$(長女の買った品物の値段) = (3x + 900) \times \frac{6}{6 + 5 + 4} = 1.2x + 360 〔円〕$$

$$(次女の買った品物の値段) = (3x + 900) \times \frac{5}{6 + 5 + 4} = x + 300 〔円〕$$

$$(三女の買った品物の値段) = (3x + 900) \times \frac{4}{6 + 5 + 4} = 0.8x + 240 〔円〕$$

ここで，次女の所持金は買った品物の値段より200円多いことに注目すると，次女が長女と三女に渡した金額の合計は200円となる。

エより，次女が長女と三女に渡した金額の比は2：3なので，長女に渡した金額は

$$200 \times \frac{2}{2 + 3} = 80 〔円〕$$

すると，（長女の所持金）＋80円＝（長女の買った品物の値段）が成り立つので，

$$(x + 400) + 80 = 1.2x + 360$$
$$0.2x = 120$$
$$x = 600$$

したがって，長女が買った品物の値段は，

$$1.2 \times 600 + 360 = 1080 〔円〕$$

以上より，正解は5。

5 5

解 説 3で割ったときの余りは，0，1，2である。頂点についている数字を，3で割ったときの余りに直すと，右図のようになる。

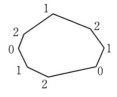

この中から3つの数字を選んだとき，その和が3で割り切れる組み合わせは，

{1, 1, 1} …… (1)

{2, 2, 2} …… (2)

{0, 1, 2} …… (3) の3種類である。

(1) {1, 1, 1} のときは，1通り

(2) {2, 2, 2} のときは，1通り

(3) {0, 1, 2} のときは
$$\begin{cases} 0の選び方は2通り \\ 1の選び方は3通り \\ 2の選び方は3通り \end{cases}$$

であるから，$2 \times 3 \times 3 = 18$〔通り〕

(1)，(2)，(3)より，選び方は全部で，$1 + 1 + 18 = 20$〔通り〕だから，求める三角形の個数は，20個である。

以上より，正解は5。

6 4

解説 CFは∠ACBの二等分線より，

∠ACF = ∠BCF = 35°

△ABCは∠BACを頂角とする二等辺三角形より，

∠ABC = ∠ACB = 35° × 2 = 70°

よって，∠BAC = 180° − 70° × 2 = 40°

以上より，正解は4。

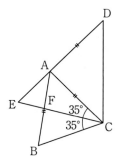

7 2

解説 1から100までの連続した自然数の中にある6の倍数の個数は，

$100 \div 6 = 16 \cdots 4$ より，16個

1から100までの連続した自然数の中にある7の倍数の個数は，

$100 \div 7 = 14 \cdots 2$ より，14個

さらに，6と7の最小公倍数である42の倍数の個数は，

$100 \div 42 = 2 \cdots 16$ より，2個

よって，求める個数は，

$16 + 14 - 2 = 28$〔個〕。

以上より，正解は2。

8 3

解説 カードの数の和は,

$(11 + 12 + 13 + 14) + (21 + 22 + 23 + 24) + (31 + 32 + 33 + 34) + (41 + 42 + 43 + 44) = 440$

これらの数を4行×4列のマスに入れ, 縦, 横, 対角線のどの一列もその数の和が同じとなるとき, 一列の数の和は $\dfrac{440}{4} = 110$ となる。

次のように, 設問の図の空欄部分を①～⑧とすると, これらとA, Bに入る数は, 11, 13, 14, 22, 23, 24, 31, 32, 34, 43のいずれかである。

A	12	41	①
21	B	②	③
④	⑤	⑥	44
42	⑦	33	⑧

上から一行目より,

$A + 12 + 41 + ① = 110$ ∴ $A + ① = 57$

これを満たすA, ①の組合せは, (14, 43), (23, 34) のいずれかである。

同様に, 左から一列目より,

$A + 21 + ④ + 42 = 110$ ∴ $A + ④ = 47$

これを満たすA, ④の組合せは, (13, 34), (23, 24) のいずれかである。

よって, 共通するAに入る数は23または34となる。

Aが23の場合, ①は34となるので, 右から一列目より,

$34 + ③ + 44 + ⑧ = 110$ ∴ $③ + ⑧ = 32$

これを満たす③, ④の組合せは存在しない。

Aが34の場合, ①は23となるので, 右から一列目より,

$23 + ③ + 44 + ⑧ = 110$ ∴ $③ + ⑧ = 43$

これを満たす③, ⑧の組合せは, (11, 32) となるので, 成立する。

よって, Aには34, ①には23, ④には13が入る。

次に, 下から2行目より,

$13 + ⑤ + ⑥ + 44 = 110$ ∴ $⑤ + ⑥ = 53$

これを満たす⑤, ⑥の組合せは, (22, 31) となる

また, 下から1行目より,

$42 + ⑦ + 33 + ⑧ = 110$ ∴ $⑦ + ⑧ = 35$

これを満たす⑦, ⑧の組合せは, (11, 24) となる。

⑧には11が入るので, ⑦は24, ③は32が入る。

さらに, 左から2列目より,

34	12	41	23
21	43	14	32
13	31	22	44
42	24	33	11

$12 + B + ⑤ + 24 = 110$

⑤には22または31のいずれかが入ることを考慮すると，Bには43，⑤には31が入る。

したがって，A + B = 34 + 43 = 77

以上より，正解は3。

9 1

解説 水槽の容量を1とすると，ポンプAの注水能力は1分あたり$\frac{1}{12}$，同様に，BとCは1分あたり$\frac{1}{15}$となる。これらを同時に用いた場合，1分あたりの注水量は，

$$\frac{1}{12} + \frac{1}{15} + \frac{1}{15} = \frac{13}{60}$$

よって，これら3つを同時に使った場合にかかる時間は，

$$1 \div \frac{13}{60} = \frac{60}{13} 〔分〕$$

以上より，正解は1。

10 4

解説 商品の定価をx円，仕入れた数をy個とする。

仕入れた数の55％を定価で販売したので，その売上額は，

$x \times 0.55y = 0.55xy 〔円〕$

現時点で仕入れた数の20％が売れ残っている。よって，$100 - 55 - 20 = 25$〔％〕を定価の20％引きで販売したので，その売上額は，

$(1 - 0.2)x \times 0.25y = 0.2xy 〔円〕$

ここで，仕入れた数をすべて定価で販売したときの売上額は，xy〔円〕より，

$$\frac{この時点での商品の売上額}{仕入れたすべての商品を定価で販売した時の売上額} \times 100$$

$$= \frac{0.55xy + 0.2xy}{xy} \times 100 = 75 〔％〕$$

以上より，正解は4。

11 3

解説 文庫本がx冊売れたとすると，

$$\frac{550 \times x + 1200 \times 50}{x + 50} = 800$$

$$550x + 60000 = 800x + 40000$$

$$250x = 20000$$

$$\therefore \quad x = 80 \ (\text{冊})$$

以上より，正解は3。

12 2

解説 △ABDにおいて，∠ABD + ∠BAD = 90°

△ABCにおいて，∠BAD + ∠CAD = 90°

よって，∠ABD = ∠CAD

また，∠ADB = ∠CDA = 90°より，2組の角が等しいので

△ABD∽△CAD

よって，BD：AD = AD：CD

AD = x (cm)とすると，

$$4 : x = x : 16$$

$$x^2 = 64$$

$x > 0$より，$x = 8$ (cm)

以上より，正解は2。

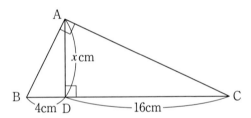

13 3

解説 6個の文字から4個の文字を選ぶ選び方は，

ⅰ）｛a, a, a, b｝，｛a, a, a, c｝

ⅱ）｛a, a, b, b｝

ⅲ）｛a, a, b, c｝，｛a, b, b, c｝ の5通りあり，これら4文字の並べ方は，同じものを含む順列の公式より，

ⅰ）のとき，それぞれ$\dfrac{4!}{3!} = 4$ 〔通り〕

ⅱ）のとき，$\dfrac{4!}{2!2!} = \dfrac{4 \times 3}{2 \times 1} = 6$ 〔通り〕

ⅲ）のとき，それぞれ$\dfrac{4!}{2!} = 4 \times 3 = 12$ 〔通り〕

したがって，求める並べ方は，

$2 \times 4 + 1 \times 6 + 2 \times 12 = 38$〔通り〕

以上より，正解は3。

---

14 4

解説 切り取った三角すいの体積は，△ABCを底面，高さをBFとした場合でも求められることを利用する。

△ABCが底面で，高さがBFの三角すいの体積を計算すると，

△ABC $= \dfrac{1}{2} \cdot 2 \cdot 2 = 2$〔cm²〕で，BF = 2cmだから，

三角すいの体積は，$\dfrac{1}{3} \cdot 2 \cdot 2 = \dfrac{4}{3}$〔cm³〕……①

一方，△ACFは，1辺が$2\sqrt{2}$cmの正三角形だから，

右の図より，高さは三平方の定理より

$\sqrt{(2\sqrt{2})^2 - (\sqrt{2})^2} = \sqrt{6}$

よって，△AFC $= \dfrac{1}{2} \cdot 2\sqrt{2} \cdot \sqrt{6} = 2\sqrt{3}$〔cm²〕

求める高さをx〔cm〕とすると，体積は$\dfrac{1}{3} \cdot 2\sqrt{3}x = \dfrac{4}{3}$（∵ ①より）

これを解くと，$x = \dfrac{2\sqrt{3}}{3}$〔cm〕

以上より，正解は4。

---

15 5

解説 （食塩水の濃度）$= \dfrac{\text{食塩の量}}{\text{食塩水の量}} \times 100$より，

（食塩の量）$= \dfrac{（\text{食塩水の量}） \times （\text{食塩水の濃度}）}{100}$と表せる。

はじめにAの容器に入っていた食塩の量は，$\dfrac{600 \times 9}{100} = 54$〔g〕であり，その後は1分間に水だけを10gずつ加えるので，x分後の濃度は，

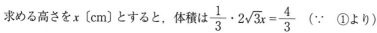

$\dfrac{54}{600 + 10x} \times 100$〔%〕 …①

はじめにBの容器に入っていた食塩の量は，$\dfrac{600 \times 4}{100} = 24$〔g〕であり，その後は1分間に10gずつ12％の食塩水を加えることになる。12％の食塩水10g

に含まれる食塩の量は$\dfrac{10 \times 12}{100} = 1.2$〔g〕より，$x$分後の濃度は，

$$\dfrac{24 + 1.2x}{600 + 10x} \times 100 \text{〔\%〕} \cdots ②$$

①②が等しくなるので，

$$\dfrac{54}{600 + 10x} \times 100 = \dfrac{24 + 1.2x}{600 + 10x} \times 100$$

$$x = 25 \text{〔分〕}$$

以上より，正解は5。

16　3

解説　平行四辺形を対角線で切ると面積は2等分されるので，

△ABD ＝ △CDB

対頂角，および2本の平行線の錯角は等しいので，△ABO∽△EDO

EはCDの中点なので，AB：ED＝2：1

よって，BO：DO＝2：1

ここで，△ABDに注目すると，Oは底辺BDを2：1に分けるので，

△ABO：△AOD＝2：1

△ABO＝16〔cm²〕より，△AOD＝8〔cm²〕，△ABD＝16＋8＝24〔cm²〕

したがって，平行四辺形ABCDの面積は，

△ABD＋△CDB＝24＋24＝48〔cm²〕

以上より，正解は3。

17　1

解説　ACとBDの交点をJとすると，BJ＝JD＝6〔cm〕

△ABCにおいて，2本の中線AE，BJの交点より，点Hは△ABCの重心である。

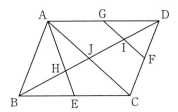

よって，HJ＝BJ$\times \dfrac{1}{3}$＝$6 \times \dfrac{1}{3}$＝2〔cm〕

また，△ACDにおいて，中点連結定理より，AC//GFなので，IはJDの中点である。

よって，JI＝JD$\times \dfrac{1}{2}$＝$6 \times \dfrac{1}{2}$＝3〔cm〕

したがって，HI = HJ + JI = 2 + 3 = 5〔cm〕
以上より，正解は1。

18 2

解説 直線AEとOYの交点をFとすると，正五角形の外角より，
∠FDE = ∠FED = 72°
よって，∠DFE = 180° − 72° × 2 = 36°
また，△OAFにおいて，∠OAF = 180° − 55° = 125°より，
  ∠x = 180° − ∠OAF − ∠AFO = 180° − 125° − 36° = 19°

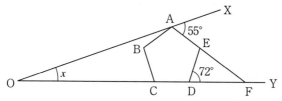

以上より，正解は2。

19 2

解説 三平方の定理より，
  PG = $\sqrt{3^2 + 4^2}$ = 5〔cm〕
  GQ = $\sqrt{1^2 + 4^2}$ = $\sqrt{17}$〔cm〕
また，点Pから辺CGに垂直に交わる線
を引き，辺CGとの交点をRとすると，
  RQ = $\sqrt{4^2 + 2^2}$ = $2\sqrt{5}$
  PQ = $\sqrt{PR^2 + RQ^2}$ = $\sqrt{4^2 + (2\sqrt{5})^2}$ = 6〔cm〕
したがって，△PGQの周の長さは，
  5 + $\sqrt{17}$ + 6 = 11 + $\sqrt{17}$〔cm〕
以上より，正解は2。

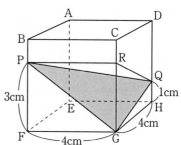

20 3

解説 互いに相似な立体図形では，長さの比が$x : y$のとき，体積比は$x^3 : y^3$となる。

設問の円錐について，体積が元の円錐の8分の1となるように切り取るので，

（切り取った体積）：（元の体積）＝ $1 : 8 = 1 : 2^3$

よって，

（切り取った母線の長さ）：（元の母線の長さ）＝ $1 : 2 = x : 8$

より，$x = 4$〔cm〕

以上より，正解は3。

21 4

解説 ビー玉の体積は，半径が1cmであることから，$\dfrac{4}{3}\pi$ cm³

上昇した水の体積は，$8 \times 8 \times \pi \times 1 = 64\pi$（cm³）

よって，$64\pi \div \dfrac{4}{3}\pi = 64\pi \times \dfrac{3}{4\pi} = 48$（個）

以上より，正解は4。

22 5

解説 設問の図形を1辺の長さが2cmの正方形と，縦2cm横4cmの長方形に分けて考える。それぞれを単独で辺ABを軸として1回転させると，次のように円柱となる。

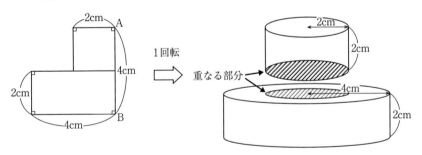

上の円柱の底面積は$2 \times 2 \times \pi = 4\pi$〔cm²〕

側面積は$2 \times 2 \times \pi \times 2 = 8\pi$〔cm²〕

下の円柱の底面積は $4 \times 4 \times \pi = 16\pi$ 〔cm²〕

側面積は $2 \times 4 \times \pi \times 2 = 16\pi$ 〔cm²〕

ここで，求める立体の表面積を考える際には，2つの円柱の重なった部分を引くので，

$$(4\pi \times 2 + 8\pi) + (16\pi \times 2 + 16\pi) - (4\pi \times 2) = 56\pi \ 〔cm²〕$$

以上より，正解は5。

23 2

解説 選択肢の三角形について，底辺をGHとすると，それぞれの三角形の高さはHE，HI，HJ，HF，GAとなる。よって，これらの高さが最も小さくなる三角形が正解となる。

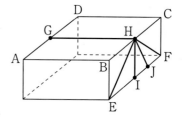

HE，HI，HJ，HFの大小関係は，題意より，

　HE ＝ HF ＞ HJ ＞ HI

また，BC ＞ 2BE ＝ 2HI より，GA ＝ $\frac{1}{2}$BC ＞ HI

よって，高さが最も小さくなる三角形は，△GHIとなる。

以上より，正解は2。

24 3

解説 まず，1から5までの数字のカードを1度に3枚引くときにできる3ケタの数字は，順列の公式より，

　$_5P_3 = 5 \times 4 \times 3 = 60$ （個）である。

さらに，一般に，3の倍数は，各ケタの数字の和が3の倍数となることを利用すると，「1と2と3」「1と3と5」「2と3と4」「3と4と5」の4つの組合せのいずれかから3ケタの数字を作ることにより，条件に合う数字ができる。それぞれの組合せについて3つの数字を1列に並べるので，条件に合うのは，

　$4 \times {_3P_3} = 4 \times 3 \times 2 \times 1 = 24$ （個）である。

よって，求める確率は $\dfrac{24}{60} = \dfrac{2}{5}$。

以上より，正解は3。

25 5

解説

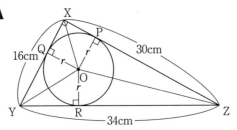

上の図は，問題文中の図に，三角形の各頂点と円Oの中心を結んだ線と各辺と円Oの接点を書き加えたものである。また，三角形それぞれの辺と内接する円との接点をとり，辺XZと円の接点をP，辺XYと円の接点をQ，辺YZと円の接点をRとする。また，rは円Oの半径であり，中心点をOとするとき，OP＝OQ＝OR＝rである。なお，円の接線とその円の中心を結んだ直線は直角になり，円の接線が三角形の各辺であるから，OP，OQ，ORは，それぞれ，△OXZ，△OXY，△OYZの高さになる。

まず，与えられた直角三角形の面積については，

$$\triangle XYZの面積＝底辺 \times 高さ \times \frac{1}{2} ＝ 30 \times 16 \times \frac{1}{2} ＝ 240 \ (cm^2)。$$

また，△OXZ，△OXY，△OYZの高さは，共通する円の半径rが等しいので，面積の比が底辺の比と等しくなり，XZ：XY：YZ＝30：16：34＝15：8：17となる。

よって，△OXZの面積は，$240 \times \dfrac{15}{15＋8＋17} ＝ 90 \ (cm^2)$。

さらに，底辺が30，高さがrであることから，$\dfrac{1}{2} \times 30 \times r ＝ 90$より，$r ＝ 6$ 〔cm〕。

よって，求める円Oの面積は$\pi r^2 ＝ \pi \times 6^2 ＝ 36\pi \ (cm^2)$。

以上より，正解は5。

数的処理　資料解釈

　資料解釈では，与えられた図表をもとに，必要なデータを早く正確に読み取る能力が試される。出題形式はほとんど選択肢の記述の正誤を問うものなので，「正誤が判断できる最低限の情報を読み取る」姿勢を身に付けてほしい。高度な計算力は必要ないが，取り扱う数量の桁数が大きかったり，見慣れない単位が使われていたりするので，コツを掴むまでに時間がかかるかもしれず，できるだけ早く取り組むようにしたい。

　まず，問題を解く前に与えられた図表のタイトル（ない場合もある）や単位に注目すること。次に，図表に記されたデータを見る前に選択肢を確認してほしい。その際，選択肢を順番に検討するのではなく，正誤が判断しやすいものから順に検討し，判断が難しい選択肢については消去法で対応するとよい。なお，選択肢の中には「図表からは判断できない」場合があるので，注意しよう。選択肢の検討にあたっては，次の指標を用いる場合がほとんどなので，それぞれの指標の意味や公式を覚えてしまいたい。

・割合：ある数量が，全体に対して占める分量。

　　Aに対するBが占める割合〔％〕は，$\dfrac{B}{A} \times 100$

・比率：ある数量を，他の数量と比べたときの割合。

　　Aに対するBの比率（比）は，$\dfrac{B}{A}$

・指数：基準となる数量を100としたときの，他の数量の割合。

　　Aを100としたときのBの指数は，$\dfrac{B}{A} \times 100$

・増加量（減少量）：元の数量に対するある数量の増加分（減少分），増加（減少）していればプラス（マイナス）の値になる。

　　「昨年の量」に対する「今年の量」の増加量（減少量）は，「今年の量」−「昨年の量」

・増加率（減少率）：元の数量に対するある数量の増加率（減少率），増加（減少）していればプラス（マイナス）の値になる。

　　「昨年の量」に対する「今年の量」の増加率（減少率）〔％〕は，

$$\frac{\lceil今年の量\rfloor - \lceil昨年の量\rfloor}{\lceil昨年の量\rfloor} \times 100$$

・単位量あたりの数量：「単位面積あたり」や「1人あたり」に占める数量。

全体の量のうち，1人あたりに占める量は，$\dfrac{全体の量}{人数}$

学習の初期段階では，本書の解説を参考に自身の手で正しく計算するよう心掛けよう。そのうえで，慣れてきたら「増加している」や「2分の1になっている」といった内容であれば計算せずに判断したり，129,176 を 130,000 と概算して判断したりするなど，できるだけ短い時間で解答できるように練習すること。

《 演 習 問 題 》

1 次の表は，日本における国別・産業別の外国人労働者数を表したものである。これについて正しいものはどれか。

	製造業	宿泊業，飲食サービス業	卸売業，小売業	教育，学習支援業	全産業	就労在留資格
中国	80753	61077	80960	17517	397084	31.7
ベトナム	161869	52445	50168	1728	453344	18.5
フィリピン	65271	11343	17565	3790	191083	7.5
アメリカ	1231	594	1975	14209	33141	58.4
イギリス	419	270	727	5695	11917	55.1
韓国	6140	9701	13569	5064	67638	42.4
ネパール	12970	29566	16479	479	98260	22.8
ペルー	11591	1156	2115	250	31381	0.5

（厚生労働省『外国人雇用状況の届出状況』（令和3年10月末）より作成）

1 宿泊業，飲食サービス業に就いている人数が最も少ない国は，卸売業，小売業に就いている人数と教育，学習支援業に就いている人数も最も少ない。

2 韓国における各産業の労働者数を平均すると，およそ7500人である。

3 全産業における労働者数が多い国ほど，就労在留資格の保有率が高い。

4 製造業で働く人数が最も多い国は，教育，学習支援業に就いている人数

も最も多い。

5 ネパールにおける各産業の労働者数を平均すると，およそ15000人である。

2 下図は，平成23年から令和3年における労働力人口の推移を示したものである。この図から確実にいえることとして，正しいものはどれか。

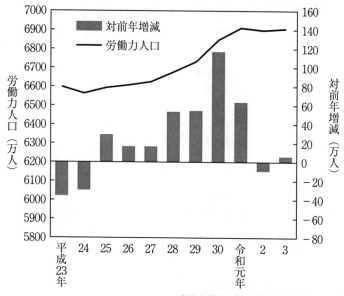

（総務省統計局「日本の統計2023」より）

1 平成24年から令和3年にかけて，労働力人口は増加し続けている。

2 図中の年で，労働力人口が最も多い年は平成30年である。

3 平成30年における労働力人口の対前年増加率は，50％を上回っている。

4 平成30年において新規に就労した人数は，約120万人である。

5 平成23年における労働力人口を100としたときの，令和元年の指数は110を下回っている。

3 次のグラフは，2017年における各国の発電エネルギー源別割合を表したものである。このグラフから正しくいえるものはどれか。

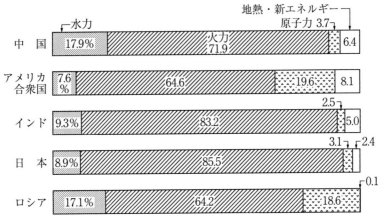

（『世界国勢図会2020/21』より作成）

1 いずれの国においても，火力発電の割合が最も高く，水力発電の割合が2番目に高いことが読み取れる。

2 中国における水力発電の割合は，日本の水力発電の割合の2倍未満である。

3 いずれの国においても，地熱・新エネルギー発電の割合が最も小さいことが読み取れる。

4 ロシアにおける水力発電の割合は，アメリカの水力発電の割合の2倍以上である。

5 インドにおける原子力発電量は年々減少しており，2017年にその割合は3％をきった。

④ 次の表は，警察庁資料より「交通違反取締り件数（単位　千件）」を表したものである。この表からいえることとして正しいものはどれか。

	1980年	1990年	2000年	2010年	2015年	2021年
最高速度違反	4401	2875	2592	2368	1745	1065
一時不停止	857	445	709	1137	1342	1589
携帯電話使用等	―	―	0	1317	1035	291
通行禁止	1143	504	494	796	786	757
信号無視	459	477	593	692	752	582
駐停車違反	1739	2472	1899	399	267	172
酒気帯び運転	245	330	255	40	27	20

（『警察庁資料』『日本国勢図会2020/2021』より作成）

1 2021年において酒気帯び運転で取締りされた件数は，2000年の件数の1割以下である。

2 携帯電話の普及により，携帯電話使用等による取締り件数は年々増加傾向にある。

3 通行禁止における取締り件数は，1990年に最少になったが，それ以降は年により増減している。

4 最高速度違反における取締り件数は年々減少傾向にあるものの，その件数は他の違反に比べ最も多い。

5 駐停車違反に関する取締まりは，2000年から2010年にかけての大幅な法改正の影響でその件数が激減した。

⑤ 次の表は各国の研究費と研究者数を表したものである。ここから正しくいえるものはどれか。

	研究費 (百万ドル)		研究者数 (千人)	
	2010年	2018年	2010年	2018年
韓国	52,153	98,451	264.1	408.4
日本	140,566	171,294	656.0	678.1
イギリス	37,565	53,138	256.6	309.1
フランス	50,897	68,441	243.5	306.5
ロシア	33,081	41,505	442.1	405.8
アメリカ合衆国	410,093	581,553	1200.5	1434.4

(『世界国勢図会 2020/21』より作成)

1 2010年から2018年にかけて研究費が最も増額した国は，韓国である。

2 日本における研究費は，2019年以降も増額していることが予想される。

3 2018年において，研究者数が多い順に各国を並べると，日本の順位は上から数えて3番目である。

4 2010年から2018年にかけて研究者数が最も増えた国は，イギリスである。

5 研究費が多い順に各国を並べると，いずれの年においても同じ順番になる。

⑥ 次の図は，2019年における各国の国際移住者の総数と，その出身国の構成を多い順から示したものである。この図から読み取れる内容についての記述として，最も妥当なものはどれか。

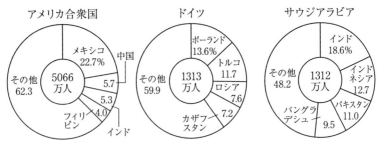

国連経済社会局「Trends in International Migrant Stock：The 2015 Revision」
(『世界国勢図会 2020/21』より作成)

1 いずれの国も，出身国の上位3か国からの移住者の割合を合計すると，全体に占める割合は4割を上回っている。

2 国際移住者の総数について，最も多い国と最も少ない国を比較すると，4倍を上回る開きがある。

3 各国における国際移住者の出身国の内訳を上位4か国についてみると，重複する国は存在しない。

4 国際移住者が最も多い国は，特定の国出身の者が，その国の国際移住者全体のうち5分の1を上回っている。

5 技術系労働者の受け入れが進んでいる国ほど，国際移住者が多くなっている。

---

7 以下は，各年の主な国におけるインターネット利用者数（万人）と，2014年についての利用者率（％）を表したものである。この表から正しくいえるものはどれか。

国名	1997	2010	2014	利用者率(％)
日本	716	10123	11504	90.9
韓国	155	4033	4175	95.1
中国	62	46008	68714	54.3
インド	13	9185	22813	29.5
トルコ	33	2897	3871	64.7
エジプト	…	2169	2643	45.0
南アフリカ	48	617	2604	54.0
イギリス	501	5273	5816	94.8
ドイツ	573	6737	7124	84.4
フランス	185	5029	5414	80.5
オランダ	93	1507	1566	93.2
スウェーデン	123	844	891	96.4
スペイン	95	3066	3586	84.6
アメリカ	5073	24520	28181	76.2
カナダ	462	2776	3095	91.2
ブラジル	112	7925	11637	60.9
アルゼンチン	16	1455	2705	71.0
オーストラリア	233	1692	1998	86.5
世界計	9622	201824	291842	48.0

（ITU資料より作成）

1 1997年においてインターネット利用者数が最も少ない国は，2014年においても利用者数が最も少ない。

2 2010年における中国のインターネット利用者数は，同年における日本のインターネット利用者数の5倍以上である。

3 2010年から2014年にかけてインターネット利用者数の増加数が最も少ない国はオランダである。

4 2014年において，インターネット利用者率が最も高い国はスウェーデンであり，それに次ぐ国は韓国である。

5 2014年においてインターネット利用者数が最も少ない国は，利用者率も最も低い値となっている。

8 次の表は，自然公園の公園数，年間利用者数の推移（単位：千人）を表したものである。ここから正しくいえるものはどれか。

年次	国立公園		国定公園		都道府県立自然公園		合計	
	公園数	年間利用者数	公園数	年間利用者数	公園数	年間利用者数	公園数	年間利用者数
平成18年	28	352769	55	288882	309	264017	392	905668
平成19年	29	354232	56	294756	309	267857	394	916845
平成20年	29	345763	56	291703	309	257332	394	894798
平成21年	29	343559	56	291436	311	264832	396	899827
平成22年	29	340872	56	284644	312	261328	397	886844
平成23年	29	309043	56	270010	314	228856	399	807909
平成24年	30	332988	56	273671	315	237215	401	843874
平成25年	30	354956	56	278625	314	239618	400	873199
平成26年	31	352180	56	277730	314	242426	401	872336
平成27年	32	361620	57	288986	312	248538	401	899144
平成28年	34	359160	57	290386	311	245464	402	895010

（総務省統計局HPより作成）

1 平成19年から平成23年にかけて，公園合計の年間利用者数のうち対前年比が最も高い値であるのは，平成21年である。

2 平成24年から平成28年にかけて，公園合計の年間利用者数のうち対前年比が最も高い値であるのは，平成25年である。

3 平成27年における国立公園，国定公園，都道府県立自然公園の公園数は，平成22年と比較して，いずれも増加している。

4 平成19年における国立公園の年間利用者数は，平成18年に比べ，150万人以上増加している。

5 平成28年における国定公園の年間利用者数は，平成27年に比べ，100万人以上増加している。

9 次の表は，主要国の電気自動車の新規登録台数と保有台数をまとめたものである。この表から読み取れる内容として，最も妥当なものはどれか。

(単位　千台)

	電気自動車新規登録台数				電気自動車保有台数	
	バッテリー式		プラグインハイブリッド			
	2016年	2019年	2016年	2019年	2016年	2019年
中国 ……………	257.0	834.2	79.0	226.1	648.8	3349
アメリカ合衆国 …	86.7	241.9	72.9	84.7	563.7	1450
日本 ……………	15.5	21.3	9.4	17.6	151.3	294
ノルウェー ………	29.5	60.3	20.7	19.3	133.3	329
オランダ …………	3.7	62.0	20.7	5.5	112.0	215
イギリス …………	10.5	38.8	27.4	36.6	86.4	259
フランス …………	21.8	42.8	7.8	18.6	84.0	227
ドイツ ……………	11.3	63.3	13.3	45.3	72.7	259
スウェーデン ……	3.0	15.8	10.5	24.9	29.3	97
カナダ ……………	5.2	32.4	6.4	18.6	29.3	141
韓国 ……………	5.0	29.1	0.2	2.7	11.2	92
インド …………	0.5	−	…	−	4.8	11
計* ……………	466.4	1533.4	286.8	568.3	2014.2	7168

※　調査した39か国の合計。

IEA「Global EV Outlook 2020」
(『世界国勢図会 2020/21』より作成)

1　バッテリー式電気自動車新規登録台数は，いずれの国においても，2019年は2016年より1.5倍以上増加している。

2　プラグインハイブリッド電気自動車新規登録台数は，いずれの国においても2019年は2016年より増加している。

3　2016年において，バッテリー式電気自動車新規登録台数の上位五か国と電気自動車保有台数の上位五か国は，同じ国々である。

4　電気自動車は，旧来のガソリン車と比べて経済効果が大きいため，電気自動車新規登録台数の推移は，各国の経済成長率と連動している。

5　電気自動車保有台数は，その幅にばらつきはあるものの，すべての国において2019年は2016年より減少することなく，増加している。

10 次の表は2017年における世界各国の再生可能エネルギーによる発電量と総発電量に占める割合を表したものである。ここから正しくいえるものはどれか。

	発電量 (億kWh)	割合 (%)		発電量 (億kWh)	割合 (%)
中国	16624	25.1	スウェーデン	951	57.9
アメリカ合衆国	7182	16.8	フランス	926	16.5
ブラジル	4664	79.1	ベトナム	894	45.0
カナダ	4322	65.6	スペイン	884	32.1
インド	2635	17.2	トルコ	872	29.3
ドイツ	2163	33.1	ベネズエラ	649	60.7
ロシア	1862	17.0	コロンビア	629	79.6
日本	1682	15.7	パラグアイ	597	100.0
ノルウェー	1449	97.0	メキシコ	515	16.0
イタリア	1039	35.1	オーストリア	509	71.3
イギリス	993	29.4	世界計×	62695	24.4

(世界国勢図会2020/21より作成)

1 アメリカ合衆国における再生可能エネルギーによる発電量は世界全体の約2割を占めている。

2 ドイツにおける再生可能エネルギーによる発電量の割合はスペインよりも多く，その発電量は世界全体の5%を超えている。

3 ロシアにおける再生可能エネルギーによる発電量の割合は15%を超えており，また，その発電量は世界全体の2%を上回っている。

4 ノルウェーにおける再生可能エネルギーによる発電量の割合は，他の国に比べ，最も大きい値となっている。

5 総発電量に占める再生可能エネルギーの発電量の割合が日本に次いで2番目に低い国はメキシコであり，その発電量は世界全体の1%を超えている。

11 次の表は「主要国の新聞発行部数」について，発行部数（千部）と成人千人あたり（部）を比較したものである。この表からいえることとして正しいものはどれか。

	発行部数（千部）	成人千人あたり（部）
日本	45363	410.0
アメリカ	40420	157.4
インド	264290	292.7
ドイツ	16307	231.7
イギリス	9820	184.7
ブラジル	8478	54.9

（日本新聞協会『データブック　日本の新聞』（2016年）より作成）

1 日本の新聞発行部数は，ブラジルの新聞発行部数の約4倍である。

2 新聞発行部数が最も多い国は，成人千人あたり発行部数も最も多くなっている。

3 ヨーロッパ諸国の新聞発行部数は年々増加傾向にあることが読み取れる。

4 新聞発行部数が最も少ない国は，成人千人あたり発行部数も最も少なくなっている。

5 インドの新聞発行部数は，ドイツの新聞発行部数の約10倍である。

[12] 下のグラフは，内閣府が特定非営利活動法人について調査した内容の
うち，情報開示の手段について回答を得た結果である。ただし，nは回答
数を表す。このグラフから読み取れる内容として妥当なものはどれか。

情報開示手段（複数回答）

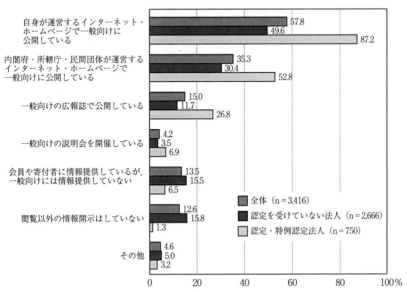

（内閣府『平成29年度 特定非営利活動法人に関する実態調査』より作成）

1 一般向けの広報誌で開示している法人について，割合で比較すると，認
定・特例認定法人は，認定を受けていない法人の3倍を上回っている。

2 自身が運営するインターネット・ホームページで一般向けに情報公開し
ている法人の割合は，認定を受けていない法人，認定・特例認定法人
ともに，一般の株式会社を上回っている。

3 会員や寄付者に情報提供しているが，一般向けには情報提供していない
法人数は，500を下回っている。

4 情報開示のための閲覧を実施していない法人は，全体の1割を下回って
いる。

5 一般向けの説明会を開催している認定・特例認定法人の数は，50を下
回っている。

13 次の表は平成27年から令和2年における総世帯数，一般世帯数の推移を表したものである（平成27年，令和2年のみ抜粋）。この表から読み取れる内容として妥当なものはどれか。

世帯の種類・世帯の家族類型	実数（千世帯）	
	平成27年	令和2年
総世帯	53,449	55,830
一般世帯	53,332	55,705
単独世帯	18,418	21,151
うち65歳以上の単独世帯	5,928	6,717
核家族世帯	29,754	30,111
夫婦のみの世帯	10,718	11,159
夫婦と子供から成る世帯	14,288	13,949
ひとり親と子供から成る世帯	4,748	5,003
男親と子供から成る世帯	703	738
女親と子供から成る世帯	4,045	4,265
その他の世帯	5,024	4,283

（総務省統計局ホームページ，日本国勢図会2022/23より作成）

1 一般世帯数を世帯の家族類型別にみると，令和2年における「単独世帯」の「一般世帯」に占める割合は4割を超えている。

2 一般世帯数を世帯の家族類型別にみると，令和2年における「夫婦と子供から成る世帯」の「一般世帯」に占める割合は，3分の1を超えている。

3 一般世帯数を世帯の家族類型別にみると，令和2年における「夫婦のみの世帯」の「一般世帯」に占める割合は，5分の1を下回っている。

4 平成27年と令和2年を比較すると，「単独世帯」の「一般世帯」に占める割合は，2%以上増加している。

5 平成27年と令和2年を比較すると，「ひとり親と子供から成る世帯」の「一般世帯」に占める割合は，いずれの年においても10%を超えていることが分かる。

14 次の表は，2020年における刑務所・拘置所等と少年院の年末収容人員を表したものである。この表から正しくいえるものはどれか。

区分	刑務所・拘置所等					少年院
	受刑者				受刑者以外	
	懲役			禁固拘留		
	無期	有期				
		累犯	非累犯			
総数	1,744	16,884	21,079	106	6,711	1,583
男	1,648	15,664	19,048	94	6,072	1,442
女	96	1,220	2,031	12	639	141

(法務省「矯正統計2020年（度）年報」より作成)

1 すべての項目において，男の収容人員は女のそれの10倍を上回っている。

2 刑務所・拘置所等の収容人員の総数は少年院のそれの30倍を上回っている。

3 受刑者の収容人員の総数において，懲役は禁錮，拘留の350倍を上回っている。

4 懲役の収容人員の総数において，有期は無期の25倍を上回っている。

5 刑務所・拘置所等の収容人員の総数に対する受刑者のそれの比率は90％を上回っている。

《 解 答 ・ 解 説 》

1 5

解説 1 誤り。宿泊業，飲食サービス業と卸売業，小売業に就いている人数が最も少ない国はイギリスであるが，教育，学習支援業に就いている人数が最も少ない国はペルーである。　2 誤り。各産業における韓国人の労働者数を平均すると，$\frac{6140 + 9701 + 13569 + 5064}{4} \fallingdotseq 8619$〔人〕である。　3 誤り。全産業における労働者数の上位三ヵ国はベトナム，中国，フィリピンであるが，就労在留資格の保有率の上位三ヵ国はアメリカ，イギリス，韓国である。　4 誤り。製造業で働く人数が最も多い国はベトナムだが，教育，学習支援業

に就いている人数が最も多い国は中国である。　5　正しい。ネパールにおける各産業の労働者数を平均すると，$\dfrac{12970+29566+16479+479}{4} \doteqdot 15000$〔人〕である。

2 5

解説　1　誤り。労働力人口の折れ線グラフを見ると，令和2年が若干下がっている。令和2年の対前年増減はマイナスであるから，令和2年の労働力人口は令和元年より減っていることがわかる。　2　誤り。労働力人口の折れ線グラフを見ると，令和元年の方が平成30年より多くなっている。令和元年の対前年増減はプラスであるから，平成30年よりも令和元年の方が多いことがわかる。　3　誤り。平成30年の対前年増減は約120万人増であるから，平成30年の対前年増加率は明らかに50%を下回っている。　4　誤り。「労働力人口」とは，15歳以上人口のうち，就業者と完全失業者を合わせたものをいう。労働力人口の増加分が，新規就労者数を表すわけではない。　5　正しい。労働力人口は，平成23年が約6,600万人で令和元年が約6,900万人であるから，求める指数は$\dfrac{6,900}{6,600} \times 100 \doteqdot 104.5$より，110を下回っている。

3 4

解説　1　誤り。アメリカとロシアについては，原子力発電が2番目に高い割合を示している。　2　誤り。中国における水力発電の割合は，$\dfrac{中国の水力発電の割合}{日本の水力発電の割合}=\dfrac{17.9}{8.9} \doteqdot 2.01$〔倍〕より，日本の水力発電の割合の2倍を上回っている。　3　誤り。中国とインドについては，原子力発電の割合が最も小さい。また，アメリカについては，水力発電の割合が最も小さい。　4　正しい。ロシアの水力発電の割合は17.1%，アメリカの水力発電の割合は7.6%であることから，ロシアにおける水力発電の割合は，$\dfrac{ロシアの水力発電の割合}{アメリカの水力発電の割合}=\dfrac{17.1}{7.6}=2.25$〔倍〕より，アメリカの水力発電の割合の2倍以上である。　5　誤り。2017年におけるインドの原子力発電の割合は3%以下であるが，年々減少しているかはこのグラフから読み取ることはできない。

4 1

解説 1 正しい。2021年において酒気帯び運転で取締りされた件数は，$\dfrac{2021年の酒気帯び運転の取締り件数}{2000年の酒気帯び運転の取締り件数} = \dfrac{20}{255} \fallingdotseq 0.08$ より，2000年の件数の約1割以下である。 2 誤り。携帯電話使用等の取締り件数は，2010年から2021年にかけて年々減少している。なお，携帯電話の普及との関係については，表からは読み取れない。 3 誤り。通行禁止における取締り件数が最少になったのは，1990年ではなく2000年である。 4 誤り。最高速度違反における取締り件数は，減少し続けているが，2021年では一時不停止における取締り件数が最高速度違反における取締り件数を上回っている。 5 誤り。2000年から2010年にかけての法改正との関係については，表からは読み取れない。

5 5

解説 1 誤り。2010年から2018年にかけて研究費が最も増額した国は，アメリカ合衆国である。 2 誤り。日本における研究費は，2010年から2018年までは増額しているものの，2019年以降に関しては表から読み取ることができない。 3 誤り。日本の順位は上から数えて2番目である。 4 誤り。2010年から2018年にかけて研究者数が最も増えた国は，アメリカ合衆国である。 5 正しい。いずれの年においても，アメリカ合衆国，日本，韓国，フランス，イギリス，ロシアの順番となっている。

6 4

解説 1 誤り。出身国の上位3か国の合計は，アメリカ合衆国が22.7 + 5.7 + 5.3 = 33.7〔%〕，ドイツが13.6 + 11.7 + 7.6 = 32.9〔%〕，サウジアラビアが18.6 + 12.7 + 11.0 = 42.3〔%〕より，全体の4割を上回っているのはサウジアラビアのみである。 2 誤り。国際移住者の総数が最も多いアメリカ合衆国と，最も少ないサウジアラビアを比較すると，$\dfrac{アメリカ合衆国の国際移住者の総数}{サウジアラビアの国際移住者の総数}$ $= \dfrac{5066}{1312} \fallingdotseq 3.9$〔倍〕より，4倍未満の開きである。 3 誤り。アメリカ合衆国とサウジアラビアにおいて，インドからの移住者がそれぞれ3位，1位となり重複している。 4 正しい。国際移住者の総数が最も多いアメリカ合衆国では，メキシコ出身の移住者が22.7%となっており，アメリカ合衆国におけ

る国際移住者全体の5分の1を上回っている。　5　誤り。技術系労働者の受け入れについては，この図からは読み取れない。

7　4

解説　1　誤り。1997年においてインターネット利用者数が最も少ない国はインドであるが，2014年において利用者数が最も少ない国はスウェーデンである。　2　誤り。2010年における中国のインターネット利用者数は，

$$\frac{2010\text{年の中国のインターネット利用者数}}{2010\text{年の日本のインターネット利用者数}} = \frac{46008}{10123} ≒ 4.5 \text{〔倍〕より，同年にお}$$

ける日本のインターネット利用者数の5倍未満である。　3　誤り。2010年から2014年にかけて，インターネット利用者数の増加数が最も少ない国はスウェーデンである。　4　正しい。2014年におけるスウェーデンのインターネット利用者率は96.4％，韓国のインターネット利用者率は95.1％である。　5　誤り。2014年においてインターネット利用者数が最も少ない国はスウェーデンであるが，利用者率が最も低い国はインドである。

8　5

解説　1　誤り。（平成19年における対前年比）＝

$$\left(\frac{\text{平成19年の公園合計の年間利用者数}}{\text{平成18年の公園合計の年間利用者数}}\right) = \frac{916845}{905668} ≒ 1.012 \text{となる。同様の計}$$

算をすると，（平成20年における対前年比）＝$\frac{894798}{916845} ≒ 0.976$，（平成21年に

おける対前年比）＝$\frac{899827}{894798} ≒ 1.005$，（平成22年における対前年比）＝$\frac{886844}{899827}$

≒ 0.986，（平成23年における対前年比）＝$\frac{807909}{886844} ≒ 0.911$より，平成19年か

ら平成23年までの公園合計の年間利用者数のうち対前年比が最も高い値なのは，平成19年である。　2　誤り。（平成24年における対前年比）＝$\frac{843874}{807909}$

≒ 1.045，（平成25年における対前年比）＝$\frac{873199}{843874} ≒ 1.035$，（平成26年におけ

る対前年比）＝$\frac{872336}{873199} ≒ 0.999$，（平成27年における対前年比）＝$\frac{899144}{872336} ≒$

1.031，（平成28年における対前年比）＝$\frac{895010}{899144} ≒ 0.995$より，平成24年から

平成28年までの公園合計の年間利用者数における対前年比は，平成24年が

最も高い値である。　**3**　誤り。都道府県立自然公園の公園数は，いずれの年も312なので増加していない。　**4**　誤り。平成19年における国立公園の年間利用者数は，354232 − 352769 = 1463〔千人〕= 146万3千人増加しているので，150万人には満たない。　**5**　正しい。平成28年における国定公園の年間利用者数は，290386 − 288986 = 1400〔千人〕= 140〔万人〕増加している。

9 5

解説 **1**　誤り。日本における2016年から2019年のバッテリー式電気自動車新規登録台数の増加率は$\dfrac{2019年の新規登録台数}{2016年の新規登録台数} = \dfrac{21.3}{15.5} ≒ 1.4$〔倍〕で1.5倍を下回っている。　**2**　誤り。プラグインハイブリッド電気自動車新規登録台数については，ノルウェー，オランダで減少している。　**3**　誤り。バッテリー式電気自動車新規登録台数の上位五か国は，中国，アメリカ合衆国，ノルウェー，フランス，日本である。一方，電気自動車保有台数の上位五か国は，中国，アメリカ合衆国，日本，ノルウェー，オランダである。　**4**　誤り。経済成長率については，この資料からは読み取れない。　**5**　正しい。電気自動車保有台数は，すべての国において増加している。

10 3

解説 **1**　誤り。アメリカ合衆国における再生可能エネルギーによる発電量は$\dfrac{アメリカ合衆国の発電量}{世界全体の発電量} = \dfrac{7182}{62695} ≒ 0.114$より，世界全体のおよそ1割しか占めていない。　**2**　誤り。ドイツにおける再生可能エネルギーによる発電量の割合はスペインよりも多いが，その発電量は$\dfrac{ドイツの発電量}{世界全体の発電量} × 100$ $= \dfrac{2163}{62695} × 100 ≒ 3.5$〔％〕より，世界全体の5％未満である。　**3**　正しい。ロシアにおける再生可能エネルギーによる発電量の割合は15％を超えており，その発電量は$\dfrac{ロシアの発電量}{世界全体の発電量} × 100 = \dfrac{1862}{62695} × 100 ≒ 3.0$〔％〕より，世界全体の2％を超えている。　**4**　誤り。ノルウェーにおける再生可能エネルギーによる発電量の割合は97％であり，パラグアイに次いで，2番目に大きい値となっている。　**5**　誤り。総発電量に占める再生可能エネルギーの発電量の割合が日本に次いで2番目に低い国はメキシコであるが，その発電量は

$\dfrac{メキシコの発電量}{世界全体の発電量} \times 100 = \dfrac{515}{62695} \times 100 \fallingdotseq 0.82〔\%〕$ より，世界全体の1%を下回っている。

11 4

解説 1　誤り。日本の新聞発行部数は，ブラジルの新聞発行部数の $\dfrac{日本の新聞発行部数}{ブラジルの新聞発行部数} = \dfrac{45363}{8478} \fallingdotseq 5.4〔倍〕$ である。　2　誤り。新聞発行部数が最も多い国はインドであるが，成人千人あたりの発行部数が最も多い国は日本である。　3　誤り。時系列データが示されていないので，判断することはできない。　4　正しい。ブラジルが該当する。　5　誤り。インドの新聞発行部数は，ドイツの新聞発行部数の $\dfrac{インドの新聞発行部数}{ドイツの新聞発行部数} = \dfrac{264290}{16307} \fallingdotseq 16.2〔倍〕$ である。

12 3

解説 1　誤り。調査結果について，その内訳について比較する問題である。一般向けの広報誌で開示している法人について，認定・特例認定法人と認定を受けていない法人のそれぞれの割合を比較すると，$26.8 \div 11.7 = 2.29$ ……$\fallingdotseq 2.3$ より，「3倍を上回っている」という記述は誤りである。　2　誤り。一般の株式会社についてのデータが示されていないので，比較できない。つまり，「（資料から）読み取れる内容として」との記述がある場合，示されていないデータをもとにした記述は誤りとなる。　3　正しい。全体の総数にその割合を乗じて求められるため，$3{,}416 \times 0.135 = 461.16$ より，500を下回っている。　4　誤り。情報開示のための閲覧を実施していない法人についてのデータが示されていないため，読み取れない。　5　誤り。全体の総数にその割合を乗じて求められるため，$750 \times 0.069 = 51.75$ より，50を上回っている。

13 4

解説 1　誤り。家族類型別にみると，令和2年における「単独世帯」の「一般世帯」に占める割合は，$\dfrac{単独世帯}{一般世帯} \times 100 = \dfrac{21151}{55705} \times 100 = 0.3796$……$\times 100 \fallingdotseq 38.0〔\%〕$ であるので，4割を超えているとはいえない。　2　誤り。一般世帯数を世帯の家族類型別にみると，令和2年における「夫婦と子供から成る世

帯」の「一般世帯」に占める割合は，$\dfrac{夫婦と子供から成る世帯}{一般世帯} \times 100 = \dfrac{13949}{55705}$ $\times 100 = 0.2504\cdots\cdots \times 100 \fallingdotseq 25.0〔\%〕$であるので，3分の1を超えているとはいえない。　**3**　誤り。一般世帯数を世帯の家族類型別にみると，令和2年における「夫婦のみの世帯」の「一般世帯」に占める割合は，$\dfrac{夫婦のみの世帯}{一般世帯} \times$ $100 = \dfrac{11159}{55705} \times 100 = 0.2003\cdots\cdots \times 100 \fallingdotseq 20.0〔\%〕$であるので，5分の1を上回っている。　**4**　正しい。平成27年と令和2年のデータを比較すると，「単独世帯」の「一般世帯」に占める割合は，平成27年が，$\dfrac{単独世帯}{一般世帯} \times 100 = \dfrac{18418}{53332}$ $\times 100 = 0.3453\cdots\cdots \times 100 \fallingdotseq 34.5〔\%〕$，令和2年が，$\dfrac{単独世帯}{一般世帯} \times 100 = \dfrac{21151}{55705}$ $\times 100 = 0.3796\cdots\cdots \times 100 \fallingdotseq 38.0〔\%〕$であるので，選択肢の通り2%以上増加していることが分かる。　**5**　誤り。平成27年と令和2年のデータを比較すると，「ひとり親と子供から成る世帯」の「一般世帯」に占める割合は，平成27年が，$\dfrac{ひとり親と子供から成る世帯}{一般世帯} \times 100 = \dfrac{4748}{53332} \times 100 = 0.0890\cdots\cdots \times 100 \fallingdotseq$ $8.9〔\%〕$，令和2年が，$\dfrac{ひとり親と子供から成る世帯}{一般世帯} \times 100 = \dfrac{5003}{55705} \times 100 =$ $0.0898\cdots\cdots \times 100 \fallingdotseq 9.0〔\%〕$であり，「一般世帯」に占める「ひとり親と子供から成る世帯」の割合は，8.9%から9.0%にやや上昇したものの，いずれの年においても10%未満である。

14 3

解説　**1**　誤り。例えば，禁錮，拘留を見ると，女の収容人員の10倍は12 × 10 = 120であり，男の収容人員は94だから，女の収容人員の10倍を下回っている。　**2**　誤り。少年院の総数の30倍は1,583 × 30 = 47,490であり，刑務所・拘置所等の総数は1,744 + 16,884 + 21,079 + 106 + 6,711 = 46,524だから，少年院の総数の30倍を下回っている。　**3**　正しい。禁錮，拘留の総数の350倍は106 × 350 = 37,100であり，懲役の総数は1,744 + 16,884 + 21,079 = 39,707だから，禁錮，拘留の350倍を上回っている。　**4**　誤り。無期の総数の25倍は1,744 × 25 = 43,600であり，有期の総数は16,884 + 21,079 = 37,963だから，無期の25倍を下回っている。　**5**　誤り。刑務所・拘置所等の総数に対する受刑者のそれの比率は$\dfrac{39,813}{46,524} \times 100 \fallingdotseq 85.6〔\%〕$だから，90%を下回っている。

第6部

論作文試験対策

- 論作文対策
- 実施課題例の分析

人物試験　論作文対策

POINT

● Ⅰ.「論作文試験」とはなにか ●

(1)「論作文試験」を実施する目的

　かつて18世紀フランスの博物学者，ビュフォンは「文は人なり」と言った。その人の知識・教養・思考力・思考方法・人間性などを知るには，その人が書いた文章を見るのが最良の方法であるという意味だ。

　知識の質・量を調べる筆記試験の教養試験だけでは，判定しがたい受験生の資質をより正確にとらえるため，あるいは受験生の警察官としての適性を判断するため，多角的な観点から考査・評価を行う必要がある。

　そのため論作文試験は，公務員試験のみならず，一般企業でも重視されているわけだが，とりわけ警察官の場合は，行政の中核にあって多様な諸事務を処理して国民に奉仕するという職務柄，人物試験とともに近年は一層重視されているのが現状だ。しかも，この傾向は，今後もさらに強くなると予想される。

　同じ国語を使って，同じように制限された字数，時間の中で同じテーマの論作文を書いても，その論作文はまったく違ったものになる。おそらく学校で，同じ先生に同じように文章指導を受けたとしても，そうなるだろう。その違いのなかにおのずと受験生の姿が浮かび上がってくることになる。

　採用側からみた論作文試験の意義をまとめると，次のようになる。

---

① 警察官としての資質を探る

　公務員というのは，文字どおり公に従事するもの。地域住民に直接に接する機会も多い。民間企業の場合は，新入社員研修が何ヶ月もかけて行われることもあるが，公務員の場合は，ほとんどが短期間のうちに現場の真っ只中に入ることになる。したがって自立性や創造力などの資質を備えた人物が求められるわけで，論作文試験を通じて，そのような資質を判定することができる。

---

② 総合的な知識・理解力を知る

　論作文試験によって，警察官として必要な言語能力・文章表現能力を判定することや，警察官として職務を遂行するのにふさわしい基礎的な知識の理解度や実践への応用力を試すことができる。

　換言すれば，日本語を文章として正しく表現するための常識や，これまでの学校教育などで得た政治や経済などの一般常識を今後の実践の中でどれほど生かすことができるか，などの総合的な知識・理解力の判定をもしようということである。

③ 思考過程・論理の構成力を知る

　教養試験は，一般知識分野であれ一般知能分野であれ，その出題の質が総括的・分散的になりがちである。いわば「広く浅く」が出題の基本となりやすいわけだ。これでは受験生の思考過程や論理の構成力を判定することは不可能だ。その点，論作文試験ではひとつの重要な課題に対する奥深さを判定しやすい。

④ 受験生の人柄・人間性の判定

　人物試験（面接）と同様に，受験生の人格・人柄を判定しやすい。これは，文章の内容からばかりではなく，文章の書き方，誤字・脱字の有無，制限字数への配慮，文字の丁寧さなどからも判断される。

(2)「論作文試験」の実施状況

　公務員試験全体における人物重視の傾向とあいまって，論作文試験も重視される傾向にある。地方公務員の場合，試験を実施する都道府県・市町村などによって異なるが，行政事務関係はほぼ実施している。

(3) 字数制限と時間制限

　最も一般的な字数は1,000〜1,200字程度である。最も少ないところが600字，最大が2,000字と大きく開きがある。

　時間制限は，60〜90分，あるいは120分というのが一般的だ。この時間は，けっして充分なものではない。試しにストップウォッチで計ってみるといいが，他人の論作文を清書するだけでも，600字の場合なら約15分程度かかる。

テーマに即して，しかも用字・用語に気を配ってということになると，かなりのスピードが要求されるわけである。情報を整理し，簡潔に説明できる力を養う必要があるだろう。

(4)「論作文試験」の評価の基準

　採用試験の答案として書く論作文なので，その評価基準を意識して書くことも大切といえる。しかし，公務員試験における論作文の評価の基準は，いずれの都道府県などでも公表していないし，今後もそれを期待することはなかなか難しいだろう。

　ただ，過去のデータなどから手掛りとなるものはあるので，ここではそれらを参考に，一般的な評価基準を考えてみよう。

形式的な面からの評価	①	表記法に問題はないか。
	②	文脈に応じて適切な語句が使われているか。
	③	文（センテンス）の構造，語句の照応などに問題はないか。
内容的な面からの評価	①	テーマを的確に把握しているか。
	②	自分の考え方やものの見方をまとめ，テーマや論旨が明確に表現されているか。
	③	内容がよく整理され，段落の設定や論作文の構成に問題はないか。
総合的な面からの評価	①	警察官に必要な洞察力や創造力，あるいは常識や基礎学力は十分であるか。
	②	ものの見方や考え方が，警察官として望ましい方向にあるか。

　おおよそ以上のような評価の視点が考えられるが，これらはあらゆるテーマに対して共通しているということではない。それぞれのテーマによってそのポイントの移動があり，また，実施する自治体などによっても，このうちのどれに重点を置くかが異なってくる。

　ただ，一般的に言えることは，企業の採用試験などの場合，その多くは総合的な評価が重視され形式的な面はあまり重視されないが，公務員採用試験における論作文は，形式的な面も軽んじてはならないということである。なぜなら，警察官は採用後に公の文書を取り扱うわけで，それらには一定の

フォーマットがあるものが多いからだ。これへの適応能力が試されるのは当然である。

(5)「論作文試験」の出題傾向

　公務員試験の場合，出題の傾向をこれまでのテーマから見るのは難しい。一定の傾向がないからだ。

　ここ数年の例を見ると，「警察官となるにあたって」「警察官に求められる倫理観について」など，将来への抱負や心構え，公務員観に関するものから，「私が目指す●●県のまちづくり」「▲▲の魅力を挙げ，他地域の人々に▲▲を発信・セールスせよ」など，具体的なプランとアクションを挙げさせるところもあり，その種類まさに千差万別といえる。

　いずれにせよ，今までの自己体験，あるいは身近な事件を通して得た信条や生活観，自然観などを語らせ，その観点や感性から，警察官としての適性を知ろうとするものであることに変わりはないようだ。

●● Ⅱ.「論作文試験」の事前準備 ●

(1) 試験の目的を理解する

　論作文試験の意義や評価の目的については前に述べたが，試験の準備を進めるためには，まずそれについてよく考え，理解を深めておく必要がある。その理解が，自分なりの準備方法を導きだしてくれるはずだ。

　例えば，あなたに好きなひとがいたとする。ラブレター（あるいはメール）を書きたいのだが，あいにく文章は苦手だ。文章の上手い友人に代筆を頼む手もあるが，これでは真心は通じないだろう。そこで，便せんいっぱいに「好きだ，好きだ，好きだ，好きだ，好きだ，好きだ」とだけ書いたとする。それで十分に情熱を伝えることができるし，場合によっては，どんな名文を書き連ねるよりも最高のラブレターになることだってある。あるいはサインペンで用紙いっぱいに一言「好き」と大書して送ってもいい。個人対個人間のラブレターなら，それでもいいのである。つまり，その目的が，「好き」という恋心を相手にだけわかってもらうことにあるからだ。

　文章の長さにしてもそうで，例えばこんな文がある。

> 「一筆啓上　火の用心　おせん泣かすな　馬肥やせ」

　これは徳川家康の家臣である本多作左衛門重次が，妻に宛てた短い手紙である。「一筆啓上」は「拝啓」に当たる意味で，「おせん泣かすな」は重次の唯一の子どもであるお仙（仙千代）を「泣かしたりせず，しっかりと育てなさい」と我が子をとても大事にしていたことが伺える。さらに，「馬肥やせ」は武将の家には欠くことのできない馬について「いざという時のために餌をしっかり与えて大事にしてくれ」と妻へアドバイスしている。短いながらもこの文面全体には，家族への愛情や心配，家の主としての責任感などがにじみ出ているかのようだ。

　世の中にはもっと短い手紙もある。フランスの文豪ヴィクトル・ユーゴーは『レ・ミゼラブル』を出版した際にその売れ行きが心配になり，出版社に対して「？」と書いただけの手紙を送った。すると出版社からは「！」という返事が届いたという。意味がおわかりだろうか。これは，「売れ行きはどうか？」「すごく売れていますよ！」というやりとりである。前提になる状況と目的によっては，「？」や「！」ひとつが，千万の言葉よりも，意思と感情を的確に相手に伝達することもあるのだ。

　しかし，論作文試験の場合はどうだろうか。「警察官を志望した動機」というテーマを出されて，「私は警察官になりたい，私は警察官になりたい，私は警察官になりたい，……」と600字分書いても，評価されることはないだろう。

　つまり論作文というのは，何度もいうように，人物試験を兼ねあわせて実施されるものである。この意義や目的を忘れてはいけない。しかも公務員採用試験の場合と民間企業の場合では，求められているものに違いもある。

　民間企業の場合でも業種によって違いがある。ということは，それぞれの意義や目的によって，対策や準備方法も違ってくるということである。これを理解した上で，自分なりの準備方法を見つけることが大切なのだ。

(2) 文章を書く習慣を身につける

　多くの人は「かしこまった文章を書くのが苦手」だという。携帯電話やパソコンで気楽なメールを頻繁にしている現在では，特にそうだという。論作文試験の準備としては，まずこの苦手意識を取り除くことが必要だろう。

　文章を書くということは，習慣がついてしまえばそれほど辛いものではな

い。習慣をつけるという意味では，第一に日記を書くこと，第二に手紙を書くのがよい。

① 「日記」を書いて筆力をつける

実際にやってみればわかることだが，日記を半年間書き続けると，自分でも驚くほど筆力が身に付く。筆力というのは「文章を書く力」で，豊かな表現力・構成力，あるいはスピードを意味している。日記は他人に見せるものではないので，自由に書ける。材料は身辺雑事・雑感が主なので，いくらでもあるはず。この「自由に書ける」「材料がある」ということが，文章に慣れるためには大切なことなのだ。パソコンを使ってブログで長い文章を書くのも悪くはないが，本番試験はキーボードが使えるわけではないので，リズムが変わると書けない可能性もある。やはり紙にペンで書くべきだろう。

② 「手紙」を書いてみる

手紙は，他人に用件や意思や感情を伝えるものである。最初から他人に読んでもらうことを目的にしている。ここが日記とは根本的に違う。つまり，読み手を意識して書かなければならないわけだ。そのために，一定の形式を踏まなければならないこともあるし，逆に，相手や時と場合によって形式をはずすこともある。感情を全面的に表わすこともあるし，抑えることもある。文章を書く場合，この読み手を想定して形式や感情を制御していくということは大切な要件である。手紙を書くことによって，このコツに慣れてくるわけだ。

「おっはよー，元気い（^_^）？　今日もめっちゃ寒いけど……」

「拝啓，朝夕はめっきり肌寒さを覚える今日このごろですが，皆々様におかれましては，いかがお過ごしかと……」

手紙は，具体的に相手（読み手）を想定できるので，書く習慣がつけば，このような「書き分ける」能力も自然と身についてくる。つまり，文章のTPOといったものがわかってくるのである。

③ 新聞や雑誌のコラムを写してみる

新聞や雑誌のコラムなどを写したりするのも，文章に慣れる王道の手段。最初は，とにかく書き写すだけでいい。ひたすら，書き写すのだ。

ペン習字などもお手本を書き写すが，それと同じだと思えばいい。ペン
習字と違うのは，文字面をなぞるのではなく，別の原稿用紙などに書き
写す点だ。

とにかく，こうして書き写すことをしていると，まず文章のリズムが
わかってくる。ことばづかいや送り仮名の要領も身につく。文の構成法
も，なんとなく理解できてくる。実際，かつての作家の文章修業は，こ
うして模写をすることから始めたという。

私たちが日本語を話す場合，文法をいちいち考えているわけではない
だろう。接続詞や助詞も自然に口をついて出ている。文章も本来，こう
ならなければならないのである。そのためには書き写す作業が一番いい
わけで，これも実際にやってみると，効果がよくわかる。

なぜ，新聞や雑誌のコラムがよいかといえば，これらはマスメディア
用の文章だからである。不特定多数の読み手を想定して書かれているた
めに，一般的なルールに即して書かれていて，無難な表現であり，クセ
がない。公務員試験の論作文では，この点も大切なことなのだ。

たとえば雨の音は，一般的に「ポツリ，ポツリ」「パラ，パラ」「ザァ，
ザァ」などと書く。ありふれた表現だが，裏を返せばありふれているだけ
に，だれにでも雨の音だとわかるはず。「朝から，あぶないな，と思って
いたら，峠への途中でパラ，パラとやってきた……」という文章があれ
ば，この「パラ，パラ」は雨だと想像しやすいだろう。

一方，「シイ，シイ」「ピチ，ピチ」「トン，トン」「バタ，バタ」，雨
の音をこう表現しても決して悪いということはない。実際，聞き方によっ
ては，こう聞こえるときもある。しかし「朝から，あぶないな，と思っ
ていたら，峠への途中でシイ，シイとやってきた……」では，一般的に
は「シイ，シイ」が雨だとはわからない。

論作文は，作家になるための素質を見るためのものではないから，や
はり後者ではマズイのである。受験論作文の練習に書き写す場合は，マ
スコミのコラムなどがよいというのは，そういうわけだ。

④　考えを正確に文章化する

頭の中では論理的に構成されていても，それを文章に表現するのは意
外に難しい。主語が落ちているために内容がつかめなかったり，語彙が
貧弱で，述べたいことがうまく表現できなかったり，思いあまって言葉

足らずという文章を書く人は非常に多い。文章は，記録であると同時に伝達手段である。メモをとるのとは違うのだ。

　論理的にわかりやすい文章を書くには，言葉を選び，文法を考え，文脈を整え，結論と課題を比較してみる……，という訓練を続けることが大切だ。しかし，この場合，一人でやっていたのでは評価が甘く，また自分では気づかないこともあるので，友人や先輩，国語に詳しいかつての恩師など，第三者の客観的な意見を聞くと，正確な文章になっているかどうかの判断がつけやすい。

⑤　文章の構成力を高める

　正確な文章を書こうとすれば，必ず文章の構成をどうしたらよいかという問題につきあたる。文章の構成法については後述するが，そこに示した基本的な構成パターンをしっかり身につけておくこと。一つのテーマについて，何通りかの構成法で書き，これをいくつものテーマについて繰り返してみる。そうしているうちに，特に意識しなくてもしっかりした構成の文章が書けるようになるはずだ。

⑥　制限内に書く感覚を養う

　だれでも時間をかけてじっくり考えれば，それなりの文章が書けるだろう。しかし，実際の試験では字数制限や時間制限がある。練習の際には，ただ漫然と文章を書くのではなくて，字数や時間も実際の試験のように設定したうえで書いてみること。

　例えば800字以内という制限なら，その全体量はどれくらいなのかを実際に書いてみる。また，全体の構想に従って字数（行数）を配分すること。時間制限についても同様で，60分ならその時間内にどれだけのことが書けるのかを確認し，構想，執筆，推敲などの時間配分を考えてみる。この具体的な方法は後に述べる。

　こうして何度も文章を書いているうちに，さまざまな制限を無駄なく十分に使う感覚が身についてくる。この感覚は，練習を重ね，文章に親しまない限り，身に付かない。逆に言えば実際の試験ではそれが極めて有効な力を発揮するのが明らかなのだ。

● ● Ⅲ．「合格答案」作成上の留意点 ● ●

(1) テーマ把握上の注意

　さて，いよいよ試験が始まったとしよう。論作文試験でまず最初の関門になるのが，テーマを的確に把握できるか否かということ。どんなに立派な文章を書いても，それが課題テーマに合致していない限り，試験結果は絶望的である。不幸なことにそのような例は枚挙にいとまがないと言われる。ここでは犯しやすいミスを2，3例挙げてみよう。

---

①　似たテーマと間違える

　例えば「私の生きかた」や「私の生きがい」などは，その典型的なもの。前者が生活スタイルや生活信条などが問われているのに対して，後者はどのようなことをし，どのように生きていくことが，自分の最も喜びとするところかが問われている。このようなニュアンスの違いも正確に把握することだ。

②　テーマ全体を正確に読まない

　特に，課題そのものが長い文章になっている場合，どのような条件を踏まえて何を述べなければならないかを，正確にとらえないまま書き始めてしまうことがある。例えば，下記のようなテーマがあったとする。

> 「あなたが警察官になったとき，職場の上司や先輩，地域の人々との人間関係において，何を大切にしたいと思いますか。自分の生活体験をもとに書きなさい」

　①警察官になったとき，②生活体験をもとに，というのがこのテーマの条件であり，「上司・先輩，地域の人々との人間関係において大切にしたいこと」というのが必答すべきことになる。このような点を一つひとつ把握しておかないと，内容に抜け落ちがあったり，構成上のバランスが崩れたりする原因になる。テーマを示されたらまず2回はゆっくりと読み，与えられているテーマの意味・内容を確認してから何をどう書くかという考察に移ることが必要だ。

③　テーマの真意を正確につかまない

　「今，警察官に求められるもの」というテーマと「警察官に求められるもの」というテーマを比べた場合，"今"というたった1字があるか否か

272

で，出題者の求める答えは違ってくることに注意したい。言うまでもなく，後者がいわゆる「警察官の資質」を問うているのに対して，前者は「現況をふまえたうえで，できるだけ具体的に警察官の資質について述べること」が求められているのだ。

以上3点について述べた。こうやって示せば誰でも分かる当たり前のことのようだが，試験本番には受け取る側の状況もまた違ってくるはず。くれぐれも慎重に取り組みたいところだ。

(2) 内容・構成上の注意点

① 素材選びに時間をかけろ

テーマを正確に把握したら，次は結論を導きだすための素材が重要なポイントになる。公務員試験での論作文では，できるだけ実践的・経験的なものが望ましい。現実性のある具体的な素材を見つけだそう，書き始める前に十分考慮したい。

② 全体の構想を練る

さて，次に考えなくてはならないのが文章の構成である。相手を納得させるためにも，また字数や時間配分の目安をつけるためにも，全体のアウトラインを構想しておくことが必要だ。ただやみくもに書き始めると，文章があらぬ方向に行ってしまったり，広げた風呂敷をたたむのに苦労しかねない。

③文体を決める

文体は終始一貫させなければならない。文体によって論作文の印象もかなり違ってくる。〈です・ます〉体は丁寧な印象を与えるが，使い慣れないと文章がくどくなり，文末のリズムも単調になりやすい。〈である〉体は文章が重々しいが，断定するつもりのない場合でも断定しているかのような印象を与えやすい。

それぞれ一長一短がある。書きなれている人なら，テーマによって文体を使いわけるのが望ましいだろう。しかし，大概は文章のプロではないのだから，自分の最も書きやすい文体を一つ決めておくことが最良の策だ。

(3) 文章作成上の注意点

① **ワン・センテンスを簡潔に**

　一つの文（センテンス）にさまざまな要素を盛り込もうとする人がいるが，内容がわかりにくくなるだけでなく，時には主語・述語の関係が絡まり合い，文章としてすら成立しなくなることもある。このような文章は論旨が不明確になるだけでなく，読み手の心証もそこねてしまう。文章はできるだけ無駄を省き，わかりやすい文章を心掛けること。「一文はできるだけ簡潔に」が鉄則だ。

② **論点を整理する**

　論作文試験の字数制限は多くても2,000字，少ない場合は600字程度ということもあり，決して多くはない。このように文字数が限られているのだから，文章を簡潔にすると同時に，論点をできるだけ整理し，特に必要のない要素は削ぎ落とすことだ。これはテーマが抽象的な場合や，逆に具体的に多くの条件を設定してる場合は，特に注意したい。

③ **段落を適切に設定する**

　段落とは，文章全体の中で一つのまとまりをもった部分で，段落の終わりで改行し，書き始めは1字下げるのが決まりである。いくつかの小主題をもつ文章の場合，小主題に従って段落を設けないと，筆者の意図がわかりにくい文章になってしまう。逆に，段落が多すぎる文章もまた意図が伝わりにくく，まとまりのない印象の文章となる場合が多い。段落を設ける基準として，次のような場合があげられる。

① 場所や場面が変わるとき。	④ 思考が次の段階へ発展するとき。
② 対象が変わるとき。	⑤ 一つの部分を特に強調したいとき。
③ 立場や観点が変わるとき。	⑥ 同一段落が長くなりすぎて読みにくくなるとき。

これらを念頭に入れて適宜段落を設定する。

(4) 文章構成後のチェック点

① 主題がはっきりしているか。論作文全体を通して一貫しているか。課題にあったものになっているか。
② まとまった区切りを設けて書いているか。段落は，意味の上でも視覚的にもはっきりと設けてあるか。
③ 意味がはっきりしない言いまわしはないか。人によって違った意味にとられるようなことはないか。
④ 一つの文が長すぎないか。一つの文に多くの内容を詰め込みすぎているところはないか。
⑤ あまりにも簡単にまとめすぎていないか。そのために論作文全体が軽くなっていないか。
⑥ 抽象的ではないか。もっと具体的に表現する方法はないものか。
⑦ 意見や感想を述べる場合，裏づけとなる経験やデータとの関連性は妥当なものか。
⑧ 個人の意見や感想を，「われわれは」「私たちは」などと強引に一般化しているところはないか。
⑨ 表現や文体は統一されているか。
⑩ 文字や送り仮名は統一されているか。

　実際の試験では，こんなに細かくチェックしている時間はないだろうが，練習の際には，一つの論作文を書いたら，以上のようなことを必ずチェックしてみるとよいだろう。

● Ⅳ.「論作文試験」の実戦感覚 ●

　準備と対策の最後の仕上げは，"実戦での感覚"を養うことである。これは"実戦での要領"といってもよい。「要領がいい」という言葉には，「上手に」「巧みに」「手際よく」といった意味と同時に，「うまく表面をとりつくろう」「その場をごまかす」というニュアンスもある。「あいつは要領のいい男だ」という表現などを思い出してみれば分かるだろう。

　採用試験における論作文が，論作文試験という競争試験の一つとしてある以上，その意味での"要領"も欠かせないだろう。極端にいってしまえば，こうだ。

> 「約600字分だけ，たまたまでもすばらしいものが書ければよい」

　もちろん，本来はそれでは困るのだが，とにかく合格して採用されることが先決だ。そのために，短時間でその要領をどう身につけるか，実戦ではどう要領を発揮するべきなのか。

(1) 時間と字数の実戦感覚

① 制限時間の感覚

　公務員試験の論作文試験の平均制限時間は，90分間である。この90分間に文字はどれくらい書けるか。大学ノートなどに，やや丁寧に漢字まじりの普通の文を書き写すとして，速い人で1分間約60字，つまり90分間なら約5,400字。遅い人で約40字/1分間，つまり90分間なら約3,600字。平均4,500字前後と見ておけばよいだろう。400字詰め原稿用紙にして11枚程度。これだけを考えれば，時間はたっぷりある。しかし，これはあくまでも「書き写す」場合であって，論作文している時間ではない。

　構想などが決まったうえで，言葉を選びながら論作文する場合は，速い人で約20字前後/1分間，60分間なら約1,800字前後である。ちなみに，文章のプロたち，例えば作家とか週刊誌の記者とかライターという職業の人たちでも，ほぼこんなものなのだ。構想は別として，1時間に1,800字，400字詰め原稿用紙で4～5枚程度書ければ，だいたい職業人として1人前である。言い換えれば，読者が読むに耐えうる原稿を書くためには，これが限度だということである。

　さて，論作文試験に即していえば，もし制限字数1,200字なら，1,200字÷20字で，文章をつづる時間は約60分間ということになる。そうだとすれば，テーマの理解，着想，構想，それに書き終わった後の読み返しなどにあてられる時間は，残り30分間。これは実にシビアな時間である。まず，この時間の感覚を，しっかりと頭に入れておこう。

② 制限字数の感覚

　これも一般には，なかなか感覚がつかめないもの。ちなみに，いま，あなたが読んでいるこの本のこのページには，いったい何文字入っているのか，すぐにわかるだろうか。答えは，1行が33字詰めで行数が32行，

空白部分もあるから約1,000字である。公務員試験の論作文試験の平均的な制限字数は1,200字となっているから，ほぼ，この本の約1頁強である。

　この制限字数を，「長い！」と思うか「短い！」と思うかは，人によって違いはあるはず。俳句は17文字に万感の想いを込めるから，これと比べれば1,000字は実に長い。一方，ニュース番組のアナウンサーが原稿を読む平均速度は，約400字程度/1分間とされているから，1,200字なら3分。アッという間である。つまり，1,200字というのは，そういう感覚の字数なのである。ここでは，論作文試験の1,200字という制限字数の妥当性については置いておく。1,200字というのが，どんな感覚の文字数かということを知っておけばよい。

　この感覚は，きわめて重要なことなのである。後でくわしく述べるが，実際にはこの制限字数によって，内容はもとより書き出しや構成なども，かなりの規制を受ける。しかし，それも試験なのだから，長いなら長いなりに，短いなら短いなりに対処する方法を考えなければならない。それが実戦に臨む構えであり，「要領」なのだ。

(2) 時間配分の実戦感覚

　90分間かけて，結果として1,200字程度の論作文を仕上げればよいわけだから，次は時間の配分をどうするか。開始のベルが鳴る（ブザーかも知れない）。テーマが示される。いわゆる「課題」である。さて，なにを，どう書くか。この「なにを」が着想であり，「どう書くか」が構想だ。

①　まず「着想」に5分間

　課題が明示されているのだから，「なにを」は決まっているように思われるかもしれないが，そんなことはない。たとえば「夢」という課題であったとして，昨日みた夢，こわかった夢，なぜか印象に残っている夢，将来の夢，仕事の夢，夢のある人生とは，夢のある社会とは，夢のない現代の若者について……などなど，書くことは多種多様にある。あるいは「夢想流剣法の真髄」といったものだってよいのだ。まず，この「なにを」を10分以内に決める。文章を書く，または論作文するときは，本来はこの「なにを」が重要なのであって，自分の知識や経験，感性を凝縮して，長い時間をかけて決めるのが理想なのだが，なにしろ制限時間があるので，やむをえず5分以内に決める。

② 次は「構想」に10分間

「構想」というのは，話の組み立て方である。着想したものを，どうやって1,200字程度の字数のなかに，うまく展開するかを考える。このときに重要なのは，材料の点検だ。

たとえば着想の段階で，「現代の若者は夢がないといわれるが，実際には夢はもっているのであって，その夢が実現不可能な空想的な夢ではなく，より現実的になっているだけだ。大きな夢に向かって猛進するのも人生だが，小さな夢を一つ一つ育んでいくのも意義ある人生だと思う」というようなことを書こうと決めたとして，ただダラダラと書いていったのでは，印象深い説得力のある論作文にはならない。したがってエピソードだとか，著名人の言葉とか，読んだ本の感想……といった材料が必要なわけだが，これの有無，その配置を点検するわけである。しかも，その材料の質・量によって，話のもっていきかた（論作文の構成法）も違ってくる。これを10分以内に決める。

実際には，着想に10分，構想に10分と明瞭に区別されるわけではなく，「なにを」は瞬間的に決まることがあるし，「なにを」と「どう書くか」を同時に考えることもある。ともあれ，着想と構想をあわせて，なにがなんでも20分以内に決めなければならないのである。

③ 「執筆」時間は60分間

これは前述したとおり。ただ書くだけの物理的時間が約15〜20分間かかるのだから，言葉を選び表現を考えながらでは60分間は実際に短かすぎるが，試験なのでやむをえない。

まずテーマを書く。氏名を書く。そして，いよいよ第1行の書き出しにかかる。「夢，私はこの言葉が好きだ。夢をみることは，神さまが人間だけに与えた特権だと思う……」「よく，最近の若者には夢がない，という声を聞く。たしかに，その一面はある。つい先日も，こんなことがあった……」「私の家の近所に，夢想流を継承する剣道の小さな道場がある。白髪で小柄な80歳に近い老人が道場主だ……」などと，着想したことを具体的に文章にしていくわけである。

人によっては，着想が決まると，このようにまず第1行を書き，ここで一息ついて後の構想を立てることもある。つまり，書き出しの文句を書きこむと，後の構想が立てやすくなるというわけである。これも一つ

の方法である。しかし，これは，よっぽど書きなれていないと危険をともなう。後の構想がまとまらないと何度も書き出しを書き直さなければならないからだ。したがって，論作文試験の場合は，やはり着想→構想→執筆と進んだほうが無難だろう。

④ 「点検」時間は10分間で

論作文を書き終わる。当然，点検をしなければならない。誤字・脱字はもとより，送り仮名や語句の使い方，表現の妥当性も見直さなければならない。この作業を一般には「推敲」と呼ぶ。推敲は，文章を仕上げる上で欠かせない作業である。本来なら，この推敲には十分な時間をかけなければならない。文章は推敲すればするほど練りあがるし，また，文章の上達に欠かせないものである。

しかし，論作文試験においては，この時間が10分間しかない。前述したように，1,200字の文章は，ニュースのアナウンサーが読みあげるスピードで読んでも，読むだけで約3分はかかる。だとすれば，手直しする時間は7分。ほとんどないに等しいわけだ。せいぜい誤字・脱字の点検しかできないだろう。論作文試験の時間配分では，このことをしっかり頭に入れておかなければならない。要するに論作文試験では，きわめて実戦的な「要領の良さ」が必要であり，準備・対策として，これを身につけておかなければならないということなのだ。

実施課題例の分析

令和4年度

▼論文・第1回（1時間30分，1200字程度）

　警察官として，管内住民から信頼を得るため，公私両面において必要なことは何か，あなたの考えを述べなさい。

《執筆の方針》

　警察官として管内住民から信頼を得るため，公私両面において必要なことは何かを，1,200字程度で説明する。

《課題の分析》

　住民からの信頼というキーワードから，警察官としての倫理観，信頼にかかわる出題と推察される。「和歌山県警察運営指針及び令和5年重点目標」では，警察組織一丸となって諸対策を推進し，安全で安心な和歌山の確立を図るための運営指針を定めている。それは，「県民の期待と信頼に応える強さと優しさを兼ね備えた警察〜安全で安心な和歌山の確立〜」である。そのために，警察官には，公私両面で県民の模範となるよう高い倫理観を要求される。この点は，国家公安委員会の「警察職員の職務倫理及び服務に関する規則」を踏まえたい。警察組織への県民の大きな期待は，社会秩序の維持，個人の生命，身体及び財産の安全を保つことである。そのために，警察官には一般人には認められていないような武器の使用など，強制力を執行する権限が与えられている。だからこそ，人権を尊重し公正かつ親切に職務を執行する，規律を厳正に保持し相互の連帯を強める，清廉にして堅実な生活態度を保持する必要がある。昨今，公私両面で警察官による不祥事が報道されるたびに，警察組織の信用が喪失しかねない事態が起きている。警察官は同時に一人の生活者でもある。その中で，受験者が採用後に県民の信頼を得，かつ模範となれる適性を備えているかどうかを見る問題と捉えられよう。

《作成のポイント》

　論文の形式での出題であり，1200字前後の字数指定を踏まえると，序論・本論・結論の構成を意識するとよい。全体を三〜四段落に分けるとよいだろう。序論では，警察官には公私両面で高い倫理観を持った言動をすべきこと，その理由などを書こう。本論では，まず，高い倫理観を持つべき理由

を，もう少し詳しく説明する。事件・事故における捜査に必要な情報提供などの協力を求めていくとき，防犯活動などを展開するときなどに，県民や地域の各団体や事業者との信頼関係が欠かせないことなどを書くとよいだろう。次に，勤務中は人権を尊重し公正かつ親切に職務を執行する，規律を厳正に保持し警察官同士の連携強化などを意識することを書く。私生活では，親しい友人や親族であっても，職務上知り得た情報を部外者に漏らさないことなどを書いていく。結論では，自分が目指すキャリアを意識し，和歌山県警に採用された際，上述のことを徹底していく決意を書いていこう。

▼論文・第2回（1時間30分，1200字程度）

　あなたが思い描いている警察組織の一員としての働き方を，県民や警察官との関係性に触れつつ，述べなさい。

《執筆の方針》

　受験者が思い描いている警察組織の一員としての働き方を説明する。その際，県民や警察官との関係性に触れ，1,200字程度で説明する。

《課題の分析》

　第1回目の試験同様に，和歌山県警の運営指針「県民の期待と信頼に応える強さと優しさを兼ね備えた警察〜安全で安心な和歌山の確立〜令和5年重点目標」を参考にするとよい。ただ，今回の出題では，県民や警察官との関係性に触れるという条件が付いている。このため，活用する知識を仕入れるのに，同目標で示されている具体的な取り組みを読んでおくとよいだろう。例えば，防犯意識の向上においては，ボランティアによる防犯パトロールや地域安全推進員との啓発活動が欠かせない。安全・安心を実現するためには，警察官だけではなく，地域住民が一体となって犯罪抑止に取り組んでいくことが重要である。一方，住民に委任するだけでなく，警察では犯罪防止に大きな効果が期待される街頭防犯カメラ，防犯灯等の設置を自治体や商店街，事業者に働き掛けて，犯罪の起きにくい環境づくりを推進している。その際，警察官は県民や事業者，地域団体のアドバイザーとして，また県民の困りごとや不安を丁寧に聞きながら，防犯活動を促進する伴走支援者しての役割を期待されていると言えよう。

《作成のポイント》

　論文形式での出題であり，1200字前後の字数指定を踏まえると，序論・本論・結論の構成を意識するとよい。全体を三〜四段落に分けるとよいだろう。序論では，警察組織の一員としての働き方を明確に書こう。その際，

県民の期待と信頼に応える強さと優しさを兼ね備えた警察官など，県警の重点目標のキーワードを使うとよい。本論では，県民や警察官との関係性に触れながら，警察官としてどのように働きたいのかを書く。分析では，防犯意識の向上について触れたが，子どもや女性を守るためにできること，高齢者を狙った特殊詐欺の撲滅など，県警が重視している他の内容について書くのもよい。その際，県民個人や事業者，被害者支援団体などとの協力関係，伴走支援の重要性を意識する必要がある。一方で，犯罪者や犯罪組織には毅然と対応し，検挙・逮捕に繋げることを書く。結論では，和歌山県警に採用された際，前述した内容を確実に実践していく決意を書いて論文をまとめる。

令和３年度

▼論文・第１回（１時間30分，1200字程度）

和歌山県民の安全・安心を脅かす事件・事故等で，あなたが関心を持ったものについて理由とともに説明し，それを踏まえて警察官としてどのようなことに取り組むべきか，あなたの考えを述べなさい。

《執筆の方針》

最近，和歌山県で問題となった警察に関わる事件・事故の中から関心を持ったものを一つ取りあげて，関心をもった理由を述べるとともに，その原因や影響について分析する。そのうえで，警察官として取り上げた事件・事故にどのように取り組んでいくか論述する。

《課題の分析》

和歌山県でも毎日様々な事件・事故がマスコミを賑わしている。設問では，それらの中から関心を持ったものを取り上げて論じることを求めている。警察に関わる事件・事故としては，強盗や殺人といった凶悪犯罪から，ひったくりやスリ，自転車盗といった街頭犯罪，空き巣などの侵入罪などが毎日のように報道される。また高齢者を狙ったオレオレ詐欺などの特殊詐欺事件や若者の薬物使用，外国人による強奪事件なども多発している。警察官を目指す以上，そうした事件・事故に関心をもっていることが求められる。

《作成のポイント》

まず和歌山県でも毎日マスコミで取り上げられるような様々な事件・事故が起きており，とても残念であることを述べる。そして，その事件・事故の中で特に関心を持った具体的な事例を取りあげ，何故それに関心を持ったのか説明する。更に，その犯罪の影響や原因を整理していく。そのうえ

で，自分が将来，警察官としてそうした事件・事故をどのように防いでいくか述べる。取り上げる犯罪にもよるが，できるだけ具体的な方策にしていきたい。最後は，警察官として事件や事故のない明るい世の中をつくっていくという固い決意を示して論文をまとめる。

▼論文・第2回（1時間30分，1200字程度）

　SNSを通じて青少年が犯罪に巻き込まれる被害が全国的に相次いでいるが，これらの犯罪情勢を踏まえ，その危険性について述べるとともに，青少年を犯罪被害から守るための対策について，あなたの考えを述べなさい。

《執筆の方針》

　まずSNSを利用するメリットとともに，その危険性などについて簡潔にまとめる。そのうえで，SNSなどの利用に伴う危険性やトラブルから青少年を守るために，どのような対策をとっていったらよいか整理して述べる。

《課題の分析》

　SNSの普及により，いつでも，どこでも知り合いと連絡を取り合ったり，多くの情報を獲得したりすることが容易になった。また，不特定多数の者とコミュニケーションをとることが行われるようにもなった。様々な点でSNSは非常に便利なツールである。その一方で，使い方を誤ると人間関係のトラブルや犯罪に巻き込まれるといった危険性も少なくない。メールやネットへの書き込みを原因とするいじめ，気軽な情報発信による情報流出，有害サイトへのアクセスによる架空請求詐欺や性犯罪の被害といった事例が報告されている。したがって，そうした電子メールやSNSなどの弊害を防ぐために，個人情報を守るという啓発活動の推進，信頼できる相談システムの構築などが必要である。

《作成のポイント》

　まずSNSが普及したことのメリットとデメリットについて整理する。メリットとしては，緊急時の連絡手段の確保，生活上での活用，情報活用能力の定着などが考えられる。その危険性や問題点については前述した通りである。最終的には，SNSなどの活用は，大量の情報を迅速に収集・発信することができる反面，個人情報の流出や誤った情報の発信による混乱や犯罪の増大といった心配があることを強調する。そのうえで，SNSなどの利用に伴う犯罪やトラブルから青少年を守るために，どのような対策をとっていったらよいか整理していく。最後は，警察官として，そうしたSNSの危険性や安全な利用方法を周知していくという決意を示して論文をまとめる。

令和2年度

▼論文・第1回

○和歌山県では，今後南海トラフ地震等の発生が予想されている。地震や津波などの災害に関し，県民が警察に求めている役割について，あなたの考えを述べなさい。

《執筆の方針》

はじめに，和歌山県では，南海トラフに起因する地震によって大きな被害が想定されることを述べる。次に，県民は警察を含む行政に自然災害から生命や生活を守ることを求めていることを指摘し，警察としてどのような取組みをしていったらよいのか述べていく。

《課題の分析》

近年，大規模な地震や台風による大雨などの自然災害が，各地で大きな被害をもたらしている。特に，和歌山県では，大雨による洪水などの他に，南海トラフに起因する地震やそれに伴う津波といった災害が心配される。県民は，警察を含む行政に，こうした自然災害から生命や生活を守ることを求めている。そのために，大規模災害の発生に備えた日常的な取組みとともに，いざという時の体制を整えておくことが必要となる。大規模災害から県民の暮らしを守ることは，警察や行政だけでは限界があるので，さまざまな地域組織やNPO，企業等と連携した取組みも重要となる。

《作成のポイント》

まず，和歌山県ではどのような大規模災害が想定され，どのような被害が予想されるのか示す。特に，南海トラフに起因する地震によって大きな被害が想定されることを指摘し，警察を含む行政には県民の生命や生活を守ることが求められることを述べる。そのうえで，大規模な災害が発生した際に警察が果たすべき役割について整理して述べる。最優先しなければならないのは県民や市民の命を守ることである。その後，市民や県民の生活再件を支援していくことになるが，被災者の立場に立った支援が必要であることを指摘する。また，大規模な災害のときは警察の力だけでは限界があることから，関係諸機関や企業，地域組織やNPO等と連携した取組みが重要となる。したがって，災害対策本部を中心とした組織的な取組みの重要性にも触れたい。

○今後の和歌山県下の社会情勢について簡潔に記し，それに対して警察はどのように対応していくべきか，あなたの考えを述べなさい。

《執筆の方針》

　警察に関わる事件・事故を中心に和歌山県下の社会情勢について簡潔に書く。次に，優先して取り組むべきと考えるものを取りあげてその原因と影響，対応策について分析して述べる。

《課題の分析》

　毎日様々な事件・事故がマスコミを賑わしている。設問では，まず，和歌山県下の社会情勢について論じることを求めている。警察に関わる事件・事故としては，強盗や殺人といった凶悪犯罪から，ひったくりやスリ，自転車盗といった街頭犯罪，空き巣などの侵入罪などが毎日のように報道される。また，最近は，高齢者を狙ったオレオレ詐欺などの特殊詐欺事件，若者の薬物使用，外国人による強奪事件など，警察官を志す者が関心をもつべき事件・事故は少なくない。警察には，これらの事件・事故から県民の安心で安全な生活を守ることが求められている。

《作成のポイント》

　はじめに，和歌山県でも毎日様々な事件・事故が起きてマスコミで取り上げられていて，とても残念であることを述べる。次に，そうした事件・事故の傾向を述べ，優先して取り組むべきだと考える事例を取りあげ，その犯罪の影響や原因を整理して述べていく。原因については，「第一に…」「第二に…」というようにナンバリングをして分かりやすく述べるようにする。そのうえで，そうした犯罪を防ぐための対策を示す。取り上げる犯罪にもよるが，できるだけ具体的な対策にしていきたい。最後は，警察官として犯罪のない明るい世の中をつくっていくという固い決意を述べて論文をまとめる。

▼論文・第2回

　当県では高齢者が当事者となる交通事故の割合が高いが，こうした事故を防止するための施策について，あなたの考えを述べなさい。

《執筆の方針》

　まず，高齢者に関わる交通事故が多発する要因について分析的に述べた上で，警察としてどのような取組みをしていったらよいのかを述べる。高齢者の交通事故を防止するためには，高齢者本人だけでなく，家族や地域住民などと連携した取り組みが必要であることを強調する。

《課題の分析》

　交通事故による死亡者数は年々減少傾向にある一方，65歳以上の高齢者の占める割合が高くなっている。高齢者の交通事故の内訳をみると，最も

多いのが自動車乗車中で，次が歩行中の事故死である。交通事故死の原因
は，横断歩道以外の場所の横断や走行車両の直前・直後の横断，横断歩道
での信号無視など，そのほとんどが高齢者自身による交通ルール違反となっ
ている。また，最近は高齢者の運転による事故が増加している。こうした
事故の背景には，老化による体力や判断力の低下など，高齢者特有の事情
があると考えられ，高齢者の免許返納が大きな課題となっている。

《作成のポイント》

　まず，高齢者の交通事故の原因について分析し，整理して述べる。事故
の背景には，老化による体力や判断力の低下など，高齢者特有の事情があ
ることを指摘する。その際，自分が経験したり，見たり聞いたりした高齢者
の交通事故の事例を織り込むことで，説得力のある文章にする。そのうえで，
高齢者の交通事故を防止する方法について述べていく。老人会などでの高齢
者本人に対する啓発活動だけでなく，家族や地域住民などを巻き込んだ，高
齢者を交通事故から守る運動の展開といった方策を述べる。また，家族の協
力を得て，高齢者の免許返納を進めていくことの必要性も指摘する。

令和元年度

▼論文・第1回

　自分自身の誇れることを挙げ，その理由を述べた上で，それを警察官と
してどのように生かすことができるか，あなたの考えを述べなさい。

《執筆の方針》

　自分が誇れることは，多くの場合，努力を伴って獲得した資質・能力に
関係することであろう。その誇れる資質・能力を警察官としての業務にど
のように生かすか，具体的に述べる。

《課題の分析》

　学習活動，部活動など学校生活で得られた学び，地域行事，ボランティ
アなどの場面で得られた達成感など，人それぞれ努力の経験がある。誇れ
ることを1〜2点を挙げ，和歌山県警の警察官として，仕事に生きるであろ
う要素をアピールする。前向きでプラス思考の人間は，多くの成就感，達
成経験によって自信を深め，人として磨かれつつ成長してきたはずである。
「やればできる」「結果は努力を裏切らない」等の信念は，警察組織にあっ
ても必ず生きるであろう。自己肯定感，自己有用感は，日本の生徒，学生
が国際的にみて低いと言われる要素であるが，少なくとも警察官にあって
は，こうした自己評価を高くもちたい。

《作成のポイント》

　全体を三部構成とする。序論では，過去の経験のうち，特に努力したと言える経験，誇れる内容を概要的に書く。経験から得たものが警察官として生きる内容に絞る。本論では，具体的にどのような努力で，如何にして成果をあげたか，その内容について述べる。なるべく困難を克服し，継続努力して達成感が得られた，感動を伴う経験について述べることが望ましい。警察官の資質能力として求められる要素，「粘り強さ」「冷静な判断力」「人間関係力」「努力によって磨かれた技術・体力」などに起因することを強調する。結論では和歌山県警の警察官として，県民の安心・安全のために全力を尽くしたい旨，犯罪捜査や警備，サイバー犯罪対策など，実際の業務をイメージして具体的に述べ，決意とする。成就感をさらに次のステップへのモチベーションに繋げ，スパイラルに成長し続ける人間として印象づけたい。

▼論文・第2回

　県民が安心して生活できる社会を実現するため，警察官としてどのようなことに重点を置いて取り組むべきか，あなたの考えを述べなさい。

《執筆の方針》

　安全・安心なまちづくりの実現に向けて，自身の思うところを述べる。警察官の取組において，重点となる要素に触れる必要がある。

《課題の分析》

　「何を書くか」は日常生活で何を考え，感じているかによって個人差がある。警察官としての感性が問われるポイントでもある。「安心・安全なまち，和歌山」に向けて，警察官としての自分には何ができるかを述べる。県民の安心に繋がるような犯罪の未然防止に向けた努力が必要である。例えば飲酒運転による事故は，パトロール等によって未然に抑止できる場合も多いと考えられる。また犯罪の容疑者逮捕，検挙率の向上は次の犯罪を防止する事にも繋がる。一人一人の警察官の努力が全て，県民からの安心・安全に繋がるという意識が大切である。試験本番だけで考えてもよい論文を書くことは難しい。日頃からテーマを想定して，何度か書いてみる努力が必要である。

《作成のポイント》

　三部構成とする。序論では，県民にとっての安心・安全とは何かを説明する。治安の良さに繋がる検挙率の高さ，犯罪防止の取組等について述べ

るとよい。和歌山県警の2019年検挙率は，全国第9位である。本論では，県警各組織の仕事が県民の安心安全に繋がっているという認識を示す。生活安全企画課，地域指導課，生活環境課，交通企画課，サイバー犯罪対策課他，全ての組織が，県民の安心安全を支えていると言ってよい。警察官として重点を置きたい取組の具体に触れる。特殊詐欺やストーカー犯罪も多発する現代，犯罪の未然防止に向けた取組も大切である。結論では，警察官として県民の生命・安全を守る意識，犯罪を許さないという毅然とした姿勢について自分の決意を述べる。字数・時間制限，構成を意識して，個性の輝くアピールをする練習をしておこう。

平成30年度

▼論文・第1回

最近発生した事件や交通事故のうち関心を持ったものを1つあげ，そのことに対するあなたの考えを述べなさい。

《執筆の方針》

最近国内で発生した事件・事故のうち特に関心を持ったものについて，自身のとらえ方を述べ，警察官としての見識をアピールする。

《課題の分析》

どのような事案を選択したかという視点が問われる。課題文に「交通事故」という選択肢も示されているので，ここでは交通事故について述べる。特に最近話題になる交通事故は，「あおり運転」や「高齢者による交通事故」である。こうした事故に対する考え方，改善の方策について論じる。「横断歩道で歩行者がいると車が止まってくれる率」は，長野県が全国1位で60％以上であるが，これは学校・家庭で，止まってくれた車に一礼する教育をしているからであると言われる。低年齢からの感化や，交通事故に対する県民レベルの意識改革が効果的であろう。

《作成のポイント》

「文は人なり」と言われるが，如何に自分らしさを出せるかが問われる。「何を書くか」と「如何に書くか」が大切である。事件・事故に対するとらえ方，表現を通して，警察官としてのより高い倫理観，正義感といった要素を強調したい。

序論では，関心の高い事案を1例をあげる。上記分析では交通事故を挙げたが，殺人，強盗，詐欺，サイバー犯罪等，自身の感じている課題を挙げればよい。和歌山県警が最近扱った大きな事案について学習しておく事

も必要である。本論では，その事案に対して，どのように感じ，警察官としてどのような姿勢で対処していきたいのかについて述べる。日頃からニュースだけでなく新聞などにも目を通し，論評のスタンスにも関心をもっておく事が有効である。結論では和歌山県警の一員として採用された場合の決意について，強く述べよう。

▼論文・第2回

あなたがこれまでに経験した成功または失敗した出来事をあげ，その経験から何を学び，警察官の職務にどう生かしていきたいか，あなたの考えを述べなさい。

《執筆の方針》

これまでの成功体験または，失敗体験からの学びを今後の警察業務にどのように生かしていくかということについて，自身の考えを述べる。失敗体験からの学びを効果的に自己アピールに繋げ，警察官としての期待値を高く評価してもらうことが出来ればそれもよいが，一般には成功体験について述べることが無難と言える。

《課題の分析》

継続的努力により得られた成功体験において，将来警察官という職務に生きると思われる事や，採用試験において資質能力として評価されると思われる点に的を絞った回答とする。資格，武道等のスポーツ，知識取得，趣味等について，これまでの部活動，サークル，ボランティア等の活動の中で努力した経験を具体的に述べてもよい。警察官の業務を想起しつつ，どのような場面でそれを生かせるかについて論述したい。

《作成のポイント》

三段落で構成する。序論では，自身がこれまでに努力して成功した経験を具体的に述べる。後段の警察官の仕事に生きると思われる経験を選択して一点に絞る。本論では，その経験から何を得たかについて，これも警察業務に生きる要素に特化して述べたい。また，和歌山県警の一員として，これまで自分が努力してきた経験から得られたものを，どのような場面で生かしていきたいと考えているかについて具体的に記述する。結論では，警察官としての意気込みを述べて決意とする。県民の生命・安全を守るという意識に関して，自分の意見を述べ，犯罪を許さないという姿勢を強調する。

試験本番の場だけで考えてもよい論文を書くことは難しい。日常からテーマを想定し，何度か書いてみる努力が必要である。制限字数・時間，段落

構成を意識して，目的にかなう個性的な論文を書く訓練しておこう。

平成29年度

▼論文・第1回

　あなたにとって魅力のある警察組織とはどのようなものか，考えを述べなさい。

《執筆の方針》

　受験者が理想とする警察の組織像について説明する。

《課題の分析》

　全国の道府県警の論文だけではなく，面接試験などでも狙われやすい出題である。ここ最近では，走行する新幹線車内での殺人事件，交番が襲撃され警察官が殺害された事件，あおり運転による死亡事故などがメディアで話題になった。また，より巧妙化する特殊詐欺の手口も，毎日のように報道される。今回の設問は，いわゆる一行問題であり，漠然としているが，時事的問題に対する受験者の関心もアピールしたいところである。さらに，出題者は，警察組織の対応の遅れにつながりやすく，重要な課題となることについて，受験者がどれだけ考えているかを試す意図もあると思われる。メディアを賑わす事件・事故というのは，これまではあまり想定されていなかった形態のものが多い。こうした形態の事件・事故をあらかじめ予測しつつ着実に対処できること，そうして，犯罪や事故のない安全・安心な社会をつくっていく警察のあり方を考える問題であると捉えるとよいだろう。

《作成のポイント》

　まず，注意したいのは，次のような内容にしないことである。一つは，自分が関心を持った事件や事故の一つについて，詳細な事実関係を述べることに終始しただけの答案である。もう一つは「魅力」という言葉を額面通りに受け取り，職場のイメージや自分の憧れだけに終始するものである。以上を踏まえて，答案作成の一例を示したい。分析でも述べたように，想定されていなかった事件や事故は県民を不安に陥れることになる。では，どういう点で警察組織に求められる対応の遅れにつながりやすいのか，それゆえにどういうことが重要な課題となるのかを，明記したい。その上で，犯罪に毅然と立ち向かい，難しい課題についてどのような対応をすることで，迅速かつ確実に事件を解決できるのかを述べよう。そういう警察の姿こそ，県民の生命・財産の安全と安心を約束し，それが魅力であることを述べてみよう。

▼論文・第2回

〇現下の社会情勢を踏まえ，県民が警察に求める役割について，あなたの考えを述べなさい。

《執筆の方針》

まず，現在，社会で問題となっている犯罪などの現状について説明する。次に，警察がこういう状況に対してどのように向き合うのかを説明する。

《課題の分析》

本題は，警察組織に対して一般市民が何を期待しているのかを受験者が理解しているかどうかを問うものの一種である。警察官採用試験の論文としては定番である。設問に特定のキーワードがないので，安心・安全といった，他の道府県本部の警察にも通じる一般論でもよいし，和歌山県の地域特性に関わらせた内容でもよい。どちらにせよ，記述に入る前に，自分が警察組織の一員になったときを想定しながら考えよう。地域特性に関わらせた内容ならば，以下のようなことが考えられる。政府の観光振興策によって関西空港からの外国人観光客が増える一方で，テロへの警戒やマナーやエチケットのない客の増加による治安の悪化への対応がある。一般的な内容であるなら，例えば，和歌山県警察の重点目標に関わらせて，子供・女性・高齢者を守る取組の推進及び少年非行の防止，サイバー空間の脅威に対する総合対策の推進，暴力団の壊滅及び薬物・銃器犯罪の徹底検挙，テロ・大震災等緊急事態対策の推進に関わらせた内容にしてみよう。

《作成のポイント》

論文であるので，序論・本論・結論の構成を意識したい。序論では，生命や財産の安全，安心，社会秩序の維持といった，県民の最も期待の大きい部分について述べる。本論部分では，暴力団対策，サイバー犯罪，交通ルール違反，テロ行為など，具体例を一つか二つ挙げ，それをいかに抑止するかを論じる。最後に，理想の警察組織像を，受験者なりの言葉で説明する。受験者が警察官として対応する事例を具体的に提示しながら，警察組織全体の一員として，犯罪や違反に毅然として立ち向かいながら，社会や県民の安全・安心を守ることに真摯であることや，いつも県民を思いやるための集団であり続けるなどを述べよう。

〇（予備日）警察官となって力を入れて取り組みたい仕事は何か，警察官に求められる役割を踏まえて，あなたの考えを述べなさい。

《執筆の方針》

　警察官となって力を入れて取り組みたい仕事は何かを説明する。このとき，警察官に求められる，生命や財産の安全・安心，社会秩序を守るという役割を踏まえて記述する。

《課題の分析》

　本題は，警察官一人一人に対して一般県民が何を期待しているのか，受験者が理解しているかどうかを問うもので，警察官採用試験の論文としては定番中の定番と言える。テレビドラマなどの漠然とした警察官のイメージだけで書くのではなく，警察から公開される情報と関わらせることが，他の受験者に差をつけるポイントである。和歌山県警では，特殊詐欺被害防止対策として，特殊詐欺被害防止アドバイザーを配置し，出前講座により高齢者に直接被害防止を呼び掛け，電子ギフト券を購入させる架空請求詐欺被害の水際阻止を図るなどして被害防止に努めている。また，実際に被害が生じてしまった場合は，被害者もしくは相談者の些細な話も真剣に傾聴し，事件解決に尽力することが求められる。こうした対応は，警察官に求められる生命や財産の安全・安心，社会秩序を守るという役割に基づいたものである。

《作成のポイント》

　前半では，警察官一人一人に対して一般県民が何を期待しているのかを述べる。すなわち，事件や事故によって，生命や財産の安全が脅かされる不安を緩和することに関わる内容をまとめよう。合わせて，最近の事件・事故の動向の簡単な説明をし，それについて，自分が就きたい職種とのすり合わせをするのも一手である。後半は，警察官として具体的にどういう職種に就きたいか，そしてそのためにどういう努力が必要なのかについて，説明する。例えば，地域課勤務を希望するならば，被害者もしくは相談者の些細な話にも真剣に傾聴することを述べる。その目的は，振り込め詐欺や架空請求，ストーカー行為など，深刻な事件に発展する可能性を見極めること，そして，事件を未然に防ぎ，被害者を出さないようにして，警察官としての信用を得ていくことなどを述べてみよう。

平成28年度

▼論文・第1回

　大規模な災害現場における警察の役割について，あなたの考えを述べなさい。

《執筆の方針・課題の分析》

　大規模災害発生時の緊急出動については，自衛隊や消防・救急とともに警察官に期待される部分は大きい。こうした際に想定される課題と，警察官としての具体的な役割について述べる。

　大規模災害にも豪雨によるものの他，いろいろとあるが，ここでは主に地震を想定して述べてみる。和歌山県では2011年に県北部を震源として震度5強の地震が発生している。大地震等の自然災害時には，人々のパニック状態により地域的に無法地帯と化すリスクもある。そうした中で正義が貫かれ，治安が維持されるべく，警察官の働きには平時に増して期待される面が大きい。的確な情報収集のもと，組織的に協力してチーム対応をする必要がある。具体的には，被災者の救出，行方不明者の捜索などがある。過去の震災を教訓とすべきであり，デマ等による混乱を押さえるためにも冷静な警察官の姿勢が問われる。

《作成のポイント》

　全体を三部構成とした場合，次のようになる。第一段落では大規模災害の定義を述べ，災害発生時の警察官の役割と意義について概説する。第二段落では震災など，災害を絞って，警察組織の役割について具体例をあげて説明する。人命救助，犯罪防止と必要に応じた検挙などの活動も考えられる。地震発生直後には，交通規制が重要になる。津波発生に対して沿岸への広報活動が奏功した例もある。避難誘導，救助，事後の行方不明者の捜索，遺体搬送，検死，身元確認もある。なるべく時系列にそって説明するとよい。第三段落では警察官としての心構えについて述べる。必要とされる冷静な判断力やストレス耐性などに触れてもよいだろう。大規模災害を想定した日頃からの訓練努力も大切である。非常時を想定した訓練こそが，実際の災害の際に力を発揮する。最後に，和歌山県警察官としての自身の決意を述べる。

▼論文・第2回

　和歌山県では高齢化率が30％を超えるとともに少子化が進んでいます。こうした現状を踏まえ，今後，県警察がどのような取り組みを推進していくべきか，あなたの考えを述べなさい。

《執筆の方針・課題の分析》

　高齢化率30％は世界一の超高齢社会であることを意味する。人口維持のために必要な合計特殊出生率は2.07以上とされるが，日本のそれは1.44である。人口問題・少子化対策には国策が必要であるが，ここでは孤立しが

ちな高齢者についての認識を示し，特殊詐欺など高齢者を巡る犯罪から守る取り組みや高齢者の交通事故防止などについて述べる。

　和歌山県においても振り込め詐欺は増加傾向にある。こうした状態は「高齢者にとっての安心・安全な和歌山」に反するものである。また，高齢者の交通事故防止については，(1) 歩行者，(2) 運転者の両面からの対策が必要である。(1) では，反射材の普及，歩行環境シミュレーターによる体験型講習，意識啓発，(2) ではドライブレコーダーの活用，認知機能検査による運転免許返納の推進，ハイビームを心掛けるなどの安全啓発等がある。

《作成のポイント》

　四段落で構成してみる。第一段落では独居老人など，社会的に孤立した高齢者の実態について述べる。核家族化，未婚率・離婚率の上昇など社会的背景についても触れておく。第二段落では，不安な思いで生活する高齢者にとっての安心・安全とは何かを説明する。治安の良さ，犯罪防止の取り組み，特殊詐欺の被害者とならないための地域社会との関わり，関係づくり等について述べるとよい。第三段落では，高齢者を犯罪や事故から守る取り組みとして，防災・防犯をテーマとした地域行事，交通事故防止の視点などに触れる。和歌山県警には特殊詐欺被害防止アドバイザーによる出前講座もある。また，県警HPには自動車運転に係る高齢者講習の紹介もある。第四段落では，高齢者の生命，安全を守る取り組みについて自分の意見を述べ，犯罪を許さないという姿勢と決意を強調する。

平成27年度

▼論文・第1回

　地域住民の不安を解消するために，あなたが警察官となった場合，どのように取組みたいかを述べなさい。

《執筆の方針》

　地域住民の不安を解消するために，自分が警察官となった場合，どのように取組みたいかを述べる。

《課題の分析》

　2013（平成25）年版の「警察白書」に国民の治安に対する不安についての調査（内閣府及び警察庁調査）の結果を掲載している。それによると，刑法認知件数が10年間連続で減少するなど，統計上の治安情勢が改善傾向を示す一方で，過去10年間の治安の変化に対し「悪くなったと思う」と「どちらかといえば悪くなったと思う」と回答したのは全体の80％以上を占めた。

そのように思う原因として，地域の連帯意識の希薄化，景気の悪化，様々な情報の氾濫，国民の規範意識の低下，の回答が多かった。また，不安を強く感じさせる犯罪として凶悪犯罪，暴力的犯罪のほか，子供を対象とした誘拐・連れ去り，性犯罪，携帯品を盗む犯罪といった子供・女性・高齢者を主な被害者層とする犯罪を挙げる回答が多かった。

《作成のポイント》

　まず，地域住民の不安にはどのようなことがあるのか，その不安の理由・背景なども含めて述べる。例えば内閣府と警察庁が調査した不安の内容を参考にして，子供・女性・高齢者に対するそれぞれの犯罪の増加による不安を挙げる。

　次に，地域住民の不安を解消するために，自分が警察官となった場合，どのように取組みたいかを述べる。その際，設問は「どのように取組みたいか」と聞いていることから，自分が考える取組みの姿勢・在り方について述べる。個々の取組みについては，取組みの姿勢や在り方を述べる中で，具体例として挙げる。

　例えば，子供の安全確保の取組みを述べる際に，子供たちに声掛けをしたり，地域住民と共に地域パトロールするなど「子供や地域に心を運ぶ警察官」，「子供や地域住民に親しまれるお巡りさん」といったような姿勢や在り方について述べる。

▼論文・第2回

　警察官が県民の信頼を得るためにはどうあるべきか，あなたの考えを述べなさい。

《執筆の方針》

　警察官が県民の信頼を得るためにはどうあるべきか，自分の考えを述べる。

《課題の分析》

　県民から信頼を得ている警察とは，県内・地域の今日的な様々な事態・事案に的確に対処・抑止できる一方，交番や駐在所が地域の「お巡りさん」的な役割を果たすという，両者を兼ね備えた警察であり，そこに勤務する警察官であろう。しかし，2000（平成12）年　相次ぐ警察や警察官の不祥事等による国民の怒りを受けているとして，国家公安委員会宛に有識者会議による「警察刷新に関する緊急提言」がなされた。この提言において「困り苦しむ国民を助け，不安を抱く人々に安心を与えることこそ警察の真髄」と述べ，「国民に愛され信頼される組織となるため最大限の努力をすること

を強く要求する。」として刷新案を提示した。

《作成のポイント》

　まず，警察官が県民の信頼を得るための基本的な姿勢・在り方について考えることについて述べる。

　その際，例えば「警察刷新に関する緊急提言」に述べられている「刑事の強さ」と「お巡りさんの優しさ」，「国民のために尽くすというひたむきな使命感」，「住民からの相談に的確な対応」などから，「信頼を得るためのあるべき警察官」について考えた理由とともに述べる。

　次に，そのような「あるべき警察官像」と考えた理由に基づいた具体的な取組みについて言及する。その際，例えば「刑事の強さ」を基にした犯罪の抑止や安全の確保を挙げるのであれば，「県民の信頼を得る」という視点から述べることに留意する。また「ひたむきな使命感」の場合であれば，その視点に立った「刑事の強さ」について述べる。最後にスペースがあれば，自分が考えた「県民の信頼を得る」警察官を目指して全力で職務を遂行する旨の決意で結んでもよい。

平成26年度

▼論文・第1回

　県民の求める警察とは何か，また，あなたが警察官となった場合，どのようにしてそれを実現するのかを述べなさい。

《執筆の方針》

　県民の求める警察とは何か，また，自分が警察官となった場合，どのようにしてそれを実現するのかを述べる。

《課題の分析》

　今日，県民の「求める警察像」は各層によって多様であると考えられるが，やはり2016（平成28）年の「和歌山県警察運営指針」に集約できる。「指針」は「県民の期待と信頼に応える強さと，優しさを兼ね備えた警察　〜安全で安心な和歌山をめざして〜」と明示しており，この指針の理念を実現するための「重点目標」に基づいた広報紙において，「犯罪の起きにくい地域づくり」や「自主防犯活動の活性化」を，「子供・女性・高齢者を守る取組」の中では「子供を守る活動」，「ストーカー・DV事案に対する取組」，「特殊詐欺の被害防止活動」をそれぞれ挙げている。そして，このような取組は2000（平成12）年の「緊急提言」に示されていた「情報公開で国民に開かれた警察」，「苦情の言いやすい警察」，「住民からの相談への的確な対応」

など「時代の変化に対応する警察を目指す」ことについても「県民の求める警察」として留意しておくことが大切である。

《作成のポイント》

まず，県民の求める警察官とはどのような警察官か，について述べる。述べるに当たって，2016（平成28）年の「和歌山県警察運営指針」における「県民の期待と信頼に応える強さと，優しさを兼ね備えた警察」や「犯罪の起きにくい地域づくりに地域と共に取り組む警察」なども県民が求める警察の基本的な在り方・姿勢であることを参考にして，それが求められる理由も含めて書く。

次に，前段で述べた，県民が求める警察の基本的な在り方・姿勢を踏まえて，自分が警察官になった場合のことに留意して具体的な課題に対する実現のための在り方・姿勢について言及する。その際，例えば「犯罪の起きにくい地域づくり」の場合であれば，「犯罪の起きにくい地域づくりを進める」で終わるのではなく，「犯罪の起きにくい地域づくりを進める」ための警察官としての自分の在り方・姿勢について併せて論述する。

▼論文・第2回

現在の社会情勢を踏まえ，今後，警察はどのような取組を推進していくべきか，あなたの考えを述べなさい。

《執筆の方針》

現在の社会情勢を踏まえ，今後，警察はどのような取組を推進していくべきか，自分の考えを述べる。

《課題の分析》

現代は，社会や産業・技術の多様化・複雑化・高度化に伴い，かつてない新たな社会情勢や人々の生活や価値観の多様化なども進み，新たな犯罪事案や防止・対処すべき問題が多発してきている。現在，全国的に問題となっている「サイバー空間の脅威」や「特殊詐欺の被害」がその好例である。特殊詐欺の犯罪では，特に高齢者がその被害者となっており，和歌山県内においても，2015（平成27）年で，認知件数56件，被害総額は約3億4,658万円に上っている。その他，2013（平成25）年の「警察白書」は「社会情勢が変化している中で，子供を対象とした暴力的性犯罪や児童虐待，高齢者虐待，など暴力的事案の増加や，新しいコミュニケーションツールの普及を背景にした児童ポルノ事犯や盗撮，レンタル携帯電話等の悪用による詐欺被害も顕著である」としている。

《作成のポイント》

　まず，情報社会・グローバル社会，高齢化社会や産業・経済，技術の多様化・複雑化・高度化，またそのような社会の急激な進展に伴う人々の生活や価値観の多様化などの実態について言及する。

　次に，上記のような現在の社会情勢を踏まえて，今後，警察が取り組むべき課題について論述する。論述するに当たって，①従来からの課題に対するさらなる推進課題，②社会の進展に伴った新たな取組課題，の2つの視点から書く。例えば①については，子供・女性・高齢者に対する犯罪の抑止・防止の取組，②については，情報社会化に伴う「サイバー空間の脅威」や「特殊詐欺」に対する犯罪の抑止・防止の取組，について「推進していくべき課題」として述べる。そして，そのような取組を推進していくために地域における警察活動の一層の改善・充実すべき課題について述べて結ぶ。

平成25年度

▼論文・第1回

　尼崎市を中心に複数の府県において，数世帯の家族が長時間虐待・監禁され数名殺害された連続殺人事件が明るみに出た。この事件では，主犯の女らは些細なことで難癖をつけては弱みを見せる相手を脅迫し，金品をむしり取っており，うっかり隙を見せてしまった家族らは，財産を奪われたり，長時間虐待や監禁を受けて死亡するといった被害を受けた。

　一方警察には，再三家族や近隣住民などから被害相談や通報があったことも判明している。さらに本事件の主犯格の女性は，逮捕後，留置場内で自殺するという事案も発生した。

　この一連の事件を受けて，警察官を目指しているあなたの考える問題点・改善策を述べなさい。

《執筆の方針》

　この一連の事件を受けて，警察官を目指している自分の考える問題点・改善策を述べていく。

《課題の分析》

　設問の事件は2012（平成24）年発生した。すでに1987（昭和62）年頃に発生した女性失踪事件を発端に，主に暴行や監禁などの虐待により多くが死亡していた。主犯格の女は少なくとも25年以上もの間，尼崎市内で血縁関係のない人物を多く集め共同生活を営んでいた。そして女の周辺では1987（昭和62）年頃から複数の不審死や失踪が相次いで発生したが事件が

表に出なかった。しかし2011（平成23）年，監禁されていた女性が警察に駆け込んだことで本事件が発覚したものである。この事件では8名の死亡が確認され，主犯格の女や親族など11名が起訴された。その後主犯格の女は裁判前に留置場内で自殺した。この事件では，合計50件もの相談や通報が警察にあったが身内同士の金銭トラブルなどとして事件性がないとされたこと，さらに主犯格の女が留置場内で自殺したことによって，警察の対応・対処が大きな問題となった。その後香川・兵庫両県の警察は不適切であったと認め関係者に謝罪をした。

《作成のポイント》

まず，この一連の事件の説明文から2つの問題点を述べる。①警察には再三家族や近隣住民などから相談や通報があったこと，②本事件の主犯格の女が留置場内で自殺をしたこと，である。①については，再三家族からの被害相談に対して，身内同士の金銭トラブルとして対処しなかったことや近隣住民の通報に対しても調査・対処をしなかったことが警察の在るべき姿勢として問題であること。②については，主犯格の女が自殺する可能性があったにも関わらず，適切な監視・防止ができなかったことによる失態である。

次に，①及び②の問題に対する改善策を書く。①に関しては，家族の相談や住民の通報を真摯に受け止め，きっちりと耳を傾けて対処するということが警察官の在るべき基本的な姿勢であることを踏まえて述べる。②に関しては，警察の監視下に置かれている被疑者の状況については，万全の態勢で常に監視し取り調べに臨むことが警察としての基本的な任務であることを踏まえて論述する。

▼論文・第2回

あなたが考える「警察官としての強さと優しさ」について，述べなさい。

《執筆の方針》

自分が考える「警察官としての強さと優しさ」について，述べる。

《課題の分析》

和歌山県警察は2016（平成28）年度の「運営指針及び重点目標」の「運営指針」において，「県民の期待と信頼に応える強さと優しさを兼ね備えた警察」を，サブタイトルとして「安全で安心な和歌山をめざして」を掲げている。すでに2000（平成12）年警察刷新会議において，相次ぐ警察の不祥事などを受けて，国家公安委員会に対して「警察刷新に関する緊急提言」がなされた。その「緊急提言」の「終わりに（結びにかえて）」の中で「管内

をパトロールするお巡りさんの優しさと悪に対峙していささかもひるむことのない刑事の強さこそ，国民が警察職員に求めるものであろう。」と述べている。今日「強さと優しさ」を兼ね備えた警察・警察官が求められていると言えよう。

《作成のポイント》

　まず，現代の警察官にとって「強さ」と「優しさ」とは何か，またその両者を併せ持つことが必要であると考える理由・背景について述べる。

　次に，「警察官としての強さと優しさ」を踏まえた具体的な取組み内容について，複数の取組みを例に挙げながら書く。例えば，①道路交通法違反者に対して行う場合の「強さと優しさ」，覚せい剤取締り犯に対しての「強さと優しさ」，振り込め詐欺犯に対する「強さと優しさ」など，個々の取組みに対して「強さと優しさ」を併せ持つ重要性について，②凶悪犯罪などに対する「強さ」，一方高齢者や子供に対する「優しさ」などのように，個々の取組みにおける「強さ」と「優しさ」という，①と②の二つの視点を参考にして論述する。

第7部

面接試験対策

- 面接対策

人物試験　面接対策

‖‖‖‖‖‖‖‖‖‖‖‖‖‖‖‖‖‖‖‖‖ P O I N T ‖‖‖‖‖‖‖‖‖‖‖‖‖‖‖‖‖‖‖‖‖

●● Ⅰ. 面接の意義 ●●

　筆記試験や論作文（論文）試験が，受験者の一般的な教養の知識や理解の程度および表現力やものの考え方・感じ方などを評価するものであるのに対し，面接試験は人物を総合的に評価しようというものだ。

　すなわち，面接担当者が直接本人に接触し，さまざまな質問とそれに対する応答の繰り返しのなかから，警察官としての適応能力，あるいは職務遂行能力に関する情報を，できるだけ正確に得ようとするのが面接試験である。豊かな人間性がより求められている現在，特に面接が重視されており，一般企業においても，面接試験は非常に重視されているが，警察官という職業も給与は税金から支払われており，その職務を完全にまっとうできる人間が望まれる。その意味で，より面接試験に重きがおかれるのは当然と言えよう。

●● Ⅱ. 面接試験の目的 ●●

　では，各都道府県市がこぞって面接試験を行う目的は，いったいどこにあるのだろうか。ごく一般的に言えば，面接試験の目的とは，おおよそ次のようなことである。

---

①　人物の総合的な評価

　試験官が実際に受験者と対面することによって，その人物の容姿や表情，態度をまとめて観察し，総合的な評価をくだすことができる。ただし，ある程度，直観的・第一印象ではある。

②　性格や性向の判別

　受験者の表情や動作を観察することにより性格や性向を判断するが，実際には短時間の面接であるので，面接官が社会的・人生的に豊かな経験の持ち主であることが必要とされよう。

---

③　動機・意欲等の確認

　警察官を志望した動機や警察官としての意欲を知ることは，論作文試験等によっても可能だが，さらに面接試験により，採用側の事情や期待内容を逆に説明し，それへの反応の観察，また質疑応答によって，試験官はより明確に動機や熱意を知ろうとする。

　以上3点が，面接試験の最も基本的な目的であり，試験官はこれにそってさまざまな問題を用意することになる。さらに次の諸点にも，試験官の観察の目が光っていることを忘れてはならない。

④　質疑応答によって知識・教養の程度を知る

　筆記試験によって，すでに一応の知識・教養は確認しているが，面接試験においてはさらに付加質問を次々と行うことができ，その応答過程と内容から，受験者の知識教養の程度をより正確に判断しようとする。

⑤　言語能力や頭脳の回転の速さの観察

　言語による応答のなかで，相手方の意志の理解，自分の意志の伝達のスピードと要領の良さなど，受験者の頭脳の回転の速さや言語表現の諸能力を観察する。

⑥　思想・人生観などを知る

　これも論作文試験等によって知ることは可能だが，面接試験によりさらに詳しく聞いていくことができる。

⑦　協調性・指導性などの社会的性格を知る

　前述した面接試験の種類のうち，グループ・ディスカッションなどはこれを知るために考え出された。警察官という職業の場合，これらの資質を知ることは面接試験の大きな目的の一つとなる。

●● Ⅲ．面接試験の問題点 ●●

　これまで述べてきたように，公務員試験における面接試験の役割は大きいが，問題点もないわけではない。

　というのも，面接試験の場合，学校の試験のように"正答"というものがないからである。例えば，ある試験官は受験者の「自己PR＝売り込み」を意欲があると高く評価したとしても，別の試験官はこれを自信過剰と受け取り，警察官に適さないと判断するかもしれない。あるいは模範的な回答をしても，「マニュアル的だ」と受け取られることもある。

　もっとも，このような主観の相違によって評価が左右されないように，試験官を複数にしたり評価の基準が定められたりしているわけだが，それでもやはり，面接試験自体には次に述べるような一般的な問題点もあるのである。

---

① **短時間の面接で受験者の全体像を評価するのは容易でない**

　面接試験は受験者にとってみれば，その人の生涯を決定するほど重要な場であるのだが，その緊張した短時間の間に日頃の人格と実力のすべてが発揮できるとは限らない。そのため第一印象だけで，その全体像も評価されてしまう危険性がある。

② **評価判断が試験官の主観で左右されやすい**

　面接試験に現れるものは，そのほとんどが性格・性向などの人格的なもので，これは数値で示されるようなものではない。したがってその評価に客観性を明確に付与することは困難で，試験官の主観によって評価に大変な差が生じることがある。

③ **試験官の質問の巧拙などの技術が判定に影響する**

　試験官の質問が拙劣なため，受験者の正しく明確な反応を得ることができず，そのため評価を誤ることがある。

④ **試験官の好悪の感情が判定を左右する場合がある**

　これも面接が「人間 対 人間」によって行われる以上，多かれ少なかれ避けられないことである。この弊害を避けるため，前述したように試験官を複数にしたり複数回の面接を行ったりなどの工夫がされている。

⑤ **試験官の先入観や信念などで判定がゆがむことがある**

　人は他人に接するとき無意識的な人物評価を行っており，この経験の積

み重ねで，人物評価に対してある程度の紋切り型の判断基準を持つように
なっている。例えば，「額の広い人は頭がよい」とか「耳たぶが大きい
人は人格円満」などというようなことで，試験官が高年齢者であるほど
この種の信念が強固であり，それが無意識的に評価をゆがめる場合も時
としてある。

　面接試験には，このように多くの問題点と危険性が存在する。それらのほ
とんどが「対人間」の面接である以上，必然的に起こる本質的なものであれば，
万全に解決されることを期待するのは難しい。しかし，だからといって面接
試験の役割や重要性が，それで減少することは少しもないのであり，各市の
面接担当者はこうした面接試験の役割と問題点の間で，どうしたらより客観
的で公平な判定を下すことができるかを考え，さまざまな工夫をしているの
である。最近の面接試験の形態が多様化しているのも，こうした採用側の努
力の表れといえよう。

◖◗ Ⅳ．面接の質問内容 ◖◗

　ひとくちに面接試験といっても，果たしてどんなことを聞かれるのか，不
安な人もいるはずだ。ここでは志望動機から日常生活にかかわることまで，
それぞれ気に留めておきたい重要ポイントを交えて，予想される質問内容を
一挙に列記しておく。当日になって慌てないように，「こんなことを聞かれた
ら（大体）こう答えよう」という自分なりの回答を頭の中で整理しておこう。

■志望動機編■

（1）　受験先の概要を把握して自分との接点を明確に

　警察官を受験した動機，理由については，就職試験の成否をも決めかね
ない重要な応答になる。また，どんな面接試験でも，避けて通ることので
きない質問事項である。なぜなら志望動機は，就職先にとって最大の関心
事のひとつであるからだ。受験者が，どれだけ警察官についての知識や情
報をもったうえで受験をしているのかを調べようとする。

(2)　質問に対しては臨機応変の対応を

　受験者の立場でいえば，複数の受験をすることは常識である。もちろん「当職員以外に受験した県や一般企業がありますか」と聞く面接官も，それは承知している。したがって，同じ職種，同じ業種で何箇所かかけもちしている場合，正直に答えてもかまわない。しかし，「第一志望は何ですか」というような質問に対して，正直に答えるべきかどうかというと，やはりこれは疑問がある。一般的にはどんな企業や役所でも，ほかを第一志望にあげられれば，やはり愉快には思わない。

(3)　志望の理由は情熱をもって述べる

　志望動機を述べるときは，自分がどうして警察官を選んだのか，どこに大きな魅力を感じたのかを，できるだけ具体的に，しかも情熱をもって語ることが重要である。

　たとえば，「人の役に立つ仕事がしたい」と言っても，特に警察官でなければならない理由が浮かんでこない。

①　例題Q＆A

Q.　あなたが警察官を志望した理由，または動機を述べてください。

A.　私は子どもの頃，周りの方にとても親切にしていただきました。それ以来，人に親切にして，人のために何かをすることが生きがいとなっておりました。ですから，一般の市民の方のために役立つことができ，奉仕していくことが夢でしたし，私の天職だと強く思い，志望させていただきました。

Q.　もし警察官として採用されなかったら，どのようにするつもりですか。

A.　もし不合格になった場合でも，私は何年かかってでも警察官になりたいという意志をもっています。しかし，一緒に暮らしている家族の意向などもありますので，相談いたしまして一般企業に就職するかもしれません。

②予想される質問内容

> ○ 警察官について知っていること，または印象などを述べてください。
>
> ○ 職業として警察官を選ぶときの基準として，あなたは何を重要視しましたか。
>
> ○ いつごろから警察官を受けようと思いましたか。
>
> ○ ほかには，どのような業種や会社を受験しているのですか。
>
> ○ 教職の資格を取得しているようですが，そちらに進むつもりはないのですか。
>
> ○ 志望先を決めるにあたり，どなたかに相談しましたか。
>
> ○ もし警察官と他の一般企業に，同時に合格したらどうするつもりですか。

■仕事に対する意識・動機編■

1　採用後の希望はその役所の方針を考慮して

　採用後の希望や抱負などは，志望動機さえ明確になっていれば，この種の質問に答えるのは，それほど難しいことではない。ただし，希望職種や希望部署など，採用後の待遇にも直接関係する質問である場合は，注意が必要だろう。また，勤続予定年数などについては，特に男性の場合，定年まで働くというのが一般的である。

2　勤務条件についての質問には柔軟な姿勢を見せる

　勤務の条件や内容などは，職種研究の対象であるから，当然，前もって下調べが必要なことはいうまでもない。

　「残業で遅くなっても大丈夫ですか」という質問は，女性の受験者によく出される。職業への熱意や意欲を問われているのだから，「残業は一切できません！」という柔軟性のない姿勢は論外だ。通勤方法や時間など，具体的な材料をあげて説明すれば，相手も納得するだろう。

　そのほか初任給など，採用後の待遇についての質問には，基本的に規定に

従うと答えるべき。新卒の場合，たとえ「給料の希望額は？」と聞かれても，「規定通りいただければ結構です」と答えるのが無難だ。間違っても，他業種との比較を口にするようなことをしてはいけない。

3　自分自身の言葉で職業観を表現する

　就職や職業というものを，自分自身の生き方の中にどう位置づけるか，また，自分の生活の中で仕事とはどういう役割を果たすのかを考えてみることが重要だ。つまり，自分の能力を生かしたい，社会に貢献したい，自分の存在価値を社会的に実現してみたい，ある分野で何か自分の力を試してみたい……などを考えれば，おのずと就職するに当たっての心構えや意義は見えてくるはずである。

　あとは，それを自分自身の人生観，志望職種や業種などとの関係を考えて組み立ててみれば，明確な答えが浮かび上がってくるだろう。

①例題Q＆A

> **Q. 警察官の採用が決まった場合の抱負を述べてください。**
>
> **A.** まず配属された部署の仕事に精通するよう努め，自分を一人前の警察官として，そして社会人として鍛えていきたいと思います。また，警察官の全体像を把握し，仕事の流れを一日も早くつかみたいと考えています。

> **Q. 警察官に採用されたら，定年まで勤めたいと思いますか。**
>
> **A.** もちろんそのつもりです。警察官という職業は，私自身が一生の仕事として選んだものです。特別の事情が起こらない限り，中途退職したり，転職することは考えられません。

②予想される質問内容

○ 警察官になったら，どのような仕事をしたいと思いますか。

○ 残業や休日出勤を命じられたようなとき，どのように対応しますか。

○ 警察官の仕事というのは苛酷なところもありますが，耐えていけますか。

○ 転勤については大丈夫ですか。

○ 警察官の初任給は○○円ですが，これで生活していけますか。

○ 学生生活と職場の生活との違いについては，どのように考えていますか。

○ 職場で仕事をしていく場合，どのような心構えが必要だと思いますか。

○ 警察官という言葉から，あなたはどういうものを連想しますか。

○ あなたにとって，就職とはどのような意味をもつものですか。

■自己紹介・自己PR編■

1　長所や短所をバランスよくとりあげて自己分析を

　人間には，それぞれ長所や短所が表裏一体としてあるものだから，性格についての質問には，率直に答えればよい。短所については素直に認め，長所については謙虚さを失わずに語るというのが基本だが，職種によっては決定的にマイナスととられる性格というのがあるから，その点だけは十分に配慮して応答しなければならない。

　「物事に熱しやすく冷めやすい」といえば短所だが，「好奇心旺盛」といえば長所だ。こうした質問に対する有効な応答は，恩師や級友などによる評価，交友関係から見た自己分析など具体的な例を交えて話すようにすれば，より説得力が増すであろう。

2　履歴書の内容を覚えておき，よどみなく答える

　履歴書などにどんなことを書いて提出したかを，きちんと覚えておく。重要な応募書類は，コピーを取って，手元に控えを保管しておくと安心だ。

3 志望職決定の際，両親の意向を問われることも

　面接の席で両親の同意をとりつけているかどうか問われることもある。家族関係がうまくいっているかどうかの判断材料にもなるので，親の考えも伝えながら，明確に答える必要がある。この際，あまり家族への依存心が強いと思われるような発言は控えよう。

①例題Q＆A

Q.　あなたのセールスポイントをあげて，自己PRをしてください。
A.　性格は陽気で，バイタリティーと体力には自信があります。高校時代は山岳部に属し，休日ごとに山歩きをしていました。3年間鍛えた体力と精神力をフルに生かして，ばりばり仕事をしたいと思います。

Q.　あなたは人と話すのが好きですか，それとも苦手なほうですか。
A.　はい，大好きです。高校ではサッカー部のマネージャーをやっておりましたし，大学に入ってからも，同好会でしたがサッカー部の渉外担当をつとめました。試合のスケジュールなど，外部の人と接する機会も多かったため，初対面の人とでもあまり緊張しないで話せるようになりました。

②予想される質問内容

> ○ あなたは自分をどういう性格だと思っていますか。
>
> ○ あなたの性格で，長所と短所を挙げてみてください。
>
> ○ あなたは，友人の間でリーダーシップをとるほうですか。
>
> ○ あなたは他の人と協調して行動することができますか。
>
> ○ たとえば，仕事上のことで上司と意見が対立したようなとき，どう対処しますか。
>
> ○ あなたは何か資格をもっていますか。また，それを取得したのはどうしてですか。

○ これまでに何か大きな病気をしたり，入院した経験がありますか。

○ あなたが警察官を志望したことについて，ご両親はどうおっ
しゃっていますか。

■日常生活・人生観編■

1 趣味はその楽しさや面白さを分かりやすく語ろう

余暇をどのように楽しんでいるかは，その人の人柄を知るための大きな手がかりになる。趣味は"人間の魅力"を形作るのに重要な要素となっているという側面があり，面接官は，受験者の趣味や娯楽などを通して，その人物の人柄を知ろうとする。

2 健全な生活習慣を実践している様子を伝える

休日や余暇の使い方は，本来は勤労者の自由な裁量に任されているもの。とはいっても，健全な生活習慣なしに，創造的で建設的な職場の生活は営めないと，採用側は考えている。日常の生活をどのように律しているか，この点から，受験者の社会人・警察官としての自覚と適性を見極めようというものである。

3 生活信条やモットーなどは自分自身の言葉で

生活信条とかモットーといったものは，個人的なテーマであるため，答えは千差万別である。受験者それぞれによって応答が異なるから，面接官も興味を抱いて，話が次々に発展するケースも多い。それだけに，嘘や見栄は禁物で，話を続けるうちに，矛盾や身についていない考えはすぐ見破られてしまう。自分の信念をしっかり持って，臨機応変に進めていく修練が必要となる。

①例題Ｑ＆Ａ

> **Q. スポーツは好きですか。また，どんな種目が好きですか。**
>
> **A.** はい。手軽に誰にでもできるというのが魅力ではじめたランニングですが，毎朝家の近くを走っています。体力増強という面もありますが，ランニングを終わってシャワーを浴びると，今日も一日が始まるという感じがして，生活のけじめをつけるのにも大変よいものです。目標は秋に行われる●●マラソンに出ることです。

> **Q. 日常の健康管理に，どのようなことを心がけていますか。**
>
> **A.** 私の場合，とにかく規則的な生活をするよう心がけています。それとあまり車を使わず，できるだけ歩くようにしていることなどです。

②予想される質問内容

> ○ あなたはどのような趣味をもっているか，話してみてください。
>
> ○ あなたはギャンブルについて，どのように考えていますか。
>
> ○ お酒は飲みますか。飲むとしたらどの程度飲めますか。
>
> ○ ふだんの生活は朝型ですか，それとも夜型ですか。
>
> ○ あなたの生き方に影響を及ぼした人，尊敬する人などがいたら話してください。
>
> ○ あなたにとっての生きがいは何か，述べてみてください。
>
> ○ 現代の若者について，同世代としてあなたはどう思いますか。

■一般常識・時事問題編■

1 新聞には必ず目を通し，重要な記事は他紙と併読

　一般常識・時事問題については筆記試験の分野に属するが，面接でこうしたテーマがもち出されることも珍しくない。受験者がどれだけ社会問題に関

心をもっているか，一般常識をもっているか，また物事の見方・考え方に偏りがないかなどを判定しようというものである。知識や教養だけではなく，一問一答の応答を通じて，その人の性格や適応能力まで判断されることになると考えておくほうがよいだろう。

2　社会に目を向け，健全な批判精神を示す

　思想の傾向や政治・経済などについて細かい質問をされることが稀にあるが，それは誰でも少しは緊張するのはやむをえない。

　考えてみれば思想の自由は憲法にも保証された権利であるし，支持政党や選挙の際の投票基準についても，本来，他人からどうこう言われる筋合いのものではない。そんなことは採用する側も認識していることであり，政治思想そのものを採用・不採用の主材料にすることはない。むしろ関心をもっているのは，受験者が，社会的現実にどの程度目を向け，どのように判断しているかということなのだ。

①例題Q&A

Q.　今日の朝刊で，特に印象に残っている記事について述べてください。

**A.　**○○市の市長のリコールが成立した記事が印象に残っています。違法な専決処分を繰り返した事に対しての批判などが原因でリコールされたわけですが，市民運動の大きな力を感じさせられました。

Q.　これからの高齢化社会に向けて，あなたの意見を述べてください。

**A.　**やはり行政の立場から高齢者サービスのネットワークを推進し，老人が安心して暮らせるような社会を作っていくのが基本だと思います。それと，誰もがやがて迎える老年期に向けて，心の準備をしていくような生活態度が必要だと思います。

---

②予想される質問内容

> ○ あなたがいつも読んでいる新聞や雑誌を言ってください。
>
> ○ あなたは，政治や経済についてどのくらい関心をもっていますか。
>
> ○ 最近テレビで話題の××事件の犯人逮捕についてどう思いますか。
>
> ○ △△事件の被告人が勝訴の判決を得ましたがこれについてどう思いますか。

③面接の方法

(1) 一問一答法

面接官の質問が具体的で，受験者が応答しやすい最も一般的な方法である。例えば，「学生時代にクラブ活動をやりましたか」「何をやっていましたか」「クラブ活動は何を指導できますか」というように，それぞれの質問に対し受験者が端的に応答できる形式である。この方法では，質問の応答も具体的なため評価がしやすく，短時間に多くの情報を得ることができる。

(2) 供述法

受験者の考え方，理解力，表現力などを見る方法で，面接官の質問は総括的である。例えば，「愛読書のどういう点が好きなのですか」「○○事件の問題点はどこにあると思いますか」といったように，一問一答ではなく，受験者が自分の考えを論じなければならない。面接官は，質問に対し，受験者がどのような角度から応答し，どの点を重視するか，いかに要領よく自分の考えを披露できるかなどを観察・評価している。

(3) 非指示的方法

受験者に自由に発言させ，面接官は話題を引き出した論旨の不明瞭な点を明らかにするなどの場合に限って，最小限度の質問をするだけという方法で。

(4) 圧迫面接法

意識的に受験者の神経を圧迫して精神状態を緊張させ，それに対する受験者の応答や全体的な反応を観察する方法である。例えば「そんな安易な考えで，職務が務まると思っているんですか？」などと，受験者の応答をあまり考慮せずに，語調を強めて論議を仕掛けたり，枝葉末節を捉えて揚げ足取り

をする，受験者の弱点を大げさに捉えた言葉を頻発する，質問責めにすると
いった具合で，受験者にとっては好ましくない面接法といえる。そのような
不快な緊張状況が続く環境の中での受験者の自制心や忍耐力，判断力の変化
などを観察するのが，この面接法の目的だ。

◖◖ V．面接Q＆A ◗◗

★社会人になるにあたって大切なことは？★

〈良い例①〉

　責任を持って物事にあたることだと考えます。学生時代は多少の失敗をし
ても，許してくれました。しかし，社会人となったら，この学生気分の甘え
を完全にぬぐい去らなければいけないと思います。

〈良い例②〉

　気分次第な行動を慎み，常に，安定した精神状態を維持することだと考え
ています。気持ちのムラは仕事のミスにつながってしまいます。そのために社
会人になったら，精神と肉体の健康の安定を維持して，仕事をしたいのです。

〈悪い例①〉

　社会人としての自覚を持ち，社会人として恥ずかしくない人間になること
だと思います。

〈悪い例②〉

　よりよい社会を作るために，政治，経済の動向に気を配り，国家的見地
に立って物事を見るようにすることが大切だと思います。

●コメント

　この質問に対しては，社会人としての自覚を持つんだという点を強調す
べきである。〈良い例〉では，学生時代を反省し，社会へ出ていくのだとい
う意欲が感じられる。

　一方〈悪い例①〉では，あまりにも漠然としていて，具体性に欠けてい
る。また〈悪い例②〉のような，背のびした回答は避ける方が無難だ。

★簡単な自己PRをして下さい。★

〈良い例①〉

　体力には自信があります。学生時代，山岳部に所属していました。登頂した山が増えるにつれて，私の体力も向上してきました。それに度胸というようなものがついてきたようです。

〈良い例②〉

　私のセールスポイントは，頑張り屋ということです。高校時代では部活動のキャプテンをやっていましたので，まとめ役としてチームを引っ張り，県大会出場を果たしました。

〈悪い例①〉

　セールスポイントは，3点あります。性格が明るいこと，体が丈夫なこと，スポーツが好きなことです。

〈悪い例②〉

　自己PRですか……エピソードは……ちょっと突然すぎて，それに一言では……。

〈悪い例③〉

　私は自分に絶対の自信があり，なんでもやりこなせると信じています。これまでも，たいていのことは人に負けませんでした。警察官になりましたら，どんな仕事でもこなせる自信があります。

●コメント

　　自己PRのコツは，具体的なエピソード，体験をおりまぜて，誇張しすぎず説得力を持たせることである。
　　〈悪い例①〉は具体性がなく迫力に欠ける。②はなんとも歯ぎれが悪く，とっさの場合の判断力のなさを印象づける。③は抽象的すぎるし，自信過剰で嫌味さえ感じられる。

★健康状態はいかがですか？★

〈良い例①〉

　健康なほうです。以前は冬になるとよくカゼをひきましたが，4年くらい前にジョギングを始めてから，風邪をひかなくなりました。

〈良い例②〉

　いたって健康です。中学生のときからテニスで体をきたえているせいか，寝こむような病気にかかったことはありません。

〈悪い例①〉

　寝こむほどの病気はしません。ただ，少々貧血気味で，たまに気分が悪くなることがありますが，あまり心配はしていません。勤務には十分耐えられる健康状態だと思います。

〈悪い例②〉

　まあ，健康なほうです。ときどき頭痛がすることがありますが，睡眠不足や疲れのせいでしょう。社会人として規則正しい生活をするようになれば，たぶん治ると思います。

●コメント

　多少，健康に不安があっても，とりたててそのことを言わないほうがいい。〈悪い例②〉のように健康維持の心がけを欠いているような発言は避けるべきだ。まず健康状態は良好であると述べ，日頃の健康管理について付け加える。スポーツばかりではなく，早寝早起き，十分な睡眠，精神衛生などに触れるのも悪くない。

★どんなスポーツをしていますか？★

〈良い例①〉

　毎日しているスポーツはありませんが，週末によく卓球をします。他のスポーツに比べると，どうも地味なスポーツに見られがちなのですが，皆さんが思うよりかなり激しいスポーツで，全身の運動になります。

〈良い例②〉

　私はあまり運動が得意なほうではありませんので，小さいころから自主的にスポーツをしたことがありませんでした。でも，去年テレビでジャズダンスを見ているうちにあれならば私にもできそうだという気がして，ここ半年余り週１回のペースで習っています。

〈悪い例①〉

　スポーツはどちらかといえば見る方が好きです。よくテレビでプロ野球中継を見ます。

●コメント

　スポーツをしている人は，健康・行動力・協調性・明朗さなどに富んでいるというのが一般の（試験官の）イメージだ。〈悪い例①〉のように見る方が好きだというのは個人の趣向なので構わないが，それで終わってしまうのは好ましくない。

★クラブ・サークル活動の経験はありますか？★

〈良い例①〉

　剣道をやっていました。剣道を通じて，自分との戦いに勝つことを学び，また心身ともに鍛えられました。それから横のつながりだけでなく先輩，後輩との縦のつながりができたことも収穫の一つでした。

〈良い例②〉

　バスケット部に入っておりました。私は，中学生のときからバスケットをやっていましたから，もう６年やったことになります。高校までは正選手で，大きな試合にも出ていました。授業終了後，２時間の練習があります。また，休暇時期には，合宿練習がありまして，これには，ＯＢも参加し，かなりハードです。

〈悪い例①〉

　私は社会心理研究会という同好会に所属していました。マスコミからの情報が，大衆心理にどのような影響をおよぼしているのかを研究していました。大学に入ったら，サークル活動をしようと思っていました。それが，いろいろな部にあたったのですが，迷ってなかなか決まらなかったのです。そんなとき，友人がこの同好会に入ったので，それでは私も，ということで入りました。

〈悪い例②〉

　何もしていませんでした。どうしてもやりたいものもなかったし，通学に2時間半ほどかかり，クラブ活動をしていると帰宅が遅くなってしまいますので，結局クラブには入りませんでした。

●コメント

　クラブ・サークル活動の所属の有無は，協調性とか本人の特技を知るためのものであり，どこの採用試験でも必ず質問される。クラブ活動の内容，本人の役割分担，そこから何を学んだかがポイントとなる。具体的な経験を加えて話すのがよい。ただ，「サークル活動で●●を学んだ」という話は試験官にはやや食傷気味でもあるので，内容の練り方は十分に行いたい。

　〈悪い例①〉は入部した動機がはっきりしていない。〈悪い例②〉では，クラブ活動をやっていなかった場合，必ず別のセールスポイントを用意しておきたい。例えば，ボランティア活動をしていたとか，体力なら自信がある，などだ。それに「何も夢中になることがなかった」では人間としての積極性に欠けてしまう。

★新聞は読んでいますか？★

〈良い例①〉

　毎日，読んでおります。朝日新聞をとっていますが，朝刊では"天声人語"や"ひと"そして政治・経済・国際欄を念入りに読みます。夕刊では，"窓"を必ず読むようにしています。

〈良い例②〉

　読売新聞を読んでいます。高校のころから，政治，経済面を必ず読むよう，自分に義務づけています。最初は味気なく，つまらないと思ったのですが，このごろは興味深く読んでいます。

〈悪い例①〉

　定期購読している新聞はありません。ニュースはほとんどテレビやインターネットで見られますので。たまに駅の売店などでスポーツ新聞や夕刊紙などを買って読んでいます。主にどこを読むかというと，これらの新聞の芸能・レジャー情報などです。

〈悪い例②〉

　毎日新聞を読んでいますが，特にどこを読むということはなく，全体に目を通します。毎日新聞は，私が決めたわけではなく，実家の両親が購読していたので，私も習慣としてそれを読んでいます。

●コメント

　この質問は，あなたの社会的関心度をみるためのものである。毎日，目を通すかどうかで日々の生活規律やパターンを知ろうとするねらいもある。具体的には，夕刊紙ではなく朝日，読売，毎日などの全国紙を挙げるのが無難であり，読むページも，政治・経済面を中心とするのが望ましい。

　〈良い例①〉は，購読している新聞，記事の題名などが具体的であり，真剣に読んでいるという真実味がある。直近の記憶に残った記事について感想を述べるとなお印象は良くなるだろう。〈悪い例①〉は，「たまに読んでいる」ということで×。それに読む記事の内容からも社会的関心の低さが感じられる。〈悪い例②〉は〈良い例①〉にくらべ，具体的な記事が挙げられておらず，かなりラフな読み方をしていると思われても仕方がない。

●書籍内容の訂正等について

　弊社では教員採用試験対策シリーズ（参考書，過去問，全国まるごと過去問題集），公務員採用試験対策シリーズ，公立幼稚園・保育士試験対策シリーズ，会社別就職試験対策シリーズについて，正誤表をホームページ（https://www.kyodo-s.jp）に掲載いたします。内容に訂正等，疑問点がございましたら，まずホームページをご確認ください。もし，正誤表に掲載されていない訂正等，疑問点がございましたら，下記項目をご記入の上，以下の送付先までお送りいただくようお願いいたします。

> ①　**書籍名，都道府県・市町村名，区分，年度**
>   （例：公務員採用試験対策シリーズ　北海道のＡ区分　2025年度版）
> ②　**ページ数**（書籍に記載されているページ数をご記入ください。）
> ③　**訂正等，疑問点**（内容は具体的にご記入ください。）
>   （例：問題文では"ア〜オの中から選べ"とあるが，選択肢はエまでしかない）

〔ご注意〕

○ 電話での質問や相談等につきましては，受付けておりません。ご注意ください。

○ 正誤表の更新は適宜行います。

○ いただいた疑問点につきましては，当社編集制作部で検討の上，正誤表への反映を決定させていただきます（個別回答は，原則行いませんのであしからずご了承ください）。

●情報提供のお願い

　公務員試験研究会では，これから公務員試験を受験される方々に，より正確な問題を，より多くご提供できるよう情報の収集を行っております。つきましては，公務員試験に関する次の項目の情報を，以下の送付先までお送りいただけますと幸いでございます。お送りいただきました方には謝礼を差し上げます。

（情報量があまりに少ない場合は，謝礼をご用意できかねる場合があります。）

◆あなたの受験された教養試験，面接試験，論作文試験の実施方法や試験内容

◆公務員試験の受験体験記

- -

送付先	○電子メール：edit@kyodo-s.jp
	○FAX：03-3233-1233（協同出版株式会社　編集制作部 行）
	○郵送：〒101-0054　東京都千代田区神田錦町2-5
	協同出版株式会社　編集制作部 行
	○HP：https://kyodo-s.jp/provision（右記のQRコードからもアクセスできます）

　※謝礼をお送りする関係から，いずれの方法でお送りいただく際にも，「お名前」「ご住所」は，必ず明記いただきますよう，よろしくお願い申し上げます。

和歌山県の警察官Ａ

編　者　公務員試験研究会

発　行　令和5年11月25日

発行者　小貫輝雄

発行所　協同出版株式会社

〒101－0054

東京都千代田区神田錦町2－5

電話　03－3295－1341

振替　東京00190－4－94061

落丁・乱丁はお取り替えいたします

Printed in Japan